KB107539

이 책에 쏟아진 찬사

“부동산 산업에서 핵심적인 역할을 하는 벤처 캐피털 펀드인 메타프롭의 설립자들은 이 책에서 빠르게 진화하는 프롭테크 세계에 관한 청사진을 보여 준다. 그들은 기술이 어떻게 부동산 지형을 변화시키고 있는지 설명하고, 과거 자신들이 겪은 유사한 경험을 통찰력 있게 제시하며 현재 상황을 정확하게 평가하고 다가올 미래를 체계적으로 설명하고 있다. 그들은 스타트업과 부동산 산업이 어떻게 관계를 맺을 수 있는지를 알려 주고 투자 전략을 수정하는 방법도 안내한다. 여러분이 부동산 산업 내 어떤 위치에 있든 이 책을 읽고 나면 미래를 제대로 준비할 수 있다.”

-**안토니 슬럼버스**Antony Slumbers, **국제 프롭테크 연사, 컨설턴트 및 전략가**

“당신이 프롭테크의 과거와 현재 그리고 미래에 나아가야 할 방향을 이해하려면 이보다 더 도움이 되는 책은 없을 것이다. 이 책을 통해 당신은 프롭테크의 최초 창시자 중 한 명으로부터 프롭테크에 관한 이야기를 들을 수 있다. 만약 당신이 어떤 식으로든 부동산에 관여하고 있다면 이 책은 필독서다. 기회를 놓치지 말라!”

-**듀크 롱**Duke Long, **듀크 롱 에이전시**Duke Long Agency **대표**

"뉴욕이 전 세계 부동산의 중심지라는 사실에는 논란의 여지가 없다. 우리는 뉴욕시 5개 자치구 전체에 주거용, 상업용, 산업용 부동산 수십억 제곱피트를 보유하고 있다. 뉴욕시는 타의 추종을 불허하는 빌딩과 번창하는 기술 부문 덕분에 산업 혁신의 발상지로 자리매김하고 있다. 이 책은 그런 혁신을 이끄는 사람들의 혜안을 공유한다."

-제임스 파쳇James Pachett, 뉴욕시 경제개발공사 사장

"이 책에서 저자들은 매혹적인 역사적 참고 문헌, 산업 현장에서의 독특한 경험, 혁신가들과의 인터뷰를 통해 긴장감 넘치고 계속 성장하는 프롭테크 세계에 대한 견해를 포괄적으로 정리했다. 독자들은 이 책을 통해 부동산 세계를 움직이는 사람들과 그 양상에 대해 이해하는 데 도움을 받을 수 있다."

-줄리아 알트Julia Arlt, PwC 글로벌 디지털 부동산 리더

프롬테크 101

혼돈의 부동산 시장, 기술 혁신으로 답을 찾다!

아론 블록 · 자크 아론스 글 | 신현승 옮김 | 문윤회 감수

지칠 줄 모르는 기업가적 영감, 멘토링, 그리고 사랑을 보여 준

데이브Dave와 필Phil에게.

C O N T E N T S

서 문

줄리 사무엘스Julie Samuels, 테크: 엔와이시Tech:NYC 전무이사

이제 뉴욕이 폭발하는 프롭테크의 무게 중심이 될 것이 분명해 보인다. 하지만 불과 몇 년 전만 해도 그렇게 단언할 수 없었다. 그때 아론Aaron, 자크Zach 그리고 그들의 동료들이 전면에 등장했다. 그들은 여태껏 놓쳤던 것들을 발견하고 그것들을 이 책에 한데 모아 조각을 맞추려고 한다. 우리 모두에겐 행운이다. 그들은 올바른 전략을 찾아냈을 뿐만 아니라 그것을 실행할 수 있었다.

뉴욕은 오랜 기간 부동산 세계를 지배해 왔다. 우리는 세계에서 두 번째로 큰 상업용 부동산 시장이며(정확히 6,570억 달러), 호텔을 이용하는 국제 여행객들에게 미국에서 가장 큰 시장이고, 메트로 지역을 보면 임대 주택이 220만 채나 되는 미국 내 최대의 아파트 시장이다.[1)]

뉴욕은 또한 강력하고 다양한 기술 분야의 본거지로서 12만 명 이상을 고용하고 다른 국제적인 기술 허브와 견줄 수 있는 도시다.[2)] 나는 부동산 산업처럼 규제가 심한 업종에서 많은 기업이 탄생하므로 기술 분야에서 뉴욕의 지배력은 계속 증가할 것이라고 굳게 믿는다. 규제 당국과 경쟁자들의 감시의 눈길 없이 교외의 차고에서 회사를 시작하던 시대는 이미 끝났다. 그 대신, 차세대 대형 기술 기업은 정부와 기타 이해 관계자는 말할 것도 없고 고객과 잠재 고객 그리고 경쟁 업체와 협력하는 방법을 알아야 한다. 특히 성장하는 프롭테크들은 뉴욕과 같은 대도시에서 바로 그런 기회를 얻을 수 있다.

메타프롭의 창업자들은 이러한 추세를 발견하고 부동산 산업이 현대 기술 경제로 진입하는 데 필요한 연결 조직이 되었다. 그들이 이룩한 업적과 도시, 국가 기관, 기업, 대학에 이르기까지 수많은 이해 관계자들을 한데 모으는 방법을 보면 참으로 놀랍다. 이제, 그들은 초기 단계 프롭테크 기업들이 즐겨 찾는 회사가 되었으며 뉴욕시를 부동산 기술 분야의 글로벌 중심지로 만들었다.

메타프롭 팀은 뉴욕시의 기술 부문에 믿을 수 없을 정도로 큰 영향을 미쳤다. 아론, 자크와 그들의 팀은 부동산 및 기술 분야의 경험을 활용해 뉴욕시만의 특유한 이야기, 즉 기술 경제의 미래를 창조하기 위해 사람, 회사, 전문가, 경험이 불가피하게 충돌하는 현상을 설명했다.

기술은 단지 도구일 뿐이다. 최적의 시기에 최적의 장소에서 그것을 실행하는 방법을 찾아내는 것이 진정한 비결이다. 프롭테크에 가장 알맞은 시기가 바로 지금이다. 이곳 뉴욕시와 전 세계 부동산의 미래, 빠르게 움직이는 트렌드, 기회를 이해하는 데 메타프롭 팀이 큰 힘이 될 것이다.

서 론

위치, 위치, 혁신!

프롭테크, 즉 '부동산 기술'은 부동산 산업을 빠르게 변화시키고 있다. 수십 년 동안 기술에서 뒤처져 있던 부동산 산업은 부동산의 매매, 임대, 자금 조달, 설계, 건설, 관리, 마케팅 등 부동산과 관련한 모든 분야를 재구성하는 기술 혁신의 물결에 직면해 있다.

여행과 금융 서비스와 같은 다른 산업은 부동산 산업보다 훨씬 일찍 모바일 기술과 인터넷을 이용한 기술 혁신을 수용했다. 하지만, 뒤늦게 기술 혁신을 받아들인 부동산 산업은 이제 기업가, 투자자, 업계 지도자들에게 가장 관심받는 산업 중 하나가 되었다.

본론에서 구체적으로 살펴보겠지만, 수십억 달러의 자본이 부동산 기술로 유입되고 있다. 스타트업의 발전을 돕는 '액셀러레이터'들의 새로운 생태계, 신제품을 시범적으로 운영하는 파트너십, 이해 당사자들을 하나로 모으는 행사 등이 성행하고 있다. 기술을 부차적인 것으로 다루던 업계 언론들이 이제는 기술에 집중하고 있으며 오로지 프롭테크만을 다루는 언론들이 새롭게 등장하고 있다. 프롭테크 과목을 개설한 대학들이 점점 더 많이 증가하고 있으며 연구자들은 다양한 각도에서 부동산 기술 산업을 개발하기 시작했다.

프롭테크가 가져오는 변화들은 진정으로 혁신에 관한 것이다. 기술은 그저 새로운 프로세스, 시스템, 도구를 개발하려는 목적을 위한 수단일 뿐이다. 하지만 기술의 영향력은 부동산 산업 곳곳에서 감지되고 있다. 주택 매매 중개인, 종합 건설업자, REIT 임원에 이르기까지 다양한 분야의 부동산업계 종사자들은 비즈니스 방식이 점점 더 빠르게 변화함에 따라 전례 없는 위협과 기회에 직면하고 있다. 프롭테크를 받아들이는 사람들은 효율성을 실현하고, 비용을 절약하며, 새로운 수익원을 발굴할 기회를 얻게 될 것이다. 그들은 더 좋은 정보를 얻고 더 빈틈없는 분석을 수행하는 것과 동시에 고객 서비스를 개선할 수 있는 수단을 찾게 될 것이다.

부동산 기술을 수용하지 않는 회사 가운데 일부는 아마도 매도인과 고객들에 의해 마지못해 끌려다니게 됨으로써 경쟁에서 뒤처질 것이다. 도태되는 회사들도 등장할 것이다. 8장에서 트루리아Trulia의 창업자인 피트 플린트Pete Flint는 기술 발전의 결과로 대부분의 전통적인 부동산 중개인들이 10년 안에 사라질 것으로 예측했다. 보나도 리얼티 트러스트Vornado Realty Trust의 부사장 겸 CIO인 로버트 엔틴Robert Entin은 우리와의 인터뷰에서 사무실 건물은 대부분 5년 안에 자동 관리 시스템을 갖출 것이라고 말했다.

우리에게 미래를 볼 수 있는 수정 구슬은 없다. 우리는 여기서 승자에게 돈을 걸거나 예측하는 일을 하지 않겠지만(8장 '부동산의 미래' 참조), 프롭테크의 발전이 일부 일자리와 수익 흐름을 없애고 새로운 것을 창출할 것이라는 사실은 의심할 여지가 없다. 혁신의 물결에 직면한 부동산업계 종사자들은 변화를 관리하거나 그렇지 않으면 변화에 따라 좌지우지될 수 있다. 따라서 그들은 혁신을 완전히 무시할 수는 없다. EQ 오피스EQ Office 회장 겸 CEO인 리사 피카르드Lisa Picard는 6장에서 "오늘날 모든 기업은 기술 기업이 되어야만 한다."고 주장했다.

그러나 프롭테크가 아찔한 속도로 발전하고 확장되는 것을 고려할 때, 우리는 어떻게 하면 변화를 따라잡을 수 있을까?

자, 이제 여러분은 첫 번째 비결을 손에 들고 있다. 우리의 전문성과 산업, 기술, 벤처 캐피털 분야의 최고 권위자들의 전문성을 결합한 이 책이 부동산 기술에 깊이 빠져 있는 사람들에게 흥미롭고 유용하기를 바란다. 그러나, 무엇보다도 이 책은 공간에 대한 소개서 즉 아무것도 모르는 사람들을 위한 입문서가 되도록 설계되었다. 우리가 목표로 하는 독자는 기업가(혹은 '기업가를 꿈꾸는 사람')와 업계 지도자, 투자자와 기술 애호가뿐만 아니라 언론 미디어, 비평가와 기타 프롭테크 인플루언서들이다. 이 책은 프롭테크를 빠짐없이 모두 다룬 책은 아니다. 기술 변화의 속도를 고려한다면 그런 책이 과연 가능할지 의문이다. 오히려 이 책은 프롭테크의 기본적인 역사, 역학 관계, 주요 이해 당사자, 기술 트렌드 등에 대한 광범위한 입문서다. 게다가, 우리는 뉴욕을 기반으로 하므로 우리가 제시하는 관점 대부분은 북미 지역의 프롭테크에 치우쳐 있지만 프롭테크는 이미 세계적인 현상이라는 사실을 잊어선 안 된다.

우리는 기술 기반 혁신에 관한 다양한 관점과 의견을 수렴하기 위해 미국과 해외에서 온 수십 명의 지도자들을 인터뷰했다.[3] 그들은 새로운 사업을 구축하고 기존의 전통 기업들과 함께 확장하려고 사업에 뛰어든 기업가들에게 자문을 제공한다. 기술 스타트업들은 종종 실행 가능한 솔루션을 가지고 있지만 기존 기업들과 확연히 다른 기업 문화를 가지고 있다. 따라서 그들은 초기 단계의 기술을 시험하고 기술 스타트업과 협력하려는 기업들을 위한 조언도 곁들였다. 최고의 벤처 투자자들은 기술과 스타트업 평가 기준은 물론 프롭테크에 투자하기 위한 전략을 공유한다. 우리는 주기적으로 초기 단계의 프롭테크에 특별히 집중한다. 그 이유는 초기 스타트업이 이 산업에서 가장 보람되고 어려운 단계이면서도 메타프롭의 전문 분야이기 때문이다.

메타프롭은 그 과정에서 잇속만 차리려는 것이 아니라 부동산과 기술의 세계적 연결 고리가 되기 위해 열심히 노력했기 때문에 우리는 기업으로서 우리가 하는 일을 설명할 것이다. 메타프롭이 중점적으로 노력하는 투자, 조언, 액셀러레이션 등은 프롭테크 생태계의 핵심 요소와 일치한다. 따라서 우리에 관한 이야기가 프롭테크를 설명하는 가장 좋은 방법 가운데 하나이다.

메타프롭의 벤처 캐피털 펀드와 주요 주주들은 90개 이상의 프롭테크에 투자했다. 우리가 투자한 프롭테크는 20억 달러 이상의 자금을 조달했으며 전 세계에서 1,500명 이상을 고용하고 있다. 컬럼비아 대학의 '메타프롭 액셀러레이터MetaProp Accelerator' 과정은 가장 혁신적인 초기 단계 스타트업들이 업계 최고의 기업들로부터 조언을 받고 파트너로 선정되며 독자 생존이 가능한 기업으로 성장할 수 있도록 지원한다. 또한 메타프롭은 자문 활동과 컨설팅 서비스를 통해 부동산업계의 주요 기업들이 혁신 전략과 성장 목표를 달성할 수 있도록 도와준다.

공동체를 구축하는 일이 멘토링, 연구 수행, 파트너십 촉진, 수십 개의 프롭테크 행사 지원 등 우리가 하는 모든 사업의 핵심이다. 메타프롭의 설립 파트너인 우리 두 사람은 프롭테크 산업을 서로 연결하는 다리를 건설하는 작업을 아주 쉽게 할 수 있는 독특한 기술과 경험을 갖추고 있다.

아론 블록Aaron Block은 선도적인 프롭테크 벤처 캐피털 회사인 메타프롭이 2015년 설립된 이후 줄곧 공동 설립자 겸 운영총괄이사로 활동하고 있다. 아론은 그 이전에 글로벌 상업용 부동산 서비스 회사인 쿠시먼앤드웨이크필드Cushman &Wakefield의 시카고 지역 담당 임원으로 활동했으며 이베이의 러시아·동유럽에 대한 생산자 직배송 사업을 독점하는 미국-러시아 전자 상거래 회사인 베이루BayRu의 회장으로 근무했다. 아론은 젊은 경영인 협회Young Presidents Organization, 뉴욕 도시 토지 협회ULI New York, 뉴욕시 커뮤니티 위원회 파이브NYC Community Board Five, 시카고 강의 친구들Friends of the Chicago River, 유나이티드 웨이 러시아United Way Russia 등 다수의 리더십 위원회와 공동체에서 활동하고 있다.

자크 아론스Zach Aarons는 메타프롭을 공동으로 창업하기 이전에 프롭테크 업계 안에서 최고의 앤젤 투자자 중 한 명이었다. 그의 팀은 60개 이상의 스타트업에 자금을 지원했다. 그는 밀레니엄 파트너스Millennium Partners와 함께 상업 부동산 개발자, 에니악 벤처스ENIAC Ventures의 투자자, 도보 여행 회사인 트래블고트Travelgoat의 설립자로 활동했다. 그는 컬럼비아 대학교 프롭테크 학과의 교수이며 테너먼트Tenement(공동 주택 – 옮긴이) 박물관의 신탁 이사회에서 일하고 있다. 자크는 〈뉴욕시 부동산 기술 주간지NYC Realty Tech Week〉의 2017년 '올해의 투자자' 상을 받기도 했으며 수십 개의 국제 미디어 언론과 콘퍼런스에 소개되기도 했다.

우리는 부동산과 기술, 그리고 그것들이 서로 교차하는 부문에서 일해 왔다. 우리 두 사람 모두 투자자였으며, 무엇보다 모두 기업가였다. 우리는 기업을 창업해 성장시키고, 투자금을 회수하는 것이 어떤 의미인지를 잘 알고 있다. 이런 경험은 초기 단계의 프롭테크 세계를 이해하는 데 매우 중요하다. 우리가 설명했듯이 부동산 산업에서 가장 혁신적이고 어려운 분야인 프롭테크는 가장 위험한 분야지만 동시에 잠재적 보상도 가장 큰 분야다.

이 책에서, 우리는 여러분을 긴장감 넘치고 복잡하며 빠르게 성장하는 프롭테크의 세계로 안내할 것이다. 우리의 목표는 새로운 참여자들에게 부동산 기술의 구석구석을 보여 주는 것이 아니다. 어떤 책도 그렇게 할 수 없다. 오히려, 이 책을 프롭테크 세계의 문을 열어 주는 열쇠들의 집합으로 생각하라. 그러면 여러분은 자신 있게 프롭테크 세계로 문을 열고 들어가 그곳을 탐구할 수 있게 될 것이며 무엇보다 여러분은 머릿속에 프롭테크 세계의 전체 모습에 대해 그림을 그려 볼 수 있을 것이다.

제 1 장

프롭테크PropTech가 부동산 시장을 재창조한다

우리는 126년 역사를 자랑하던 시어스Sears 백화점의 몰락을 아쉬워한다. 시어스 백화점은 사모펀드에 팔렸다고 하지만 진실은 다른 데 있었다. 시어스 백화점은 마치 아마존이 100년 전에 등장한 것에 비유할 수 있을 정도로 시대를 훨씬 앞서갔다. 고객들은 카탈로그를 보고 상품을 주문했으며 집에 앉아 물건을 받았다. 하지만 그들은 시대의 변화를 따라가지 못했다.

– 조안 윌슨Joanne Wilson, 고담 갈 벤처스Gotham Gal Ventures CEO

오늘날 기술 중심의 혁신 물결이 부동산 시장에 불어닥치고 있다. 그 옛날 최초의 고층 건물들이 가져왔던 변혁은 빛이 바랬다. 다른 산업에서처럼 신기술과 새로운 사업 모델은 기회를 가져다주기도 하지만 심각한 위협을 초래하기도 한다. 후자는 주로 자동화, 탈중개화(脫仲介化), 기능의 노후화 때문에 발생한다.

1880년대 뉴욕 주택 보험 회사the New York Home Insurance Company는 시카고 본사를 신축한다는 야심 찬 계획을 발표했다. 1871년 시카고 대화재 이후 내화(耐火) 설계는 물론 밀집도 역시 빌딩 설계의 요건이 되었다. 회사는 신축 건물의 1층에 은행을 배치하여 건물의 중심을 잡고 그 위에 층층이 최대한 많은 사무실을 만들려고 했다. 건축가 윌리엄 르 배런 제니William Le Barron Jenny는 당시로서는 아찔한 높이였던 10층 건물(이후 12층으로 증축됨)이라는 파격적인 구조와 건물 설계로 세계 빌딩 설계 대회에서 우승을 차지했다.

그의 비결은 무엇이었을까? 주택 보험 회사 빌딩 이전에는 내력벽(耐力壁, 하중을 견디기 위해 설치하는 벽-옮긴이)으로 거대한 구조물을 지탱해야만 했다. 건물이 크면 클수록 벽의 두께는 더욱 두꺼워지고, 건물이 3, 4층만 되어도 내력벽은 육중하고 흉물스러워 마치 감옥을 연상시켰다. 제니는 철강 프레임으로 구조물을 지탱하고, 거기에 내력벽이 커튼처럼 매달리도록 설계함으로써 기존 건축 방식을 완전히 뒤집어 놓았다.

주택 보험 회사 빌딩이 세계 최초의 고층 건물로 널리 알려진 것은 전적으로 제니의 창의력 덕분이었다. 하지만 1885년 제니의 혁신적인 설계는 당시의 여러 첨단 기술의 합작품이라 할 수 있다. 저렴한 철강 프레임을 제조할 수 있는 새로운 공정이 출현한 결과, 제니는 다른 건물처럼 견고하지만 내화 기능은 더 우수하고, 전체 하중이 석조 건물의 3분의 1에 불과한 빌딩을 설계할 수 있었다.[4] 그리고 이에 버금가는 발명품인 엘리샤 오티스Elisha Otis의 안전하고 상업성이 있는 엘리베이터 덕분에 빌딩을 10층까지 건축할 수 있었다.[5] 전기와 백열등 모두 그 당시 최첨단 기술로서 중요한 역할을 했다.

모든 사람이 제니의 획기적인 설계를 높게 평가한 것은 아니었다. 일부는 건물이 완공되면 밀집도가 너무 높아져 도심 상권을 파괴할 것이라고 비난하기도 했고, 또 어떤 사람들은 15층 높이나 되는 공중에서 일하려는 사람이 어디 있겠냐고 비웃기도 했다. 시카고시(市) 당국은 안전성 진단을 이유로 주택 보험 회사 빌딩의 공사를 잠시 중단시키기도 했다.[6] 고층 건물들이 속속 들어서자 부동산업계는 자신들의 사무실 가치를 방어하고 공실률을 낮추기 위해 층높이 제한 조치를 엄격하게 강화하려는 로비 활동에 나섰다.[7]

하지만 그 후 수십 년 동안 제니의 혁신은 멈출 줄 몰랐다. 1893년까지 16층에서 20층짜리 건물 수십 채가 시카고 시내를 가득 메웠으며 다른 도시들도 그 뒤를 이었다.[8] 도심 중심부에서 단위 면적당 사용 가능한 공간을 기하급수적으로 확장할 수 있는 기술이 발전함에 따라 상업 지구의 땅값이 치솟았으며, 중개인들도 상당한 이득을 보았다.

이러한 트렌드를 빠르게 파악한 사람들은 다양한 방면에서 이익을 챙겼다. 리처드 크레인Richard T. Crane은 건설 부분에 변화와 새로운 제조 공정을 도입함으로써 혼자서 운영했던 황동·종 청동 회사를 증기 보일러 알림 장치로 부터 정교한 엘리베이터에 이르는 다양한 제품을 생산하는 글로벌 회사로 발전시켰다.[9] 조지 풀러George Fuller는 자신을 매료했던 새로운 고층 건물의 건설 현장에 필요한 수백 명의 노동자와 수많은 건축 전문가들을 파견하는 회사를 설립해 부를 축적했다.[10] 풀러는 당시로서는 '종합 건설 업체' 개념의 선구자로서 구태의연한 시스템에서 벗어나지 못했던 전통적인 건설업계의 허를 찔렀다.

초창기 스카이라인은 말로 표현할 수 없을 정도로 엄청난 파급 효과를 가져왔다. 예를 들어, 신식 고층 건물 건설에 적용된 철골 건축 공법으로 대형 유리창 설치가 가능해졌으며, 빌딩들이 촘촘히 들어선 결과 도심의 소비재 상품 및 서비스에 대한 수요가 급증했다. 그런 요소들이 한데 어우러져 '백화점'이라는 새로운 개념의 상점이 탄생했다. 소매상들은 하룻밤 사이에 시장을 빼길지도 모른다는 두려움에, 새롭게 등장한 거대한 소매업자에 맞서 저항했지만 소용이 없었다.[11] 소비자들은 자신들의 구미를 맞춰 주는 것은 물론 단순한 상품 구매뿐만 아니라 감히 생각하지도 못했던 다양한 서비스를 제공하는 백화점으로 주저 없이 발길을 돌렸다.

백화점에서 근무하거나 쇼핑하려는 사람들이 소도시와 시골에서 점점 더 몰려들기 시작했다. 1850년 도시 거주 인구는 전체 미국인의 약 15퍼센트를 차지했지만 1900년에는 그 비중이 거의 40퍼센트에 육박했다. 도시가 붐을 타고 호황을 만끽하는 동안 많은 소규모 지역 사회는 일자리 상실과 인구 감소로 경제적 고통을 감수해야만 했다.[12]

드높아지는 프롭테크 물결

이 책은 역사책이 아니다. 그렇다면 우리가 엘리베이터와 철골 구조 건축에서 시작된 1880년대 대변혁 이야기로 이 책의 포문을 연 이유는 무엇일까? 우리는 미국 부동산 시장에 커다란 영향을 미친 다른 사례들을 선택할 수도 있었다. 하지만 건설업계는 고층 건물의 탄생과 그에 따른 기계화 및 도시화 이전까지만 해도 이처럼 광범위하고 속속들이 영향을 미치는 변혁을 경험하지 못했었다.

초창기의 중대한 변혁과 마찬가지로, 최근 일어나는 변혁도 주로 인터넷과 모바일 기술 등 '기술'에 의해 이루어지고 있다. 우리와 이야기를 나누었던 영국 왕립 측량사 협회Royal Institution of Chartered Surveyors의 미국 전무이사인 닐 샤Neil Shah의 말을 빌리자면, 기술은 그야말로 '지반 작업에서부터 건물 처분까지' 부동산 산업 전반에 영향을 미치고 있다. 최초의 마천루와 함께 등장한 기술 발전 목록을 살펴보면 입이 떡 벌어진다. 목록에는 건축, 증기 난방, 엘리베이터 설계, 전기, 배관, 건설, 도시 계획, 부동산 매매, 금융 등 다양한 분야가 들어 있다. 1850년, 미국 특허청이 발급한 특허 건수가 987건이었는데, 윌리엄 르 배런 제니의 성공 이후 불과 5년이 지난 1890년에는 28,229건에 달했다는 사실을 떠올려 보라.[13] 우리는 최초의 고층 건물이 발명에 영향을 미쳤다는 것을 강조하려는 것이 아니라, 제니의 창작이 초유의 혁신 물결에 중요한 부분을 차지했다는 사실을 알려 주려는 것 뿐이다.

오늘날 혁신의 속도는 훨씬 더 빨라졌다. 인구 규모가 훨씬 커졌으며 부동산 시장은 단순히 규모가 커진 것뿐만 아니라 국제화되고, 디지털 기술 덕분에 거래 속도 역시 한층 빨라졌다. 현재 진행 중인 기술 변화는 구조적인 것으로, 비단 부동산 시장뿐만 아니라 모든 산업에서 초유의 방식으로 시스템이 변경·통합되고 있다. 세계 경제 포럼World Economic Forum의 창시자이자 회장인 클라우스 슈왑Klaus Schwab이 종종 제4차 산업 혁명이라고 불리는 이러한 변혁에 관해 쓴 글을 여기 소개하고자 한다.[14]

오늘날 일어나고 있는 비약적인 발전의 속도는 역사상 유례를 찾아보기 힘들다. 이전의 산업 혁명과 비교하자면 제4차 산업 혁명은 산술급수적이 아니라 기하급수적으로 발전하고 있다. 더 나아가 그것은 모든 국가의 모든 산업을 뒤흔들어 놓고 있다. 수십억 명의 사람들이 유례없는 처리 속도와 저장 공간, 정보 접근성을 갖춘 모바일로 연결됨으로써 기술 발전 가능성은 무한대가 되었다. 게다가 이런 가능성은 인공 지능, 로보틱스, 사물 인터넷IOT, 자율 주행 차, 3D 프린팅, 나노 기술, 바이오 기술, 물성물리학, 에너지 저장 공간, 퀀텀 컴퓨팅 등 새로운 기술 분야의 획기적인 발전으로 더욱 커질 것이다.

최근 들어 부동산 시장에서도 매매, 임대차, 금융, 평가, 설계, 관리 등 모든 부문에서 획기적인 변화가 이미 일어나고 있다. 설령, 부동산업계에 종사하지 않는다고 할지라도 우리는 모두 어느 정도는 부동산의 소비자이기 때문에 이런 변화를 느끼고 있다. 몇 년 전만 해도 아파트를 임대하려면 우선 신문 광고를 찾아보고 부동산 관리 회사나 중개인에게 연락해야 했다. 하지만 오늘날 뉴욕시 한군데를 예로 들면, 질문 6개에 답을 하기만 하면 사람들과 접촉하지 않더라도 거주할 집을 찾을 수 있으며, 또 다른 여러 개의 기술 기반 중개 회사가 사람과 접촉할 필요도 없이 임차 가능한 집을 찾아준다. 이런 개개의 항목들은 상호 작용 매핑, 실시간 등재, 맞춤형 검색 필터 등 독특한 특색을 갖춤으로써 매물 정보 검색의 성격과 중개인과 집주인들이 운영하는 방식을 바꾸어 놓았다.

최근 들어 부동산 시장에서도 매매, 임대차, 금융, 평가, 설계, 관리 등 모든 부문에서 획기적인 변화가 이미 일어나고 있다.

얼마 전까지만 해도 책이나 믹서기를 구매하려고 가까운 상점을 찾아갔었다. 이제 우리는 그보다는 아마존이나 온라인 소매 사이트에 접속하고 있다. 그들은 도심 외곽에 물류 창고를 갖고 있지만 도심 한가운데 상점을 갖고 있진 않다. 우리가 경험했던 최초의 부동산 조사 자료는 우리가 집을 팔 때 부동산 중개업자가 마련한 분석 보고서였다. 이제 우리는 부동산 분석 보고서를 검토하려면 질로우Zillow의 자동 온라인 평가 시스템인 제스티메이트Zestimate 혹은 이프레이절Eppraisal, 홈게인HomeGain, 레드핀Redfin 등이 제공하는 웹사이트 정보를 이용한다.

여행할 때 호텔에 직접 전화하여 방을 잡는 사람이 과연 오늘날 몇이나 될까? 우리는 빈방이나 아파트를 예약할 때 에어비앤비Airbnb를 통하거나 익스피디아Expedia, 프라이스라인Priceline, 카약Kayak, 오비츠Orbitz와 같은 온라인 여행사를 이용한다. 집 안의 난방이나 조명을 조절하고 음악을 듣고 싶을 땐, 알렉사Alexa(아마존의 음성 인식 인공 지능 비서-옮긴이)와 같은 스마트 홈 보조 기기를 이용하는 경향이 늘고 있다.

앞에서 설명한 여러 가지 부동산 혁신 사례도 이미 고리타분하게 여겨지는 것은 그것들이 벌써 우리 일상생활의 일부분이 되어 버렸기 때문이다. 무엇보다 놀라운 것은 이 모든 변화가 눈 깜짝할 사이에 일어났다는 사실이다. 예를 들어 사람들이 주거용 부동산 기술 스타트업의 선구자처럼 여기는 질로우조차 2006년에 창업해서 2011년에 상장했다. 그 다음 놀랄 일은 많은 스타트업이 시작한 지 얼마 되지 않았지만 이미 벌써 진부해졌다는 사실이다. 프롭테크 분야의 변혁 속도는 그야말로 번개처럼 빨라서 3, 4년이 마치 사람의 일생에 버금가는 기간처럼 느껴진다. 하지만 우리는 1970년대 아거스Agus와 JD 에드워즈Edwards가 시작했던 전사적 자원 관리ERP 플랫폼에서부터 기술 붐 시대에 온라인 서비스를 시작한 코스타CoStar의 출현에 이르기까지 부동산 기술의 물결이 프롭테크의 무대를 활짝 열어 주었다는 사실을 인정해야만 한다.

우선 프롭테크라는 용어를 정의해 보자. 프롭테크는 여러 가지 형태로 발전한다는 사실에 중점을 두면서 말이다. 먼저 간단하게 정의하자면, 프롭테크PropTech는 부동산 기술, 알이테크RETech 혹은 리얼테크RealTech라고도 하는데 이는 '프로퍼티 테크놀로지property technology'의 약어다. 이 용어는 부동산 중개인에서 감정 평가사, 건축가, 건설 관리자 등 부동산업계 종사자들이 제공하는 소프트웨어, 도구, 플랫폼, 애플리케이션, 웹사이트 등 디지털 서비스를 의미한다. 프롭테크는 건설 기술을 의미하는 콘테크

ConTech와 상업용 부동산 기술을 의미하는 씨알이테크CRETech, 그리고 금융 기술을 의미한 핀테크FinTech를 포함한다. 프롭테크는 효율성을 실현함으로써 매매, 리스, 관리, 평가, 금융, 마케팅, 개발, 설계, 건축, 투자 등 부동산에 관련된 모든 분야가 원활하게 돌아가도록 도와준다.

2016년 중반, 주로 미국을 기반으로 했던 부동산 기술은 전 세계로 확대되는 경향이 분명해졌다. 이러한 경향을 반영하기 위해 메타프롭은 미국에서 일반적으로 사용하던 리테크ReTech라는 용어를 이미 유럽에서 종종 사용하던 프롭테크PropTech라는 단어로 전환하는 데 이바지했다.

지난 2, 3년 사이에 프롭테크가 글로벌 수준으로 빠르게 확장하는 것을 보면 부동산 시장이 얼마나 극적으로 변화하고 있는지를 알 수 있다. 벤처 캐피털 자본이 부동산 시장으로 유입되는 현상을 보면 모든 혁신이 아직도 진행 중이며 우리가 피부로 느끼는 것은 빙산의 일각에 불과하다는 사실을 분명히 알 수 있다. 부동산 투자 양상에 대해 7장에서 자세하게 다루겠지만, 2015년 글로벌 벤처 캐피털 회사들이 프롭테크 회사에 투자한 금액이 18억 달러였던 것이 2016년에는 두 배 이상인 42억 달러 그리고 2017년도에는 3배가 늘어 126억 달러에 달했다는 사실을 기억하자.[15)]

기존 벤처 캐피털의 자금이 프롭테크 투자에 쇄도했으며, 전문적으로 프롭테크에 투자하기 위한 펀드들이 새롭게 탄생했다. 스타트업들을 위해 자문, 연결, 자원을 제공하는 '액셀러레이터Acclerators'들이 계속 증가했으며 프롭테크를 위한 행사, 블로그, 출판, 협회 등이 폭발적으로 등장했다.

매주 프롭테크의 인수, 합병, 전략적 제휴에 관한 주요 기사들이 봇물 터지듯 터져 나왔다. 에너지 효율에서부터 팝업 소매 공간의 재임대에 이르기까지 현란한 해법을 제시하는 수많은 스타트업을 일일이 추적하기도 어려울 정도다. 메타프롭에서 우리는 매달 100개 내지는 150개의 스타트업을 검토하지만, 우리가 투자하거나 자문을 제공하는 회사는 그 가운데 일부에 불과했다. 우리는 젊은 사업가들이 시도하는 창의적인 도구와 해법, 플랫폼에 감탄했다.

유망한 스타트업 가운데는 최고의 경쟁자들보다 더 짧은 시간 안에 고품질의 감정 평가 서비스를 제공할 수 있도록 감정 평가사들에게 크라우드 기반 모바일 감정 평가 앱을 공급하는 바워리Bowery와 같은 기업도 포함되어 있다. 뉴욕의 트리플민트Triplemint는 전통적인 다수 중개인 모델을 서서히 몰아내면서 임차인이 단독 중개인을 통해 모든 임차 주택을 둘러볼 수 있도록 임차인과 주택을 직접 연결하는 부동산 플랫폼을 만들었다. 플로리다의 라브티Ravti라는 프롭테크 회사는 HVACheating, ventilation & air conditioning(난방, 환기, 냉방 시스템-옮긴이) 비용을 절감함으로써 건물 소유주나 관리인에게 엄청난 이득을 안겨 주고 있다.

새롭게 준비 중인 스타트업들 가운데 많은 회사가 실패할 것이다. 반면 실패하지 않는 회사도 많을 것이다. 만약 당신이 기존 부동산 회사의 주주라고 한다면, 당신은 어떤 스타트업이 당신의 비즈니스 모델을 뒤흔들고, 경쟁사에 이득을 가져다주며, 당신의 이익을 잠식할지 파악할 수 있겠는가? 만약 당신이 투자자라면, 기하급수적으로 성장하고 매일 변화하는 시장에서 어디에 투자할지 결정할 수 있는가? 만약 당신이 스타트업의 주주이거나 부동산 시장의 문제점에 대한 기술적 해법을 제공하려고 한다면, 당신은 어떻게 빠르게 변화하는 시장, 경쟁자들, 날이 갈수록 복잡해지는 자금 조달 조건 등을 판단할 수 있는가?

모든 문제의 정답을 제시할 수는 없더라도, 이제 우리는 당신이 프롭테크에 참여할 수 있는 방법을 제안하고 기본적인 사항을 이해하며 급속도로 재편되는 산업에서 당신만의 답을 찾을 수 있도록 도우려 한다.

몰려오는 전문가들

프롭테크가 인기를 끈 것은 불과 몇 년 전부터다. 그것은 다른 산업과 비교해 볼 때 부동산 시장은 새로운 기술과 혁신을 받아들이는 속도가 느렸기 때문이었다. 이 문제를 다음 장에서 자세히 살펴보겠지만 여기에서는 부동산업계 종사자들이 매우 오랜 기간 혁신할 이유를 찾지 못했다는 사실을 강조하려고 한다. 문제가 없다면 고치지 마라. 당연한 말이다. 하지만 만약 문제가 있다면 당신은 어떻든 대비책을 세우려고 할 것이다. 문제를 해결한다고 손해를 보겠는가? 절대 그렇지 않다.

오랫동안 저금리가 지속된 결과 자본 조달 비용이 낮고 경제 성장이 지속되는 호황기에는 과거 시스템을 그대로 유지하고 평소처럼 영업해도 아무런 문제가 없다. 하지만 시장 분위기가 바뀌면 혁신의 속도와 위협을 결코 간과할 수 없다. 우리가 이 책을 집필하는 동안만 해도 호황기의 끝이 다가오고 있는 것처럼 보이니 말이다.

우리는 부동산 시장이 새로운 기술과 혁신을 받아들이는 속도가 느리다고 생각했다. 과거에는 그랬다는 말이다. 오늘날 모든 분야에서 용감한 사업가, 창의적인 스타트업, 선견지명이 있는 기업들이 잃어버린 시간을 신속하게 따라잡고 있다. 부동산 시장은 전 세계적으로 볼 때 가장 큰 자산 시장이다. AGC 파트너스AGC Partners에 따르면 미국만 보더라도 부동산 시장 규모가 38조 달러에 달한다.[16] 비록 지금은 기술과 혁신에서 뒤처져 있지만 이 정도 규모의 산업이 앞으로 창조할 기회는 실로 엄청나다.

수천 명의 사업가들이 아파트 임대, 평가, 휴가철 임대, 건설, 건물 관리 등에 수많은 해법을 제시한다. 누구도 어떤 앱이나 플랫폼, 혁신적 서비스가 정상을 차지할 것인지는 알지 못하지만, 앞으로 5년 후의 부동산 산업은 지금과는 전혀 다른 모습일 것이라는 것은 확실하다.

얼마나 다른 모습일까? 프롭테크 혁신이 당신의 비즈니스에 어떤 영향을 미칠까? 이런 질문의 답을 찾으려면 기술 수준이 무르익은 다른 산업의 사례들을 참고하면 도움이 될 것이다.

- 뉴욕시에서 한때 돈을 찍어 내는 면허증으로 통하던 택시 메달리언taxi medallion(미국의 택시 영업 허가증-옮긴이)은 2013년 130만 달러 이상에 거래되었던 것이 2017년 4월에는 24만1천 달러에 거래됨으로써, 불과 4년 전과 비교해 5분의 1 수준으로 폭락했다.[17] 우버Uber와 리프트Lyft가 시작한 혁신은 녹색 기술의 발전과 자율 주행 차의 출현과 함께 계속되고 있다. 이미 심각한 타격을 입은 택시 회사들이 다음에 닥칠 기술적 혁신의 파고를 넘을 수 있을까? 거대 자동차 업체들이 경쟁력을 유지하고 수익을 내려면 어떻게 변화해야 하는가?

- 과거에는 동네마다 비디오 가게가 수두룩했고 사실상 블록버스터Block-buster(텍사스 댈리스에 본사를 둔 DVD, VHS, 비디오 게임 대여 회사-옮긴이)가 시장을 지배했다. 넷플릭스Netflix라고 불리는 신생 기업이 블록버스터의 CEO인 존 앤티오코John Antioco에게 회사를 5천만 달러에 팔겠다고 제안했을 때, 존은 자신의 재산을 스타트업에 낭비할 이유가 없다고 생각했었다.[18] 우리는 이 이야기가 어떻게 끝났는지 잘 알고 있다. 몇년 전 이미 블록버스터는 오리건주 벤드Bend에 단 한 개의 지점만 남기고 문을 닫았다. 반면 포브스에 따르면 2018년 중반 넷플릭스의 시가 총액은 1,530억 달러에 달해 디

즈니Disney와 콤캐스트Comcast를 뛰어넘어 전 세계 미디어 및 엔터테인먼트 기업 중 규모가 가장 큰 회사가 되었다.[19]

• 언론 부문을 살펴보면 시카고 트리뷴Chicago Tribune은 미국에서 가장 존경받는 기업 중 하나였다. 트리뷴 컴퍼니Tribune Company는 수십 개의 TV 회사와 라디오, 케이블 TV, 야구팀을 거느린 매우 수익성 높은 미디어 공룡 기업이었다. 그러나 2008년 트리뷴 컴퍼니는 파산 신청을 했다. 그것은 미국 미디어 역사상 규모가 가장 큰 파산이었다.[20] 2018년 퓨 리서치 센터Pew Research Center의 보고서에 따르면 지난 10년간 미국 신문사의 직원 수가 거의 4분의 1 감소했으며 신문 광고 수입은 가파르게 하락했다.[21] 2016년《뉴욕 타임스The New York Times》가 분기 인쇄물 광고 수입이 19퍼센트 감소했다고 발표한 바로 그날《아틀란틱The Atlantic》지는 페이스북의 디지털 광고 수입이 59퍼센트 증가했다고 보도했다.[22] 신문사들은 디지털 광고와 온라인 콘텐츠를 이해하려고 안간힘을 썼지만 이미 때가 늦었다.

• 도서 및 미디어 상점 123개를 운영하던 해스팅스 엔터테인먼트Hastings Entertainment는 2016년 폐업한다고 발표했다. 1년 뒤에는 미국 내 4대 도서 체인이었던 북 월드Book World가 문을 닫았다.[23] 대형서점 보더스Borders의 몰락 이후에도 그들이 몇 년 동안 전자 상거래가 몰고 온 파멸의 상황을 버텨 온 것은 그나마 운이 좋았던 것이다. 음악과 영화가 디지털화하면서 보더스의 CD와 DVD 매출이 반 토막 났던 사실은 널리 알려져 있다. 보더스는 자신의 온라인 영업을 아마존과 같은 기업에 맡기고 건물 관리는 폭스 빌딩 서비스Fox Building Service에 맡기는 위탁 경영 방식으로 운영했다. 아마존은 실현 가능한 디지털 전략을 갖추지 못하거나 어떤 의미에서는 전혀 그런 전략이

없는 모든 유형의 소매업자나 건물 주인들에게 언제나 위협을 주는 존재로 우뚝 성장했다.

이러한 예를 모두 들자면 이 책 한 권이 부족할 것이다. 여기에서 한 가지 교훈만 얻어 가면 된다. 부동산업계 종사자들이 택시 회사나 신문사들의 전철을 따르지 않으려면 기술이 산업계를 재편하는 방식을 외면해선 안 된다. 오늘날 혁신의 드높은 파도를 외면하고 예전 방식을 고집하는 것은 윌리엄 르 배론 제니 시대에 새로운 마천루의 탄생을 막아 보려고 층높이 제한 조치를 위해 로비 활동을 벌였던 노력처럼 무의미한 일이다. 혁신하지 못하는 건설업자는 조지 풀러의 경쟁자들의 길을 따라갈 것이며, 아마존의 등장을 격하게 비난하는 소매상들은 백화점의 출현을 반대했던 상인들 정도밖에 성공하지 못할 것이다.

당신의 사업에 영향을 미칠 가능성이 있는 기술 트렌드에 촉각을 세우고 동시에 찾아오는 도전과 기회를 이용할 수 있는 현실적인 전략을 수립하는 것이 그 어느 때보다 중요하다.

그 대신, 부동산 산업의 모든 영역에 종사하는 소유주, 기업가, 전문가들은 보더스로부터 한 가지 교훈을 배울 수 있다. 당신의 사업에 영향을 미칠 가능성이 있는 기술 트렌드에 촉각을 세우고 동시에 찾아오는 도전과 기회를 이용할 수 있는 현실적인 전략을 수립하는 것이 그 어느 때보다 중요하다.

예를 들어, 당신이 주차장을 운영한다면 자율 주행 차가 당신의 영업에 미칠 영향을 생각해 보라. 루프 벤처스Loup Ventures의 공동 설립자인 진 먼스터Gene Munster는 자율 주행 차가 2020년에는 거리에 눈에 띄게 출현할 것으로 이미 예상했었다. 그는 2040년까지 신형 자동차의 95퍼센트가 완전 자동화 차량일 것으로 예측했다.[24] 개인의 차량 소유 개념이 퇴색할 것인가? 주차장은 사라질 것인가? 아니면 전 세계가 우버나 리프트의 주차장으로 변모할 것인가?

만약 당신이 상가 소유주이거나 상가를 관리하거나 임대하는 일을 하고 있다면 당신은 지속적인 통행량 감소에 대응할 디지털 전략을 수립해야만 한다. 2017년 어느 보고서에 따르면 5년 내 미국 쇼핑몰의 25퍼센트가 문을 닫을 것이며 2030년까지 온라인 판매액이 2배로 증가해 전체 소매 매출액의 35퍼센트 이상을 차지할 것으로 예측했다.[25)]

오퍼패드OfferPad, 오픈도어OpenDoor, 녹Knock와 같은 프롭테크 회사들은 한때 부동산 중개인들이 수행했던 일을 정교한 온라인 플랫폼으로 처리하여 주택을 사고판다. 그들의 성장이 전통적인 주택 매매 모델을 유지하려는 부동산 중개인이나 대리인에게 과연 어떤 영향을 미칠 것인가?

프롭테크의 위력

어떤 프롭테크 기업들이 다양한 자산 시장에서 혁신의 파도를 일으켰는지 살펴보기 전에, 우선 부동산업계 종사자들이 수십 년 동안 거의 아무런 변화 없이 이용했던 도구, 절차, 시스템을 프롭테크가 어떻게 변모시켰는지를 광범위하게 짚어 보려고 한다.(4장에서 프롭테크를 더 자세히 분류하고 그 작동 원리를 살펴볼 것이다.)

프롭테크를 소홀히 하는 비즈니스와 부동산업계는 대체로 다음 3가지의 커다란 위협에 직면한다.

1. 자동화

2017년 매킨지McKinsey Global Institute의 보고서에 따르면 자동화로 인해 2030년까지 미국 내 일자리 7천3백만 개가 사라질 수 있다고 한다.[26] 경제 성장과 혁신 덕분에 새로운 일자리가 생겨나겠지만 일자리 감소에 따른 충격은 고통스러울 것이다. 로보틱스를 포함한 기술의 발전은 청소 부문에서 보안 및 문서 취급 부문에 이르기까지 모든 분야의 일자리를 앗아 갈 것이다. 자동화 때문에 기업들, 아니 어떤 경우에는 산업 전체가 사라질 수도 있다. 부동산업계에서는 이미 이런 일이 벌어지고 있다. 부동산 중개인이나 직원들이 수행하던 분석 업무의 대부분을 소프트웨어가 담당하는 경향이 점점 더 증가하고 있다. 빌딩 관리 회사가 수집하던 건물에 관한 정보를 이제 센서가 자동으로 수집한 뒤 이를 소프트웨어에 전송하면 소프트웨어가 이를 통합해 분석함으로써 모든 정보가 랩탑, 휴대폰, 태블릿의 대시보드에 표시된다. 앞서 우리는 자동화 장치가 부동산업계에 어떤 영향을 미치는지 몇 가지 사례를 살펴봤다. 자율 주행 건설 로봇이 급속도로 발전하고 있는데, 전체 구조물을 완전히 로봇과 3D 프린트로 건축할 수 있는 건설업자는 전적으로 인력에 의존하는 경쟁 회사에 어떤 영향을 미칠까? 자동화의 다양한 모습을 보면 마치 공상 과학 영화를 보는 것처럼 신기하다. 예를 들어 캘리포니아 소재 다이너스티 리얼 이스테이트Dynasty Real Estate는 리사Lysa라고 불리는 AI 리스 대리인을 제공한다.(어떤가? 프롭테크는 확실히 재미난 구석이 있다.) 리사는 당신의 기존 포트폴리오 소프트웨어에 접속해 "당신이 잠자는 동안 당신의 리스 사업을 운영한다."[27]

2. 탈중개화(脫仲介化)

부동산업계에서 막대한 이익은 브로커, 리스사, 중개인, 변호사, 부동산 관리인 등 중개인들이 가져간다. 탈중개화란 거래 과정에서 이런 중개인을 없앤다는 매력적인 용어다. 이것은 프롭테크에서 중요한 주제다. 사람들은 올바른 플랫폼은 매입자와 매도자 및 집주인과 세입자 간의 중간 단계를 걷어내 전부는 아닐지 몰라도 브로커, 리스사 등 다른 중개 기관을 제거할 수 있어야 한다고 생각한다. 즉각적인 매입자를 의미하는 아이바이어iBuyer, 오픈도어OpenDoor, 녹Knock, 오퍼패드OfferPad는 자신들의 자동화된 온라인 평가 시스템을 이용해 즉각적인 주택 매수 조건을 제의함으로써 판매 중개인에게 수수료를 지급하지 않고 고객은 부동산을 매입할 수 있다. 요즈음 소비자들은 지역 주택 담보 대출 브로커를 이용하지 않고 온라인으로 직접 주택 담보 대출을 받는다. 그래서 사무실 임차인과 건물주를 직접 연결해 주는 플랫폼이 많이 있다. 사실 대부분의 거래에 여전히 브로커가 관여하지만 중개인의 역할이 변화하고 있으며, 어떤 영역에서는 아예 사라지고 있다.

3. 기능의 노후화

부동산업계 종사자들은 기능의 노후화라는 용어를 기준내용연수(基準耐用年數)를 초과한 오래된 건물에 사용한다. 그런 건물들은 디자인이나 설치물들이 더 이상 현실적이거나 실용적이지 않으며 현재 시장의 관점에서 보면 바람직하지 않다. 시스템, 도구, 제안 내용이 너무나 노후화되어 자신들의 생존조차 불안정한 산업의 종사자들에게는 퇴물이라는 꼬리표가 붙어 다닌다. 초고속 인터넷망이 연결되지 않는 건물에 사무실을 임차한다고 상상할 수 있겠는가? 우리는 이제 건물 평가를 노트북에 의존하는 감정 평가사, 고객 관리 시스템이 없는 부동산 중개인, 각종 계측기를 확인하느라 지하실을 누비고 다니는 건물 관리인들이 모두 시대착오적인 사람으로 간주되는 신세계에 살고 있다.

프롭테크가 제공하는 효용성은 기술의 진보 덕분이지만 그것은 단지 목적을 위한 수단과 새로운 아이디어를 창출하는 촉매제일 뿐이다. 프롭테크 혁신은 실제로 혁신 문화를 높게 평가하는 새로운 정신 자세에 관한 것이며 고객 경험에 초점을 맞춘다. 프롭테크 스타트업들이 성공한다면 그 이유는 눈부신 디지털 도구 때문이 아니라 그들이 부동산을 상품이 아니라 서비스로 생각하기 때문이다. 그들은 혁신은 투명해야만 하고 광범위하게 적용할 수 있어야 한다고 생각한다. 그들은 속도와 효율성을 중시한다. 그들은 복잡하고 시간이 많이 필요한 거래는 다른 산업처럼 온라인으로 처리하려고 한다. 많은 사람들이 기존 시스템과 업무 처리 과정을 개선하는 수단에 집중하는 것과는 달리 그들은 새로운 것을 두려워하지 않는다.

프롭테크 혁신은 실제로 혁신 문화를 높게 평가하는 새로운 정신 자세에 관한 것이며 고객 경험에 초점을 맞춘다.

부동산업계가 다른 산업보다 훨씬 더 오랫동안 기술의 발전과 혁신과는 거리가 있었다는 사실은 오늘날 부동산업계의 변화 속도가 월등히 빨라지고 있음을 말해준다. 누구도 자동화, 탈중개화, 기능의 노후화에서 벗어날 수가 없다. 프롭테크를 활용할 때 전문가들은 효율성을 실현하고, 새로운 이익 센터를 창출하며, 더 많은 가치를 제공하고, 경쟁의 우위를 차지하게 될 것이다.

부동산업계 종사자들이 프롭테크가 창조한 모든 변화를 일일이 확인한다는 것은 불가능한 일이다. 하지만 커다란 흐름과 주요 플레이어들을 이해하고 어떻게 그 두 가지가 결합해 그들이 부동산업계에서 특별한 우위를 차지하는지 확인하는 것은 필수이다. 이 장에서는 몇 가지 일반적인 경향과 특정 프롭테크 기업들이 다양한 자산 형태에 어떻게 영향을 미쳤는지 간단히 살펴보려고 한다.

오피스

오피스 시장은 빠르게 발전하고 있다. 오피스 공간을 구성하고 리스하는 방법이 바뀌는 것처럼 정보를 수집하고 관리하고 분석하는 방법도 변화한다. 사실상, 오피스 공간이란 개념은 형태, 위치, 가치, 서비스 등 모든 내용에 있어 계속 변화하고 있다.

2016년 프롭테크 기업인 VTS와 하이타워Hightower는 3억 달러에 합병함으로써 상업용 부동산 리스와 관리 플랫폼의 선도 기업이 되었다. 합병 회사는 상업 공간의 지주, 브로커, 투자자 등을 위한 데이터와 업무 흐름을 집중할 수 있는 강력한 소프트웨어 솔루션을 제공한다.

2018년 중반, 미국 오피스 빌딩의 거의 3분의 1에 달하는 80억 제곱피트의 사무실 공간이 VTS 플랫폼에 의해 관리된다는 통계가 나왔다. 이 놀라운 수치는 VTS에 믿을 수 없을 정도의 막대한 영향력을 안겨 주었다. CEO인 닉 로미토Nick Romito는 이용자 누구나 국내외 부동산 시장 참가자들로부터 중요한 정보를 얻고 소통할 수 있는 장소로서 VTS가 상업용 부동산 시장의 블룸버그 터미널이 되기를 바란다고 말했다. [28] VTS는 최근 VTS 마켓뷰MarketView라는 신상품을 출시해 VTS가 이미 생성했던 풍부한 데이터를 활용해 부동산 시장 동향에 관한 정보를 제공하고 있다. VTS가 제공하는 여러 가지 효율적인 도구와 실시간 데이터에 접근할 수 있는 지주, 투자자, 브로커 및 다른 프롭테크 회사들은 상대적으로 기술력이 떨어진 경쟁자들보다 유리한 위치를 선점할 수 있다.

전통적인 오피스 개념에서 벗어나지 못하는 건물주와 건물 관리자들은 위워크WeWork와 같은 회사들로부터 도전을 받고 있다. 위워크는 소위 공유 경제의 맥락에서 사무실 공간의 역할과 성격을 광범위하게 재정의하고 있다(에어비앤비의 주택 공유와 우버의 차량 공유를 참고하라). 위워크의 기본적인 사업 모델은 단순하다. 오늘날 기업들이나 근로자들은 장기 임대 계약으로 얽매이는 것을 싫어하고, 칸막이 책상이나 형광등 불빛, 형편없는 커피에 넌더리를 내는 경우가 많다. 한마디로 요약하면 위워크는 단순히 공간을 임차하고 그곳을 수리해 쾌적한 환경을 조성한 뒤 다시 임대하는 사업을 영위한다.

위워크가 전하려는 이야기는 물론 훨씬 더 복잡하다. 위워크의 공동 창업자인 애덤 뉴먼Adam Neumann과 미구엘 멕켈비Miguel McKelvey는 사무실을 단지 함께 모여 일하는 장소가 아니라 재미있고 유연하며 창의성이 솟아나는 장소로 만들고자 했으며 임대 조건도 건물주 중심이 아니라 고객 중심이었다. 위워크는 사무실을 밝은색과 부드러운 조명으로 꾸미고 고급 커피, 수제 맥주, 안락한 가구, 소파 등을 제공한다. 그들은 한 걸음 더 나아가 헬스장, 요가 수업, 와인 시음, 식당, 스파 등 사회적 상호 작용이 가능한 서비스를 제공한다.

개인은 월 사용료 50달러 미만으로 위워크의 공동 작업 공간을 제한적으로 사용할 수 있다. GE나 삼성과 같은 대기업들도 위워크의 넓은 공간을 이용하기 위해 연간 수백만 달러를 지급하고, 그보다 소규모 회사들은 다양한 공간과 가격 조건을 선택할 수 있다. 사무실 임대를 단지 빈 공간을 장기 고정 조건으로 임대하는 것으로 생각하는 대규모 건물주들에게 위워크가 제시하는 사무실의 새로운 개념은 어떤 영향을 미칠까? 부동산 시장에서는 10년 임대로 현금이 잠겨 고정된 것이 아니라 월 단위 임대로 공실이 없는 빌딩을 어떻게 평가할 수 있을까? 새로운 평가 모델은 전체 산업의 가치 사슬 구조를 완전히 뒤집어 놓았다.

위워크가 제공하는 공간은 모든 사람을 위한 것은 아니었지만 시장에 진입한 지 불과 8년 만에 브랜드의 매력으로 주목을 받고 대규모 자금을 끌어모았다. 2018년 회사 가치는 200억 달러에 달했으며 전 세계적으로 200개 이상의 공유 사무실 네트워크를 구축했다.[29] 뉴먼과 멕켈비는 공유 사무실 건축에서 위리브WeLive라는 브랜드로 주택 사업에 뛰어들었으며 헬스클럽 브랜드로 라이즈Rise를 만들었다. 위워크는 콘텐츠 마케팅 플랫폼인 사회적 관계망 미트업Meetup과 콘덕터Conductor를 인수하고 임대용이 아니라 자신이 사용할 부동산을 구입해 건축하기 시작했다.

2017년 프롭테크에서 가장 규모가 큰 투자는 소프트뱅크SoftBank가 위워크에 30억 달러를 투자하고 추가로 위워크의 자회사에 14억 달러를 투자한 것이었다.[30] 소프트뱅크의 손정의 회장은 위워크의 빠른 성장은 단지 시작에 불과하다는 사실에 투자했으며, 보도에 따르면 그는 위워크가 앞으로 수천억 달러의 값어치를 지니게 될 것으로 전망했다고 한다.[31]

숙박업

지난 10년간 프롭테크의 영향을 가장 뼈저리게 경험한 것은 호텔들이다. 이제 많은 사람이 호텔 방을 검색할 때 익스피디아Expedia, 프라이스라인Priceline, 오비츠Orbitz, 카약Kayak과 같은 온라인 여행사들을 이용하기 때문이다. 이런 온라인 업체들 덕분에 소비자들은 가격과 특징을 비교하기가 한결 쉬워졌다. 소비자들은 온라인 여행사를 통해 순식간에 방을 예약할 수 있으며, 그들의 수수료 때문에 호텔에 돌아가는 이익이 감소한다. 에어비앤비가 단기간 아파트나 주택 혹은 방을 임대하려는 사람들과 여행객을 쉽게 연결하는 사업 모델이라는 점에 착안해 홈어웨이HomeAway나 버르보VRBO, Vacation

Rental by Owners도 주거용 부동산도 숙박이 가능한 장소라는 관점에서 자신들의 사업 모델을 구축했다.

에어비앤비는 호텔업계에 심각한 타격을 입혔다. 호텔들은 불과 몇 년 만에 엄청나게 성장한 스타트업 때문에 무장 해제당했다. 에어비앤비는 한때 호텔에 막대한 이윤을 안겨 주었던 성수기와 인기 지역에 특히 심각한 타격을 주었다. 에어비앤비와 같은 온라인 회사들이 공급을 늘리자 수요 초과 시점에 천정부지로 올라갔던 숙박비와 이윤은 하락할 수밖에 없었다.

호텔업계는 에어비앤비에 어떻게 대응해야 할지 갈피를 잡지 못했다. 순식간에 거대 기업이 된 에어비앤비의 속도를 늦추려고 규제를 강화하는 로비 활동을 벌이기도 하고 호텔들은 '고객 경험'을 제공하는 서비스를 향상하려고 노력했다. 수년 전부터 부티크 호텔과 비앤비B&B들이 새로운 플랫폼인 에어비앤비에 빈방을 올리기 시작했다. 다수의 성공적인 스타트업들과 마찬가지로 에어비앤비의 혁신은 규제 당국과 조세 당국을 앞질러 갔으며 이 분야의 소란은 절대 가라앉지 않을 것이다.

온라인 예약 플랫폼과 호텔업계의 갈등은 한층 더 심각하다. 《호텔스Hotels》지의 편집인인 제프 와인스타인Jeff Weinstein은 《아틀란틱Atlantic》지와의 인터뷰에서 온라인 플랫폼이 등장한 초창기에 호텔들은 공실률이 높을 때 기꺼이 빈방에 대한 정보를 온라인 업체들에 제공했다고 강조했다.[32] 수년이 지난 지금에 와서 호텔들은 온라인 업체가 제공하는 서비스는 필요하지만 자신들이 받아들여야 하는 온라인 업체의 통제와 빈방에 대한 수수료 증가에 분개했다. 일부 호텔 체인들은 고객들이 자신들이 운영하는 예약 사이트를 직접 이용하도록 장려함으로써 온라인 업체에 반격을 가했다.(메리어트 호텔의 '잇 페이즈 투 북 다이렉트It Pays to Book Direct'와 힐튼 호텔의 '스톱 클리킹 어라운드Stop Clicking Around' 서비스 참조)[33]

하지만 웹사이트와 호텔투나잇HotelTonight과 같은 앱에 노출된 고객수를 감안할 때 대다수 사람들이 여러 여행 상품이나 정보를 한데 모아 놓은 인터넷 사이트 업체에서 호텔 체인의 웹사이트로 다시 돌아갈 것 같지는 않다. 모바일 앱 서비스는 사용자들이 일주일 전까지 호텔 방을 예약할 기회를 제공하고, 예약 마감 시간이 임박하면 종종 초특가 할인 행사도 실시한다. 호텔투나잇은 매끄러운 인터페이스, 초특가 할인 행사, 시장 친화적인 자세 등을 앞세워 익스피디아와 같이 자신보다 규모가 훨씬 큰 온라인 여행 업체들과 경쟁한다. 회사 관계자들은 호텔 담당자들에게 골치 아픈 빈방에 대한 정보를 제공해 달라며 이렇게 설득한다.

"다른 회사하고 비교하지 마세요. 저희는 귀사의 경쟁자가 아니라 동반자입니다."[34]

호텔투나잇과 같은 앱이 호텔들의 경쟁자일까 아니면 해결사일까? 아니면 근본적으로 두 가지 모두를 의미하는 것일까? 여러 차례 합병 과정을 통해 익스피디아와 프라이스라인이 업계의 거대 기업으로 탄생했다. 미래에 호텔들은 이 같은 공룡 기업들과의 협상에서 영향력을 얼마나 행사할 수 있을까? 기존 호텔들은 충성 고객 프로그램이나 '고객 경험' 접근 방식 혹은 다른 대책으로 온라인 여행 업체들의 거래량을 자신들의 독자 사이트로 옮겨올 수 있을까?

소매업계

미국 내 소비자들의 소매 상점 방문 건수는 2010년에 340억 건이었으나 2013년에는 176억 건으로 거의 50퍼센트가 감소했다.[35] 게다가 2017년 소매점의 폐업 건수는 미국에서 관련 통계를 수집한 이래 가장 많았다. 앞에서 언급한 것처럼, 2017년 한 보고서에 따르면 앞으로 5년 이내에 미국 쇼핑몰의 4분의 1이 문을 닫을 것으로 예측했다. 하지만 온라인 판매량은 두 배

이상 증가하여 2030년까지 미국 전체 소매 판매액의 35퍼센트에 달할 것으로 예상된다.[36)]

누군가 '소매상의 종말'이라고 표현했듯이 온라인 쇼핑이 소매업계에서 가장 큰 비중을 차지하고 있으며 아마존이 이런 추세의 최전방에 있다. 주방 탁자에 앉아 커피를 즐기며 구매할 품목을 클릭 몇 번으로 신속하게 찾아내 가격을 비교하고 구매할 수 있는 편리하고 유익한 온라인 쇼핑몰을 이기기는 힘들다. 온라인 구매란 한 마디로 배송을 기다리는 행위다. 따라서 아마존과 다른 온라인 소매상들은 유통 채널을 개선해 배송 시간을 줄이는 데 총력을 기울이고 있다. 플렉스Flex(미국의 공급망 서비스 및 솔루션 제공 기업-옮긴이)와 또 다른 아마존 프로그램은 물류 창고에서 구매자 가정까지 가장 비용이 많이 드는 구간인 마지막 배송 구간에 대한 크라우드 소싱을 시험하고 있다. 드론과 자율 주행 차의 등장으로 배송 부문은 한층 더 발전할 것이며 물리적 상점에 대한 경쟁력을 더욱 강화할 것이다.

온라인 소매상들은 소비자들이 제품을 물리적으로 만져 보지 못하고 3차원으로 살펴보지 못한다는 단점을 안고 있다. 오늘날 소비자들은 매장을 방문해 품목을 살펴본 뒤 집으로 돌아가 더 좋은 가격 조건의 상품을 온라인 쇼핑몰에서 주문한다. 이와는 반대로 월마트나 타겟 같은 대형 소매업체들은 정반대의 구매 방식을 장려한다. 그들은 온라인 소비자들이 온라인에서 상품을 주문하고 지정한 인근 매장에서 상품을 받을 수 있도록 함으로써 업계의 난제였던 배송 문제를 해결하려고 했다.

물리적인 상점이 멸종된 것은 아니다. 상황이 완전히 바뀌어 이제는 도리어 아마존이 물리적 상점을 시험해 보고 있다. 아마존 상점은 책들을 서가에 진열했지만 그것은 자신들이 몰아냈던 구태의연한 서점들이 했던 영업 방식과는 전혀 다르다. 그들은 책의 포장지를 없애고, 매대를 널찍이 배치하고, 조명을 밝혀 서점이라기보다는 마치 보석 상점처럼 꾸몄다. 고객 의견은 진열된 책 바로 아래에 표시하고 다양한 도구와 디지털 제품으로 매장 대부분을 꾸며 놓아, 쇼핑하는 것이 마치 웹사이트 사이를 거니는 것처럼 느껴지도록 만들었다.

발 빠른 소매 업체들은 이처럼 온라인과 물리적 쇼핑을 함께 할 수 있는 혼합형 쇼핑이라는 미개척 분야를 탐구하는 데 앞장섰으며, 재빠른 건물주 역시 그들을 도와줄 방법을 찾고 있다. 소비자들이 아주 자연스럽게 온라인 쇼핑과 물리적 쇼핑을 함께할 수 있도록 통합하는 것이 갈수록 중요해졌지만 정확히 소매업계가 이것을 어떻게 달성할 수 있을까? 이러한 노력에 가장 잘 어울리는 웹사이트, 회계 및 재고 시스템, 마케팅 노력, 디지털 광고, 소셜 미디어 홍보는 과연 무엇일까? 센서, 생체 측정 도구, 분석 기술 등 기술적 발전으로 소매업계는 성별 및 연령대별로 어떤 소비자들이 어느 상점에 오래 머무르며 어떤 상품에 관심이 있는지를 추적할 수 있다. 소매업계는 디지털 마케팅에 그런 정보를 활용해 반복 구매 소비자들에게 할인 쿠폰을 문자로 전송하거나 예를 들어, "당신은 이 제품을 좋아하는데, 저 제품은 어때요?"라고 다른 상품을 추천하기도 한다.

호텔업계와 마찬가지로, 온라인 경쟁에서 승리하는 전략으로 알려져 있는 '경험 중시' 접근 방식은 아직도 그 의미가 진화하고 있다. 건물주들은 입주 업체들이 살아남을 수 있도록 디지털 혹은 상호 작용 형태의 서비스를 제공할 수 있을까? 그들은 네일 숍, 요가, 영화, 미술 갤러리 등 온라인 영업에 어울리지 않는 업체들에게 더 좋은 온·오프라인 혼합 영업 방식을 제공할 수 있을까? 아이러니하게도, 1890년대 소매업계의 구식 영업 방식을 혁신하는 데 중요한 역할을 차지했던 백화점의 '경험 중시' 접근 방식은 아마존이 등장하기 전까지 지속되었던 사업 모델이었다.

과연 프롭테크 스타트업들이 부동산 혁신의 한 형태로 소매업을 어떻게 재창조할까? 불리틴Bulletin이라는 회사는 물리적인 상점을 마련하고 브랜드들이 한 달 단위로 매장을 임차해 자신의 제품을 판매할 수 있는 서비스를 제공한다. 불리틴은 소비자들이 웹사이트에서 상품을 선택하면 5일 이내에 불리틴의 매장에서 그 상품을 볼 수 있다고 약속한다. 공간이 아니라 제품에 집중하며 이같이 새로운 사업 모델에 적응하는 기업은 생존할 수 있을까? 상가 공실률이 높은 현상 역시 팝업 스토어를 열거나 일회성 행사를 개최할 수 있는 기회를 제공하고 있다.

주택

주거용 자산에 관한 대표적 사례로 질로우를 빼놓을 수 없다. 몇 년 전만 해도 트루리아Trulia와 스트리트이지Streeteasy 등을 보유한 질로우 그룹은 시가 총액이 95억 달러에 달했다. 업계 선두 주자로서 질로우는 프롭테크 기업들이 이윤을 낼 수 있는 잠재력이 있다는 사실을 증명했으며 오늘날 새롭게 등장하는 스타트업들의 앞길을 닦아 놓았다. 거래 실적, 마케팅 실력, 부동산 평가 시스템, 거래 성사 능력 등을 고려할 때, 질로우는 언젠가 부동산 중개인을 전부 대체하거나 아니면 적어도 상당수의 부동산 중개인을 대체할 수 있는 플랫폼으로 알려져 있다.

사실상 질로우 수익의 상당 부분이 부동산 중개 회사들이 매수하려고 하는 대표적인 수익 원천인 '최우수 중개인 프로그램Premier Agent program'에서 창출되기 때문에 회사는 황금알은 낳는 거위가 다치지 않도록 상당한 주의를 기울인다. 지금까지는 맞는 말이다.

질로우가 새롭게 선보인 '즉시 제안 Instant Offers' 프로그램은 명칭에서도 드러나듯이 자체 평가 알고리즘으로 주택에 대해 온라인 할인 제안을 즉각 시행함으로써 자연스럽게 새로운 영역으로 진출하게 되었다. 주택 판매 중개인이 필요 없는 거래를 통해 부동산 매입 업무를 활발하게 진행하고 있는 질로우를 단순한 소셜 미디어 회사라고 할 수는 없다.(부동산 매도인은 거래 과정에서 자신들이 거래하려던 지역 부동산 중개인들로부터 시장 비교 분석 보고서를 받는다.) 매도인은 즉시 제안 프로그램의 신속성과 편리성에 대한 대가로 가격을 깎아 주고, 지역 부동산 중개인들은 시장 가격 이하에서 거래됨에 따라 새로운 일자리를 찾거나 전업하는 등 어려운 국면에 처하게 된다.

즉시 제안 프로그램을 비롯한 다른 아이바이어iBuyer 프로그램들도 특수한 틈새시장을 공략하려고 하지만 그들이 어떻게 사업을 확장하고 발전할 수 있을까? 이처럼 새롭고 다양한 프로그램들이 이미 수수료 인하로 몸살을 겪고 있는 기존 부동산 매매 시장에 어떤 영향을 미칠 수 있을까? 그들은 엠엘에스MLS(Multiple Listing Service, 미국의 부동산 유통 시스템-옮긴이)에 가입한 중개업자들만이 독점적으로 이용할 수 있는 데이터의 접근 가능성에는 어떤 영향을 미칠 수 있을까? 중개인들은 저렴한 수수료와 매물 목록 작성, 마케팅, 혹은 매수자 발굴 등 업무량을 경감시켜 주는 이점 때문에 즉시 제안 프로그램이나 다른 프로그램들을 이용할 것인가?

시애틀의 또 다른 프롭테크 기업인 레드핀은 중개인 없이 전체 주택 매매 과정을 완전히 자동화하려고 시도했지만 결국 실패했다. 회사는 조직 재정비를 통해 다수의 중개인을 고용하고 다양한 수준의 서비스와 가격 조건을 제공하고 있었다. 2017년 기업 공개 시 1억 3,850만 달러에 상장하면서, 레드핀은 질로우의 즉시 제안 프로그램처럼 주택 매도인으로부터 주택을 직접 구매할 수 있는 프로그램인 레드핀 나우Redfin Now를 출시했다.

오퍼패드OfferPad와 오픈도어OpenDoor는 주택 매입·매도의 번거롭고 지루한 과정을 단순화할 수 있는 기술을 사용하여 유사한 서비스를 경쟁적으로 출시했다. 오픈도어는 단독 주택을 대량으로 매입해 관리하는 사업에 추가하여 전통적인 사업 방식을 완전히 뒤집어 놓는 방식을 사용했는데, 예를 들어 오늘날의 통신 기술을 이용하여 '온종일 오픈하우스' 서비스는 잠재적 매입자가 모바일 앱이나 핸드폰으로 전송된 암호를 이용해 아침 6시부터 저녁 9시까지 언제든지 집을 둘러 볼 수 있다. 게다가 잠재적 매입자가 집을 둘러볼 때도 중개인이 필요 없으며 사전 예약을 하거나 미리 정해진 오픈하우스 시간을 맞추기 위해 실랑이를 벌이지 않아도 된다.

영국의 퍼플 브릭스Purple Bricks는 주택 매매에서 첨단 기술을 보유하고 지역 전문가인 중개인을 유지할 수 있는 또 다른 신모델을 제시한다. 트리플먼트Triplement는 어느 정도까지 이런 모델을 미국에 도입하려고 노력 중이다.

우리가 많은 것을 추적한 것처럼 여길지 모르지만 계속 발전하는 주거용 부동산 시장의 혁신적인 관점에서 보면 겨우 겉핥기 정도라고 말할 수 있다. 한 가지 분명한 것은 조회와 거래 기능은 계속 온라인으로 발전할 것이며, 프롭테크를 이용할 수 있는 중개인과 중개 회사는 최신 경향을 측정하고 더 많은 서비스를 제공하여, 빠르게 변화하는 시장에서 더 유리한 자리를 차지할 것이다. 프롭테크 전문가인 마이크 델프레트Mike Delprete는 질로우가 '즉시 제안' 프로그램을 출시한 직후에 모기지 중개 회사를 인수한 것을 보면, 질로우가

'조회 기능에서 서비스 기능'으로 변신하며 부동산 거래 사업에 더 가까이 다가가고 있다고 주장했다.[37] 그는 가장 중요한 질문을 이렇게 던지며 전략적 변화에 관한 글의 결론을 맺었다. "질로우는 가만히 있는 것이 아니다. 그들의 영업 방식은 1년 전과 사뭇 다르다. 당신의 사업은 어떤 모습인가?"[38]

혁신 대화

피트 플린트Pete Flint, 트루리아Trulia 창업자, NFX 운영자

메타프롭: 트루리아를 창업한 이유가 무엇입니까?

피트: 저는 스탠퍼드 대학원에 진학하려고 영국에서 미국으로 왔습니다. 대학원 2학년 때인 2004년, 학교 근처에 집이 필요했습니다. 저는 기술의 중심지인 실리콘 밸리에 집을 얻으려고 했지만 부동산 정보는 물론 근방의 시세 정보를 얻을 수 조차 없어 깜짝 놀랐습니다. 모든 산업이 첨단 기술의 영향을 받은 것처럼 보였지만 이 거대한 부동산 시장이야말로 소비자들이 접근할 수 없는 산업이었습니다. 저는 군침이 돌았어요. 이것이 첫 번째 촉매제가 되었습니다.

저는 시간을 투자해 부동산 시장을 배우면서 마침내 대규모 사업을 일으켜 중요한 문제를 해결할 수 있다는 가능성을 발견하고 기회가 보여 가슴이 뛰었습니다. 사실 여기에는 두 가지 중점이 있었습니다. 첫째, 소비자들이 자신들의 인생에서 가장 중요한 재무적 의사 결정에 관한 정보에 접근하는 방법과 둘째, 부동산 업자들이 자신들이 지금까지 해 오던 오프라인 마케팅과 영업 방식을 인터넷을 통한 온라인으로 전환하는 것이었습니다.

메타프롭: 당신은 유럽 여행 플랫폼인 라스트미닛닷컴Lastminute.com에서 일한 경험이 있는데 당신이 경험한 여행 산업의 기술적 상황과 부동산 시장의 기술적 상황을 비교해 주시겠습니까?

피트: 두 산업은 유사한 점이 아주 많습니다. 아시다시피 두 산업 모두 항공사, 호텔, 부동산 중개인 등 서비스 공급 기반이 나뉘어 있으며, 부동산업계의 매물 목록 서비스나 여행업계의 항공 예약 발권 시스템인 GDS(Global Distribution System)처럼 어느 정도 기술적 기반을 갖추고 있다는 점에서

유사합니다. 게다가 '패싯 검색faceted search(범위를 좁혀 압축해 가는 검색 방식-옮긴이)' 기능도 제공합니다. 여행업계는 항공기의 출발, 도착 시간, 목적지, 가격, 서비스 등의 정보를 제공하고 부동산업계는 인근 정보, 가격, 침실 수, 욕실 수 등의 정보를 제공합니다. 따라서 두 산업은 서비스 상품 생산의 측면에서 사실상 상당히 비슷한 것은 물론 두 산업이 역동적이란 측면에서도 비슷한 점이 많이 있습니다. 우리는 여행 산업이 인터넷을 도입해 유통 채널을 혁신하는 것과 같은 방식으로 부동산업계가 인터넷을 도입하도록 도왔고, 소비자들은 서비스를 저렴하게 이용할 수 있었습니다. 두 산업이 온라인을 이용한다는 사실은 동일했습니다. 하지만 여행 관련 스타트업은 여행사를 대체하려고만 했지, 트루리아가 부동산 중개인들을 기술로 무장시키길 원했다는 점에서는 큰 차이가 있었습니다.

메타프롭: 당신은 초창기 프롭테크 스타트업 중 하나를 가장 성공적으로 설립하고 지금은 벤처 캐피털 회사인 NFX의 파트너로 활동하면서 이제는 스타트업에 투자하는 일을 하고 있습니다. 초창기 스타트업 당시 자금 조달 상황을 오늘날과 비교하면 어떤 차이점이 있는지 설명해 주십시오.

피트: 완전히 다른 세상이 되었지요. 당시 최고의 벤처 투자자가 했던 말이 생각납니다. 그는 우리가 해결하려고 했던 문제점들을 잘 알고 있었으며 우리 팀을 보고 고무되었습니다. 그때까지만 해도 그는 온라인 부동산 업체에 투자해서 성공한 사례를 본 적이 없었으며 부동산 분야는 투자하기에 적합하지 않은 구조적인 이유가 있다고 생각했습니다. 그게 바로 제가 2005년 누구나 알 만한 성공적인 투자자한테서 들은 내용입니다. 실제로 그 당시 성공적인 온라인 부동산 회사를 만든 사람이 아무도 없었습니다. 벤처 업계는 부동산 시장이 투자에 적합하지 않은 분야라는 선입견을 갖고 있었습니다.

메타프롭: 그렇다면 트루리아와 질로우에는 좋은 일이었네요, 당신은 수많은 스타트업에게 길을 닦아 준 셈이니까요.

피트: 많은 사람의 노력 덕분에 이제 소비자들은 엄청난 양의 정보를 접하고 있습니다. 그들이 스스로 의사 결정을 하는 경우가 증가하고 다양한 선택 방법에 접근할 수 있으므로 모든 분야에서 다양한 방법으로 거래하고 있습니다.

메타프롭: 게다가 프롭테크 커뮤니티가 성장한 덕분에 그런 기회들이 많이 증가했군요.

피트: 그 말씀이 맞아요. 프롭테크 커뮤니티는 하나의 생태계로 이제 그 규모가 커졌습니다. 이제 그곳에는 재능 있는 사람, 자본가, 자문사, 고객들이 모두 존재함으로써 프롭테크가 극적으로 변화했습니다. 불과 10여 년 전만 하더라도 기술과 부동산 시장을 접목할 수 있는 사람들이 그렇게 많지 않았습니다.

제 2 장

왜 지금 프롭테크가 필요한가?

"5년 전까지만 해도, 나는 수십 년 동안 변화하지 않은 기본적인 비즈니스 모델을 가지고 있는 부동산업계를 오늘의 기준으로 다시 검증해야 한다고 주장했을 것이다. 그러나 이제는 경쟁과 국제화, 새로운 산업 진입자들 때문에 이미 변화가 빠르게 이루어지고 있고, 광범위하고 빠르게 발전하는 기술, 새로운 비즈니스 모델, 창의적인 파트너십을 목격하고 있다. 이런 모든 현상 덕분에 부동산 산업에 종사하는 전문가들은 가슴 떨리는 시대를 맞이하고 있다."

- 로버트 코티유Robert Courteau,

아거스 소프트웨어ARGUS Softwear의 모기업인 알터스 그룹Altus CEO

"이 흥미진진한 시장에 일찍이 발을 들인 것은 꽤 도전적인 일이었다. 나는 얼리어답터들에게 초점을 맞춰야 한다고 생각한다. 그들은 우리의 비전을 발견하고 이 같은 대화에 관심을 보였으며 우리가 자신들과 함께 이룩한 성공을 기반으로 다른 사람들이 참여해 열광하도록 만들었다. 이제 프롭테크 분야는 불과 몇 년 전과 비교하면 낮과 밤이 다른 것처럼 전혀 다르게 변화했다."

- 카렌 마이오Karen Maio, 네스티오Nestio CEO

부동산 시장이 기술과 혁신 측면에서 다른 산업에 비해 낙후된 이유를 살펴보면 한편으로는 기존 비즈니스 모델이 여전히 수익성이 좋기 때문이기도 하고, 또 한편으로는 부동산 거래는 지역 중심적이며 사적으로 거래되는 대규모 자산이고 엄격한 규제가 있기 때문이다. 부동산 산업이 혁신을 하는 데 기폭제가 된 것은 질로우나 에어비앤비처럼 크게 성공한 프롭테크, 새롭게 등장한 벤처 캐피털, 리츠REITs의 성장, 국제화, 소비자 수요 등이었다.

마이클 맨델Michael Mandel은 대학에서 경영학을 공부했으며 항상 창업을 꿈꾸고 있었다. 그는 학교를 졸업하고 그럽앤엘리스Grubb & Ellis에서 브로커로서 사무실 임대 업무를 담당했다. 직장 일은 안정적이고 수수료에 기준한 급여였지만 그는 언젠가는 직원이 아니라 고용주가 되는 것이 목표였으므로 그가 맡은 일거리는 별 볼일 없었다. 그런 그는 기업가의 시각으로 상업용 부동산 시장을 들여다보고 대박을 터뜨릴 기회를 찾아냈다.

"브로커로 일하면서 깨달은 게 있어요. 부동산 시장에서 우리가 기회를 찾으려고 하면 사방이 기회랍니다. 그만큼 부동산 산업이 낙후되어 있어요." 맨델은 우리와 인터뷰하면서 이렇게 말을 이었다. "그것이 제게는 '내가 발견한 이 많은 기회 가운데 내가 진짜 하고 싶은 것은 어떤 것일까?'라는 질문으로 다가왔어요."

그는 무료한 월요일 아침 회의 시간을 견디던 어느 날, 불현듯 임대 사업에 집중하기로 결정했다고 말했다. 월요일 아침 회의 하루 전인 일요일 오후가 되면 그는 다른 브로커들에게 전화해 자신이 취급하고 있는 임대 사무실과 경쟁 관계에 있는 사무실들에 관한 구체적인 임대 조건인 이른바 '콤스'coms(comparables의 약어로 부동산 비교·견적 자료를 의미-옮긴이)를 필사적으로 교환하느라 무수한 시간을 보냈다. 그러한 정보 교환은 브로커들이 가격, 조건, 유행을 결정하는 데 도움이 된다. 그것이 바로 브로커들이 시장에서 살아남는 비결이었다. 콤스를 준비해야만 맨델은 아침 회의에서 말할 거리가 있었다. 맨델의 주고객군은 기술 기업이나 창의적인 기업들이었지만 회의 석상에서는 그와 별로 관계가 없는 법무 법인, 헤지 펀드, 프라이빗에쿼티 등의 리스에 관한 정보가 교환됐다.

기존의 정보 교환 시스템은 매우 비효율적이며 답답하고 수십 년 동안 근본적인 변화가 없었다.(맨델의 동료 중 한 명은 아직도 전용 인덱스 카드를 이용해 콤스를 추적하고 책상 위 작은 파일에 보관한다.)

"저는 어쨌든 '누구나 이런 정보를 이용할 수 있는 서비스가 필요하다'고 생각했어요." 맨델은 우리와 인터뷰하면서 불현듯 아이디어가 떠오른 월요일 회의를 회상하며 이렇게 설명했다. "저는 우리가 정보를 한층 효율적으로 공유할 수 있는 플랫폼을 만들면 매주 마구잡이로 데이터를 주고받는 대신 제가 필요한 정보를 필요할 때 언제든지 실제로 얻을 수 있다고 판단했답니다."

2012년 맨델과 그의 동료 바딤 벨로브로프카Vadim Belobrovka는 리스와 콤스 자료를 공유할 수 있는 크라우드소싱 플랫폼인 콤스택CompsTak을 출시했다. 근본적으로 그들은 오프라인에서 오가던 콤스 자료를 온라인으로 전환함으로써 효율성을 높이고 보다 공정한 경쟁의 장을 만들었다. 콤스택을 무료로 이용하는 브로커들은 자신들의 콤스를 익명으로 시스템에 제공하고 일종의 가상 화폐인 포인트를 받고, 다른 콤스를 조회할 때 포인트를 사용한다. 그들은 이제 정보를 수집하느라 늦은 밤까지 전화기에 매달리지 않아도 되며 관련 없는 정보가 난무하는 회의에 시간을 낭비할 필요도 없게 되었다.

그와 같은 회의에 넌더리를 낸 브로커는 맨델만이 아니었다. 맨델의 설명에 따르면 2018년 중반, 콤스택이 처리한 전체 리스 콤스 정보는 100억 제곱 피트에 달했으며 70개 시장과 1만 개 도시에 관한 정보를 취급했다. 이 같은 수치는 콤스택이 새롭게 수집한 수십만 건의 매매 콤스 정보는 포함하지 않은 것이다.

프롭테크에는 맨델과 같은 기업가들로 가득 차 있다. 그들은 낙후한 부동산 시장에서 틈새, 충족되지 못한 욕구, 비효율적인 시스템을 발견하고 그것들을 해결하기 위하여 기술적인 해결책을 고안했다. 피트 플린트가 바로 그런 기업가라 할 수 있다. 그는 MBA 공부를 하기 위해 캠퍼스 밖에 거주할 집을 찾던 중 그가 온라인에서 찾은 어설프고 오래된 부동산 정보 때문에 좌절했다. 그 사건이 바로 그가 주택 구매 과정을 단순화하는 방안을 모색하는 계기가 되었으며 그 결과 트루리아가 탄생했다. 전직 언론인이었던 레자 번디Reza Bundy는 이베이eBay가 뛰어난 플랫폼이지만 평균 거래 가격이 50달러 미만인 이유가 궁금했다. 일반 건설업자들이 이런 종류의 플랫폼을 이용해 중장비 비용을 절감할 수 없을까? 기준 소매 가격 안에서 공신력 있는 제삼자가 보증할 수 있다면 가능성이 있었다. 그는 이 일을 담당할 수 있는 제삼자를 찾아 객관적으로 검수한 중장비를 온라인 경매로 거래할 수 있는 아이언플래닛IronPlanet을 설립했다.

오바마 행정부에서 주택 문제를 함께 담당했던 브라이언 폭스Brian Faux와 사라 압셀 토마스Sarah Apsel Thomas는 모기지를 구하는 과정이 더 단순해지고 더 투명해져야 한다고 생각했다. 그들은 2015년 노라 압셀Nora Apsel과 아담 로스블라트Adam Rothblatt를 만나 개방된 온라인 모기지 시장의 전망에 관해 의견을 나누고 모티Morty를 만들기로 결심했다.(역시, 이래서 프롭테크는 재미있다.) 모티는 온·오프라인 모기지 시장의 통상적인 관행처럼 신청자를 특정한 물건으로 유도하지 않고 다수의 임대인이 다수의 물건을 플랫폼에 소개하고 일반적으로 불투명한 수수료에 관한 상세한 정보도 제공한다.[39]

왜 그때는 프롭테크가 아니었나?

다른 산업에서는 이와 유사한 혁신이 십 년 전, 아니 어떤 경우는 수십 년 전에 일어났다. 온라인 여행 플랫폼인 익스피디아는 1996년에 출범하여 1999년에 상장했다.[40] 아마존은 온라인 서점을 표방하며 1995년에 시작했다. 창업자 제프 베조스Jeff Bezos는 이미 그때 아마존을 '모든 물건'을 취급하는 상점으로 구상했다.[41] 1994년에 온라인 뱅킹이 마이크로소프트 머니Microsoft Money의 개인 금융 소프트웨어에 적용되었으며 같은 해 스탠포드 크레딧 유니온Stanford Credit Union이 최초의 온라인 뱅킹 웹사이트를 선보였다.[42] 1세대 ATM은 1960년대에 등장했다.

오늘날 프롭테크가 빠르게 발전하고 있지만 부동산 산업이 다른 산업을 따라잡는 데 이토록 오래 걸리는 이유는 무엇일까? "왜 지금 프롭테크인가?" 달리 질문할 수도 있다. "왜 그때는 프롭테크가 아니었나?"

첫 번째 답은 적어도 몇 년 전에도 프롭테크 회사가 몇 개 있었다는 사실이다. 크레이그 뉴마크Craig Newmark는 1995년에 원시적인 형태의 크레이그리스트Craiglist를 만들었으며 1999년에 이 리스트를 아파트나 다른 물건들에 대한 분류를 특색으로 하는 웹사이트로 확장했다.[43] 상업용 부동산에 관한 정보와 분석의 선두 주자인 코스타CoStar는 이미 30년 훨씬 이전에 인쇄된 카탈로그로 영업을 시작했으며 이제는 온라인을 통해 자신의 효용성을 확대했다. 1970년대 후반 제이디 에드워즈JD Edwards는 일일 거래를 관리하고 분석하기 위해 부동산에 초점을 맞춘 전사적 자원 관리ERP 시스템을 처음 도입했으며 1980년대에는 아거스Argus와 야르디Yardi가 부동산업계 최초로 목적 기반 소프트웨어 플랫폼을 제공했다.

이와 같은 발전은 프롭테크 혁신의 새로운 물결의 앞길을 닦아 주었다. 가장 먼저 보여 준 것은 새로운 기술이 부동산 시장의 낙후된 시스템과 도구를 현대화하는 데 적용된다는 사실이고 다음으로 적어도 몇몇 투자자들에게는 부동산 시장에서 돈을 벌 수 있다는 사실을 일깨워 주었다. 하지만 성공한 기업들은 비교적 조용히 일을 진행한다. 그들은 질로우, 오픈도어, 네스트와 같은 최근 승자들처럼 다른 사람들의 주목을 받거나 투자를 끌어들이지 않는다.

부동산업계 밖의 사람들은 아거스Argus라는 이름을 들어 본 적이 없겠지만, 질로우는 누구나 아는 이름이 되어 버렸다. 질로우는 2006년에 창업한 주택 플랫폼으로 창업 5년 후 시가 총액이 약 5억 4천만 달러에 달했다.[44] 보도에 따르면 2017년 수입이 10억 달러 이상이었다. 레드핀은 2017년에 상장했으며 상장 규모는 1억3천8백만 달러였다.[45] 블룸버그에 따르면 2007년 모호한 아이디어와 침대 몇 개로 시작한 에어비앤비는 10년이 지난 2017년에 매출이 260억 달러로 성장했으며 순이익은 9천3백만 달러를 기록했다.[46]

최근 들어 초창기 대표적인 스타트업들이 자리를 잡고 이익을 내기 시작하자 벤처 캐피털 사들이 관심을 두기 시작했다. 우버와 아마존과 같은 회사들이 성공하는 것을 보고 투자자들은 그들의 사업 모델을 첨단 기술 기업들의 관심 밖에 있었던 거대한 부동산 시장에 접목할 수 있다는 것을 깨달았다. 아론Aaron은 쿠시먼앤드웨이크필드Cushman &Wakefield에서 시카고 지역 상업용 부동산을 담당했지만 자신의 신념을 달성하기 위해 베이루BayRu로 자리를 옮겨 그곳을 러시아에서 8번째로 큰 국제 온라인 소매 기업으로 키웠다. 수많은 기업가나 투자자처럼 아론은 베이루의 상징인 기술, 혁신, 속도를 상업용 부동산 시장에서는 찾아보기 힘든 이유가 궁금했다.

그 질문에 대한 답은 위험 회피적인 산업의 특성과 어느 정도 관련이 있다. 수수료 수입에 의존하는 사람들은 항상 불안감을 가지고 있으며 특히 시장이 호황일 때는 사업 모델을 변경하는 것에 거부감이 있다. 주택 소유자 역시 일생에 몇 번 안 되는 거래이고 어쩌면 단 한 번일지도 모르는 부동산 거래이면서 또 달리 보면 자신의 최대의 자산을 거래하는 데 새로운 방식을 적용하는 것을 경계하기도 한다. 회사가 10년 만에 처음으로 10만 제곱 피트(약 2800평) 짜리 사무실을 임대하는 경우라면 어떨까? 현재의 시스템에 불합리한 부분이 존재하더라도 부동산이 전문 분야가 아닌 임원에게는 새로운 거래 시스템을 시험해 본다는 것은 너무 민감한 주제이다.

앤드류 바움Andrew Baum은 『프롭테크 3.0: 부동산의 미래PropTech 3.0: The Future of Real Estate』에서 사적으로 거래되는 대규모 부동산 시장은 변화를 싫어한다고 주장했다.[47] 부동산 시장은 지역 특성이 강하고 규제가 심하며, 게다가 두 요인 모두 혁신과 거리가 멀다는 사실은 변화에 도움이 되지 않는다. 부동산은 역시 최대의 자산이며 매우 다양하고 매우 비유동적이며, 역사적으로 볼 때 우리가 매우 오랫동안 유지해 온 전략이지만 특히 상승장에서는 단순히 보유하기만 하면 돈을 벌었다.[48] 지난 장에서도 우리가 의아했던 것처럼, 무언가 잘못된 거 같기는 하지만 돈을 벌고 있다면 굳이 고칠 필요가 있을까?

수년 동안 미국의 부동산 회사를 운영하는 실력자들은 아무것도 고치려고 서두르지 않았다. 적어도 기술적 해법의 경우 그런 현상이 두드러졌다. 그들은 대체로 나이 든 백인 남성이었다. 우리 친구 가운데도 나이 든 백인 남성들이 있다. 그들을 무시하는 것이 아니지만 그들은 아마 초고속 기술 혁신에 가장 적합한 사람들은 아닐 것이다. 그들은 합의 사항이 계약서에 엄격하게 규정되어 있고, 모든 게 상호 관계로 움직이며 기존 수수료는 보호되고 거래 과정은 복잡하고, 돈을 벌 수 있는 중요한 정보에 대한 접근은 엄격하게 제한된 폐쇄 시스템에서 군림한다.

기술, 문화, 공유 경제

프롭테크는 어떻게 골동품과 같은 취급을 받던 부동산 시장을 벗어나 기하급수적으로 증가한 투자를 잘 활용하여 기술 기반 혁신 분야에서 가장 가슴 떨리는 분야가 될 수 있었을까?

우선 가장 분명한 것은 기술이 없다면 프롭테크도 없었을 것이란 사실이다. 현대 부동산 시장에 있어 초기의 기술적 발전은 1980년대 엑셀과 같은 도구가 등장해 계산 능력이 향상된 덕분이며 물론 그 뒤 인터넷이 크게 이바지했다. 바움은 핀테크와의 접목이 가장 중요한 요소라며 이렇게 주장했다. "다양한 종류의 부채와 자산 유동화 증권으로 구성된 간접 투자 방식, 부동산 투자 신탁REITs의 출현, 파생 상품 시장의 발전 등으로 성과 측정과 투자전략에서 한층 계량적이고 조사 중심적인 접근 방식이 주목을 받기 시작했다."[49]

하지만 부동산 산업에 영향을 미친 정도를 보면 그러한 기술의 발전은 현재의 기술적 파고가 가져온 수준에 미치지 못한다. 크라우드 컴퓨팅, 오픈 소스 소프트웨어, 간편한 코딩, APIApplication Programming Interface(운영 체제와 응용 프로그램 사이의 통신에 사용되는 언어나 메시지 형식-옮긴이)의 발전, 어디에서나 이용할 수 있는 모바일 기기, 광역 통신망 등 가장 최근에 선보인 기술의 발전은 부동산 시장에서 가치 사슬의 모든 분야에 막대한 영향을 미쳤다. 상업용 부동산 시장의 기술 자문 회사인 텐엑스Ten-X의 나단 디버Nathan Dever는 온라인 미디어인 비스나우Bisnow에 기고한 글에서 자크Zach를 프롭테크의 원조로 꼽으면서 프롭테크의 역사를 이렇게 설명했다:[50]

> 1980년대 중반 시작한 프롭테크의 원조 격인 회사들은 상업용 부동산에 소프트웨어를 제공했던 것이 특징이다. 이런 회사 가운데는 1982년 오토데스크Autodesk 및 미국부동산투자수탁자협회NCREIF: National Council of Real Estate Investment Fiduciaries, 1984년 야르디Yardi, 1987년 코스타CoStar 등이 있다. 하지만 프롭테크가 진정으로 꽃을 피우기 시작한 것은 2000년대

중반에 들어와서다. 크라우드 컴퓨팅, 광역 통신망, 모바일 기기 덕분에 주택 부동산 프롭테크의 거물인 라이트무브RightMove, 트루리아, 질로우 등이 등장해 투자자들에게 기술이 부동산 시장을 흔들어 놓을 수 있다는 사실을 증명했다.

신기술과 그것이 만들어 낸 새로운 기대, 다른 산업의 기술적 진보를 둘러싸고 일어난 문화적 변화는 기술 자체만큼이나 프롭테크 혁신의 중요한 요소다. 예를 들어 주택을 구매하는 것은 오랫동안 속도가 느리고 비용이 많이 들며 번거로운 거래였다. 모바일 뱅킹과 온라인 쇼핑에 익숙한 소비자들은 대부분 수작업으로 이루어지고 장시간이 소요되는 거래 과정에 점점 더 좌절하기 시작했다. 그들에게 여러 가지 질문이 떠올랐다. 온라인에서 전자 오븐을 비교하는 툴이 우리가 사고 싶은 집을 분석하는 것보다 더 효율적이고 훌륭한 이유는 무엇인가? 부동산 담보 대출을 받기 위해 말끔하게 정장을 차려입은 사람을 찾아가 산더미 같은 서류를 찬찬히 살펴야 하는 이유는 무엇일까? 이런 것을 위한 웹사이트나 앱은 없는가? 감정 평가가 오래 걸리는 이유는 무엇이며 게다가 감정 평가사가 많지도 않은 데이터를 갖고 평가하는 이유는 과연 무엇일까? 그들은 왜 아직도 연필을 사용하는가?

밀레니얼 세대가 성년이 되자 소비자들의 요구 사항이 봇물 터지듯 터져 나왔다. 이 세대는 모든 일을 온라인으로 처리하고, 통화보다는 문자를, 글자보다는 이모지를 좋아한다. 그들에게 페이스북은 이미 노인들을 위한 골동품이 되어 버렸다. 그들은 최첨단 기술과 최신 장치와 가장 성능이 좋은 앱을 좋아하다. 그들 대부분은 사람들이 은행 건물 안으로 들어가 은행 일을 처리하던 시기를 기억하지 못한다.

밀레니얼 세대는 오랫동안 아파트를 임차해 사용해 왔다. 또한 그들은 점차 주택을 구입하고, 사무실을 임차하고, 상점을 임대하기 시작했다. 그들은 다른 분야에서 누렸던 것과 같이 높은 수준의 서비스와 편이성을 요구한다.

밀레니얼 세대들이 대다수 프롭테크 스타트업을 구상하고 운영한다. 그들 중 대부분은 처음에는 느리고 비효율적인 업무 처리 과정을 감수했지만 결국 기술적인 해결책을 찾아냈다.

밀레니얼 세대는 소위 공유 경제를 주도한다. 그들은 많은 사람이 자동차를 소유하는 것처럼 자연스럽게 차량 공유 서비스인 우버를 이용하고, 여행할 때 에어비앤비, 버르보, 카우치서핑Couchsurfing(인터넷 여행자 커뮤니티-옮긴이)을 통해 공유 아파트 공간을 찾는다. 그들은 타스크래빗TaskRabbit이나 업워크Upwork와 같은 웹사이트를 통해 프리랜서 일을 찾거나 제공한다. 그들은 또한 포틀랜드의 바이크타운Biketown이나 뉴욕의 시티 바이크Citi Bike와 같은 서비스를 이용해 전국의 자전거를 공유하는 것은 물론, 이미 출퇴근용 스쿠터를 자주 이용하고 있다.

밀레니얼 세대는 공유 경제를 만들기도 했지만 반대로 공유 경제에 의해 만들어지기도 하면서 프롭테크의 촉매제가 되었다. 앞서 소개한 공유 경제 회사들은 대다수가 중개인들이다. 그들은 기사와 승객, 근로자와 작업을 마쳐야 하는 사람, 공간과 휴대용 컴퓨터 이용자들을 연결해 준다. 특히 컴퓨터가 중개인 역할을 담당하면서 통상 대용량 데이터를 이용해 고도의 사용자 친화적인 플랫폼을 제공한다.

우리가 1장에서 살펴봤듯이 부동산 이익의 대부분은 공인 중개사, 상업용 부동산 중개인, 일반 건설업자, 주택, 담보 대출 중개인, 아파트 중개인 등이 담당한 중개 기능에서 발생하기 때문에 프롭테크는 부동산 시작에 꼭 들어맞는 모델이다. 일단 우버와 같은 회사들이 현 경제 체제 안에 잠자고 있던 부분의 잠재력을 증명함으로써, 누군가 부동산 시장에서도 동일한 원리를 적용할 것은 불가피한 사실이었다. 사람들은 에어비앤비를 말쑥한 중개인 정도로 취급했었다. 하지만 에어비앤비는 단기 체류 시장에 숙박 장소를 대량으로 제공함으로써 자신의 역량을 충분히 발휘했다. 2017년 등록된 빈 방수가 미국에서만 66만 개이며 전 세계적으로 4백만 개에 달했다. 이는 5대 주요 호텔 브랜드들의 방을 모두 합한 숫자보다 훨씬 더 큰 숫자다.[51] 에어비앤비는 호텔업계와 주택 부문을 뒤흔들어 놓았다. 그들은 투자자들로부터 많은 관심을 받고 미지의 자산을 현금화할 수 있는 강력한 플랫폼을 활용해 또 다른 중개 시장을 찾아 길을 나서고 있다.

미국 프롭테크 기업에 대한 최고의 엔젤 투자자인 자크 아론스Zach Aarons는 초기에 공유 경제에 관한 글을 읽고 우버처럼 공유 경제와 앱을 부동산 시장에 접목할 수 있는 계획을 자세히 마련했다. 그는 시장 분석을 통해 여러 기업 가운데 브리더Breather에 투자했다. 브리더는 개인 근로자나 대규모 팀 누구나 간단한 앱을 통해 작업 공간을 예약할 수 있는 서비스를 제공하는 스타트업이다. 사람들은 다양한 형태의 규모와 위치에 적절한 작업 장소를 한 시간, 한 달, 일 년 등 원하는 시간 단위로 구할 수 있다. 자크가 브리더에 투자할 당시만 해도 부동산이 필요할 때 전화로 즉시 예약한다는 가치 제안은 미친 짓처럼 들렸다. 하지만 그는 이런 경향이 지속될 것이라고 확신했다. 실제로 그랬다. 이제 리퀴드스페이스LiquidSpace, 피봇데스크PivotDesk, 위워크, 스페이셔스Spacious 등이 이 영역에 뛰어들어 낮에 사용하지 않는 식당 공간을 사무 공간으로 꾸며 관리하고 있다.

모든 밀레니얼 세대들이 스페이셔스가 개조한 식당에서 업워크를 위해 자유롭게 일하는 것은 아니다. 몇 몇 부동산 시장에 뛰어든 선두주자들은 신기술에 익숙하고 혁신을 갈망하며 부동산 시장에서 부동산 첨단 기술의 새로운 물결을 불러일으키고 있다. 특히 가족 기업인 경우 더욱 효과적으로 일한다. 전형적으로 가족 기업은 모든 전략적 결정을 거창하게 이사회에서 논의할 필요가 없으므로 공룡 기업보다 민첩하게 행동할 수 있기 때문이다.

자크는 미동부의 유명한 부동산 집안에서 성장한 자기 또래의 많은 리더들이 현재의 상태에 만족하지 않는다는 사실을 알아차렸다. 마이클 루딘Michael Rudin, 해리 르프랙Harry LeFrak, 라이언 멜론Ryan Melohn과 조 멜론Joe Melohn, 미치 모이니안Mitch Moinian, 제프 베르맨Jeff Berman과 캐시 베르맨Casey Berman 등이 그 부류에 포함되어 있다. 일부는 부동산 개발이나 가족 기업의 다른 사업의 경영인으로서 활발히 활동하고 있지만, 그들은 자신들의 자산과 신속한 의사결정 체계를 활용해 기술에 투자하고 비즈니스에 접목하고자 한다. 모이니안은 모이니안 그룹 안에 기술 스타트업 투자 부서인 커런시 엠Currency M을 설립했다. 제프 베르맨과 캐시 베르맨은 자신들의 풍부한 부동산 투자 경험을 활용해 부동산 개발의 다양한 단계에 있는 프롭테크 스타트업을 도와주기 위한 케임버 크릭Camber Creek을 설립했다. 루딘 메니지먼트사Rudin Management Company의 수석 부회장인 마이클 루딘은 초기 단계 프롭테크 스타트업을 대상으로 하는 루딘 벤처스Rudin Ventures를 지원하고 있다.

부동산 시장을 쉽게 접할 수 있는 환경에서 자란 자크는 기술의 흐름을 이용할 줄 아는 세대이다. 자크의 아버지는 미국 주요 관문 도시에서 대규모 복합 부동산 개발 프로젝트를 전문으로 취급하는 밀레니엄 파트너스Millennium Partners의 공동 창업자이다. 자크가 기술에 관심을 두게 된 데에는 수년 전 자신이 시작한 모바일 도보 여행 사업의 해법을 찾기 위해 애쓴 경험은 물론 밀레니엄 파트너스 개발 프로젝트에 대한 소셜 미디어 및 콘텐츠 마케팅을 담당한 것이 계기가 되었다.

외부 요인, 국제화

부동산 산업 안에는 프롭테크를 옹호하는 밀레니얼 세대들도 있지만 다른 회사들도 프롭테크를 격려하고 있다. 간접적이지만 KPMG는 〈간격을 좁히는 방법: 부동산 부문이 기존 영업 환경과 디지털 영업 환경을 함께 공존할 수 있도록 프롭테크를 어떻게 활용할 수 있을까?〉라는 제목의 2017년 프롭테크 조사에서 프롭테크의 역동성을 이렇게 강조했다:[52]

> 부동산 산업은 대개 자신의 고객인 다른 산업들에 비해 낙후되어 있다. 그들의 고객들은 투자 성과를 향상하기 위해서라면 부동산 기업들이 동일한 기술 수준을 갖추는 것에 충분한 관심이 있다. 이런 현상은 특히 이미 디지털 혁신이 일어난 소매업계, 헬스케어업계, 물류업계에서 두드러지게 나타나고 있다.

동일한 조사에 따르면, 부동산업계 의사 결정권자들은 다른 산업의 기술 도입 현황을 잘 알고 있으며 특히 핀테크에 대해서는 소상히 알고 있다. 그들은 프롭테크가 부동산 업계에 영향을 미칠 것이라는 사실을 이해하고 있으며, 따라서 기술을 따라잡을 방법을 연구하고 있다. 그러나 기술 도입 자체가 지연되거나 대충 끼워 맞추는 바람에 온전한 통합이 이루어지지 않고 있다. KPMG 조사의 응답자 90퍼센트 이상이 디지털 및 기술 변화가 자신들의 사업에 영향을 미칠 것으로 판단하며, 86퍼센트가 그것을 또한 기회로 생각한다고 응답했다.[53] 이런 내용은 부동산업계에서 첨단 기술에 대한 태도가 상당히 달라진 것을 보여 주며 최근 프롭테크가 급격하게 발전하는 이유를 이해하는 데 크게 도움이 된다. 하지만 같은 조사에서 단지 34퍼센트만이 자신들은 전사적 차원에서 디지털 전략을 마련하고 있다고 응답했으며 '기술 혁신 성숙도' 평가 기준을 0에서 10까지 10단계로 나누었을 때, 응답자들은 대부분 자신의 단계를 5 이하로 평가했다.[54]

다른 산업과 동떨어졌던 부동산업계를 변모시키고 프롭테크 변혁을 가속하는 외부 요인으로서는 환경 운동과 국제화를 들 수 있다.

지구 온난화의 위협 때문에 건물주들과 건물 관리 회사는 이산화탄소 배출량 감소, 에너지 절약, 폐기물 감축에 관한 압력을 받고 있다. 그들은 사물인터넷IoT에 눈을 돌려 소위 스마트 빌딩을 고안함으로써 해결책을 찾고 있다. IoT는 정밀한 센서와 제어기 및 다른 기기들로 구성되어 있으며 휴대폰이나 태블릿을 이용해 데이터를 원격으로 전송하고 제어할 수 있도록 정보를 대시보드 형태로 제공한다.

5년 전만 해도 이 정도의 효율적인 장치를 갖춘 건물을 연결한다는 것은 기술적으로 힘들고 엄두를 못 낼 정도의 비용이 들어갔다. 새로운 기술의 물결 덕분에 소규모 건물주들도 이런 서비스를 이용할 수 있게 되었다. 에너지 프롭테크를 이용하는 리얼티Realty 임원들은 이런 서비스가 입주자들을 끌어들이고 유지하는 데 도움이 되는 것은 물론 앞으로 순 운영 수입을 현저히 개선하는 방법이라는 사실을 발견했다. JLLJones Lang LaSalle(상업용 부동산 및 투자 관리를 전문으로 하는 부동산 서비스 회사-옮긴이)의 댄 프롭스트Dan Probst는 이렇게 주장했다. "스마트 빌딩 기술에 대한 투자 비용은 에너지 절약과 건물 유지 효율화로 보통 1, 2년 안에 회수할 수 있다."[55]

에너지 프롭테크를 이용하는 리얼티 임원들은 이런 서비스가 입주자들을 끌어들이고 유지하는 데 도움이 되는 것은 물론 앞으로 순 운영 수입을 현저히 개선하는 방법이라는 사실을 발견했다.

환경 문제에 관한 관심이 높아지는 것은 부동산업계에서도 마찬가지다. 이것도 프롭테크를 활성화하는 또 다른 원인이다. 바움은 자신의 저서 『프롭테크 3.0』에서 이렇게 설명했다. "투자자, 자본의 원천, 자문 서비스 등이 빠르게 국제화하는 현상 덕분에 부동산 산업의 폐쇄성이 현격히 완화되었으며 조사를 바탕으로 하는 상품에 대한 수요가 증가했다."[56]

몇 년 전만 해도 CBRE, JLL, 쿠시먼앤드웨이크필드 등 초대형 자산 관리 회사들은 유럽, 아시아 등 전 세계에 파트너들을 두고 있었지만 진정한 의미의 글로벌 회사는 아니었다. 이제 그들은 글로벌 회사가 되었으므로 자신들의 기술력을 향상해야만 한다. 기술력이 향상되면, 상승 효과가 생길 것이다. 예를 들어, 런던London 소매업계의 유행은 이제 시애틀Seattle이나 퍼스Perth로 바로 유입된다. 그중 몇 가지는 고객의 요구에서 시작한다. 3개 지역에 적합했던 기술 수준은 소비자들의 기대 수준이 훨씬 높은 싱가포르나 홍콩에 적용하기엔 적당치 않다. 글로벌 회사는 강해 보이지만 결국 취약점 하나로 큰 영향을 받기 때문에 다수의 글로벌 플레이어들에겐 리스크가 커졌다.

세계 경제는 밀접하게 연결되어 있으므로 시장 침체는 어디서나 일어날 수 있으며 이에 따라 프롭테크가 활성화되는 경향이 있다. 경기가 좋고 누구나 돈을 버는 시기에는 평소처럼 사업을 원활하게 영위하고 이익을 내는 것이 쉬운 일이다. 하지만 경기가 침체하면 누구나 프롭테크가 제공하는 경쟁력 있는 서비스를 이용해 경비 절감을 실현하고 남들보다 우수한 분야를 모색하기 시작한다. 이러한 현상은 미국에서 확실히 나타날 것이다. 미국은 아주 오랫동안 초저금리 시대에서 경제가 발전했지만 이제 금리가 올라가면서, 마침내 몇 분기 안에 공급이 수요를 초과하고 임대료는 정점을 찍을 것이며 캡 레이트(부동산 가격의 적정성을 평가할 때 쓰는 지표로 임대료를 부동산 가격으로 나눈 값-옮긴이)는 올라갈 것이다. 전문가들은 우리가 이제 경기 확장기의 마지막에 접어들었다고 전망한다.

우리는 시장을 연착륙시키기 위해 기술을 도입하면 다른 사람들이 악순환의 고리라 생각할지도 모르는 부분을 선순환의 구조로 만들 수 있다. 경쟁자들이 기술을 도입한 것을 목격한 부동산업계 종사자들은 경쟁적으로 그들을 모방하려고 한다. 처음 기술을 도입한 회사들이 기술 수준을 높이면 다시 경쟁자들도 자신들의 기술 수준을 높이기 위해 노력하는 현상이 반복된다. 혁신이 혁신을 낳는 것이다. 이런 현상은 19세기 말에도 일어났다. 최초의 고층 건물의 등장과 이를 가능하게 한 신기술 덕분에 사상 초유의 발명과 새로운 시스템의 파도가 대규모로 몰려왔다.

이런 조류에 뒤처진 사람들에게 프롭테크는 위협적인 존재이지만 프롭테크에 종사하는 기업가와 부동산 관계자들에게는 돈을 벌 기회가 어지러울 정도의 빠른 속도로 찾아온다. 한 가지 대표적인 사례를 들자면 에어비앤비는 추가적인 혁신을 이끌면서 낙후되었던 민박 산업 전체에 일대 충격을 안겼다.

부동산 소유주들과 관리 회사들은 1890년대 상인들이 백화점의 출현에 항의했던 것처럼 성공률이 아주 낮을지 몰라도 에어비앤비의 임대 사업을 금지할 수 있을지도 모른다. 하지만 부동산 소유주들은 그렇게 금지된 단기 체류 임대를 암암리에 진행하기보다 에어비앤비에 숙박할 수 있는 빈방을 등재하여 수입을 투명하게 나누어 갖고 통제할 수 있는 기술적 해결책인 필로우Pillow와 같은 서비스를 이용할 수도 있다.

에어비앤비를 거대한 목재 무역선이라고 생각하자.(금을 나르는 배가 정확한 비유겠지만 독자들이 이해해 주길 바란다.) 일단 에어비앤비가 속도를 내니 에어비앤비와 공생하는 소규모 스타트업들이 마치 이끼처럼 갑판 위를 확 덮어 버렸다. 소규모 스타트업들은 에어비앤비 사업에서 이익을 얻는 대가로 에어비앤비가 손님들과 집주인들에게 더 좋은 서비스를 제공할 수 있도록 해결책을 제공한다. 불과 10년 전까지만 해도 존재하지 않았지만 빠르게 성장하는 생태계에서 모두가 승리하고 있는 것이다.

"혁신이 또 다른 혁신을 낳는다."라는 말처럼 혁신의 확산은 특히 지난 2년간 미디어의 관심을 확 사로잡아 더 많은 기업가와 열렬한 지지자들이 이 분야에 뛰어들게 만들었다. 액셀러레이터, 행사, 블로그, 출판, 협회, 학술 프로그램 등 프롭테크 지원 시스템 역시 기하급수적으로 증가했다. 그들은 혁신을 가속하면서 사람들의 프롭테크에 관한 관심을 한층 더 끌어올렸다.

물론 가장 큰 촉매자들은 프롭테크에 투자하려는 자본가들이다. 가장 유명한 트리니티 벤처스Trinity Ventures를 비롯한 실리콘 밸리의 소수의 벤처 캐피털들은 일찌감치 프롭테크의 잠재력을 알아봤다. 질로우와 에어비앤비 같은 기존 대기업뿐만 아니라 오픈도어, 콤파스, 위워크, 네스트와 같은 기업들이 프롭테크 기업으로서 전 세계에서 자금을 유치했다. "왜 지금 프롭테크인가?"라는 질문에 대한 답은 여러 가지다. 우리가 살펴봤듯이 프롭테크는 서로 복잡하게 얽혀 있지만 벤처 캐피털의 자금을 유치하지 못한 기업은 높게 평가받지 못한다. 그것이 바로 우리가 7장 전체에서 투자에 관해 설명하는 이유다. 언제나 맞는 말이지만 '돈을 좇아가라'라는 말이 가장 좋은 충고다.

역시 돈이 부동산 산업에서 성장하는 프롭테크에 열정을 쏟는 가장 큰 원천이다. 프롭테크가 부동산 관계자들에게 가져다주는 효율성, 비용 절감, 이윤 증대, 새로운 수입 흐름 역시 중요하다. 우리는 1장의 많은 부분에서 프롭테크에 참여하지 않는 고루한 사람들에게 놓여 있는 위협을 설명하였다. 이제 우리는 다음 장에서 새로운 부동산 시장을 향해 용기있게 전진함으로써 얻게 되는 이익을 살펴볼 것이다.

혁신 대화

데이브 아이젠버그Dave Eisenberg, CBRE 디지털 지원 및 기술 부문 수석 부사장

메타프롭: 매일 처리해야 하는 업무가 무엇인가요?

데이브 아이젠버그: 플로어드Floored에서는 채용, 관리, 세일즈 지원, 자금 조달, 투자자 관리 등 CEO가 전통적으로 담당하는 업무를 수행했습니다. 하지만 CBRE에 합병된 이후에는 일이 약간 달라졌습니다. 저는 기술 전략 측면에서 우리가 어떤 일을 해야 할지를 결정하는 좀 더 전략적인 임무뿐만 아니라 우리가 인수되기 전 우리의 상품이 영향력이 있다는 사실을 확실히 하기 위해 고차원적인 제품 관리도 담당하고 있습니다. 그렇게 하려면 비즈니스 리더들과 대화를 많이 해야 하며 핵심 사업에 대해 매출 지원도 어느 정도 곁들여야 합니다. 회사에 가장 크게 영향을 미칠 수 있는 것을 확실히 하기 위해 우리가 무엇을 해야 하는지에 관한 전략적 검토뿐만 아니라 자금 계획 수립이 우리가 하는 업무의 대부분을 차지합니다. 50명이 다니는 회사를 다루던 방식과, 8만5천 명이 다니는 회사의 자금과 인력을 운영하는 방법은 매우 다릅니다.

메타프롭: 오늘날 당신의 조직에서 혁신 및 기술 관련해서 가장 중점을 두는 요소는 무엇입니까?

데이브 아이젠버그: 인공 지능이라고도 불리는 딥러닝과 기계 학습의 실질적인 적용의 문제인데, 작업 속도라든지 자료 수집 절차, 데이터 발표, 지원실 업무의 자동화 등이 포함됩니다. 제 생각에 기술에서 최상의 투자 수익률(ROI)을 거두려면 소프트웨어가 지능적으로 만들어져야 합니다. 우리는 수작업으로 처리하던 많은 업무를 완전히 자동화하기 위해 몇 가지 작업을 하고 있습니다.

메타프롭: 부동산 분야에서 일어나는 혁신의 속도와 그것의 발전 방향을 평가해 주실 수 있으신지요?

데이브 아이젠버그: 물론입니다. 혁신의 속도가 빨라지는 데는 두 가지 큰 원인이 있습니다. 첫째, 훨씬 더 큰 야심을 갖고 부동산 산업으로 뛰어드는 사람들의 수준과 자금 조달 규모가 예전보다 상당히 높아졌습니다. 둘째, 자신이 가진 데이터를 반복해 이용하는 인공 지능의 특성 때문입니다. 인공 지능은 데이터를 더 많이 사용할수록 기능이 더 좋아집니다. 이런 점에서 저는 오늘날 이 분야의 다양한 인공 지능 소프트웨어 회사들이 3, 4년 전보다 실질적으로 더 우수한 제품을 제공하고 있으며, 내년에는 더 좋은 제품을 생산하리라 예상합니다. 바로 그런 점 때문에 과거에는 존재하지 않았던 AI 도입의 장벽을 어느 정도 해소할 수 있다고 생각합니다.

메타프롭: CBRE가 정보를 평가하고 분석하는 방법이 2년 전과 비교해 어떻게 달라졌습니까?

데이브 아이젠버그: CBRE는 EDP라고 부르는 최고로 안전한 전사적 데이터 공동망을 구축하겠다는 큰 그림을 갖고 있습니다. CBRE는 그곳에 방대한 부동산 정보를 하나로 통합함으로써 CBRE가 보유한 전 세계 건물에 관한 정보를 건물마다 고유의 단일정보로 존재하도록 만들었습니다. API를 통해 그런 정보를 이용할 수 있으므로 저희는 불과 2년 전만 해도 효과적인 소프트웨어를 구축하는 데 필요했던 엄청난 규모의 기초 작업을 생략할 수 있었습니다. 어찌 되었든 2년짜리 프로젝트이긴 했어도 그와 같은 투자와 핵심 인프라가 없었더라면 CBRE가 지금처럼 최첨단 정보망을 구축하는 것은 매우 어려웠을 것입니다.

메타프롭: 정말 CBRE는 놀랄 만한 디지털 작업을 많이 했습니다. 그와 같은 혁신이 회사의 영업 조직에서 당신과 고객의 기대와 전문성에 어떤 직접적인 영향을 미쳤습니까?

데이브 아이젠버그: 현재 CBRE는 부동산 산업에 기술을 적용하는 것보다 기술이 어떻게 영업 방식을 변화시키고 기술의 변화를 어떻게 공략할 수 있는가에 대한 관점을 갖기를 기대합니다. 그와 같은 일은 몇 년 전만 해도 불가능했다고 생각합니다. 기술의 변화는 우리의 삶 속에, 특히 상업용 부동산 시장에 이미 깊숙이 파고들었습니다. 건물 세입자 유형에서 가장 많이 성장한 부분을 살펴보면 대부분 기술 분야인 것을 알 수 있습니다. 인기 직군으로 떠오르고 있기도 하고요. 이 점에서 CBRE의 기술 그룹은 과거보다 훨씬 더 중요한 존재가 되었습니다.

메타프롭: 만약 당신이 부동산 시장에서 한 가지만 개선할 수 있다면 무엇을 들겠습니까?

데이브 아이젠버그: 저는 사람들이 기술 분야에 대한 실험과 학습을 좀 더 인내심을 갖고 지켜봤으면 좋겠습니다. 특히 이런 현상은 투자 포트폴리오의 리스크를 즐기는 투자자들보다 관리하려는 투자자들에게서 많이 나타납니다. 내 생각엔 완벽한 투자 수익률을 따지기보다 실험하는 문화가 생긴다면 부동산 기술 생태계를 즐길 수 있게 되리라 생각합니다.

제 3 장

대담한 부동산 신세계의 혜택

"대규모 자금을 조달할 수 없는 것은 문제지만 그것은 또한 기회이기도 하다. 부동산 시장 규모가 미국보다 작은 영국에서 우리는 제한된 투자 자금을 유치하기 위해 열심히 일해야만 했다. 우리는 인수당하기에 딱 좋은 규모의 신생 기업이었다. 하지만 우리는 날렵한 스타트업 모델로 성공했다. 나는 다른 창업가들에게 비록 운영 자금으로 1천만 달러를 은행에 예금하고 있더라도 적극적으로 일해야 한다고 충고한다. 그렇게 해야만 당신은 어려운 시기를 한층 더 탄력적으로 극복하고 한눈팔지 않을 수 있다."

- 에드윈 바트레트Edwin Bartlett,

키크라우드KyKloud(現 포티브Fortive 어크루언트)의 CEO 및 공동 창업자

프롭테크는 정보, 거래, 관리 및 통제라는 세 가지 주요 경로를 통해 돈을 벌 수 있는 엄청난 기회를 제공한다. 하우스 카나리House Canary에서 에

너티브Evertiv에 이르는 다양한 스타트업들은 양질의 데이터, 효율성, 단순한 과정, 창의적인 도구들을 부동산업계 종사자들에게 제공함으로써 그들이 수익을 내도록 돕고 있다.

본론으로 바로 들어가 보자. 결국 우리가 프롭테크에 주의를 기울이는 것은 돈을 벌 수 있기 때문이다. 우리는 문화의 변화, 혁신, 정체 등에 관해서라면 얼마든지 이야기할 수 있다. 우리는 당신이 미래의 주역이 되어야 하며, 이제 곧 세상을 지배할 밀레니얼 세대를 끌어들이는 것이 중요하고, 프롭테크가 당신을 빛내 줄 것이라고 충고할 수도 있다.

하지만 이것만 기억하라. "프롭테크를 이용하면 당신은 돈을 벌 수 있다."

여기 여러 사례가 있다.

- 바워리Bowery를 통해 감정 평가사들은 크라우드 기반 모바일 검사 앱을 사용하여 최고급 감정 평가 서비스를 신속하게 제공함으로써 그들의 고유 기술을 이용하기 시작한 상업용 부동산 회사인 쿠시먼앤드웨이크필드로부터 1백만 달러 이상을 벌었다.

- 라브티Ravti는 HVAC 시스템을 추적하고 관리하는 자신들의 최첨단 소프트웨어를 상업용 부동산 및 주거용 부동산 소유주들이 이용하면 연간 제곱 피트당 12센트를 절감할 수 있다고 주장한다.[57]

- 네스티오Nestio의 크라우드 기반 플랫폼은 부동산 소유주들의 모든 디지털 마케팅 자산을 한데 모아 올바른 마케팅 채널을 통해 마지막 사용자들에게 정보를 쉽게 전달함으로써 브로커들이 매물 대기 기간Days on market(매물이 시장에 나온 뒤 팔릴 때까지 걸리는 기간-옮긴이)을 20퍼센트까지 줄여 수익을 증대할 수 있도록 도와준다.[58] 높은 임대료와 저(低) 마진에 봉착한 식당들은 보

통 식당들이 비어 있는 낮 시간대에 그곳을 공동 작업 공간으로 사용할 수 있도록 중개하는 스페이셔스로부터 새로운 수익을 창출하고 있다. 이용자들은 월 99달러에서 129달러 정도를 지불하고 스페이셔스는 새로운 고객을 맞이할 수 있는 장소를 제공하는 레스토랑 주인들과 수익을 나누어 가진다.

- 부동산의 핀테레스트 격인 콜렉션스Collections와 마케팅 대시보드인 인사이츠Insights등 최첨단 기술로 무장한 콤파스Compass를 이용하는 부동산 브로커들은 다른 브로커를 이용할 때보다 첫해 수익이 25퍼센트 더 높았다고 알려져 있다.[59)]
- 레드핀의 주가는 상장 첫날 45퍼센트 치솟았다.[60)] 2011년 공모할 때 20달러였던 질로우 주가는 이 책을 쓸 당시 47달러 후반대였다.[61)] 그렇다. 이런 기업들은 대기업들이다. 하지만 메타프롭의 2018년 글로벌 신뢰 지수 중간 조사의 응답자 96퍼센트가 프롭테크 투자 규모를 전년과 같은 수준으로 유지하거나 더 늘리겠다고 응답했다. 분명히 그들은 프롭테크의 수익 잠재력에 만족하고 있다.

이 부분에서 우리는 프롭테크가 비용을 절감해 부동산업계 종사자들에게 수익을 안겨 주는 몇 가지 방법을 자산 종류별로 구체적인 사례를 들어 설명하려고 한다. 하지만 가장 먼저 『프롭테크 3.0: 부동산의 미래』의 저자인 앤드류 바움의 주장처럼, 프롭테크를 가장 효율적으로 활용할 수 있는 3가지 분야를 살펴보려고 한다. 다음 장에서 살펴보겠지만 프롭테크를 구분하고 분류하는 방법은 다양하다. 하지만 대체적으로 바움의 3분법이 수입을 창출하는 방법을 모색하는 데 도움이 된다.[62)]

- 정보 제공 : 공공 정보에서부터 사무실 임대 및 시장 변동 자료, 아파트 단지의 실시간 보일러 온도에 이르기까지 모든 정보를 쉽게 통합하고 분석할 수 있어야 한다.
- 거래 : 사람들은 이제 음악 구매, 주식 거래, 은행 업무 등을 온라인으로 처리하는 데 익숙하다. 점점 더 많은 사람이 그처럼 빠르고 신뢰할 수 있는 온라인 서비스를 이용해 모기지 계약, 사무 공간 임차, 계약서 작성, 주택 매도 등을 실행함으로써 재화, 용역, 자금을 거래한다.
- 관리 및 통제 : 난방 시스템 조절, 다양한 가정용 기기에 대한 경보 등 모든 것을 쉽게 통제할 수 있는 정교한 온라인 대시보드를 제공한다. 자동차, 드론, 로봇도 원격으로 제어할 수 있다. 초정밀 센서가 정보 수집 단계에서 활용되고, 자동화가 수반되는 통제 및 제어 기능의 개발에도 결정적인 역할을 한다.

과학과 기술에 커다란 업적을 남긴 프란시스 베이컨 경Sir Francis Bacon의 "지식이 힘이다."라는 말은 유명하다. 어쩌면 "지식은 돈이다."라고 말하는 게 더 어울릴지도 모른다. 부동산업계 종사자들은 정보를 수집하고 종합하고 분석하는 데 막대한 시간과 자금을 투자한다. 긴급 상황에서 계량기를 읽으려고 지붕 위나 건물 지하실로 직원을 파견하는 부동산 관리 회사는 물론 사무실 재임대 시장에 대한 자료를 수집하려고 현장 팀을 운용해야 하는 자산 관리자들 역시 마찬가지다.

오늘날, 프롭테크는 그러한 정보를 거의 실시간으로 신속하고, 저렴하고, 사용하기 편리한 형태로 부동산업계 종사자들에게 제공한다. 센서와 IoT 기술의 발전 덕분에 관리자들은 모바일 기기의 대시보드를 통해 빌딩 설비와 시스템을 미립자 수준까지 접근해 추적할 수 있다. 코스타, VTS, 콤스택과 같은 회사들은 상업용 부동산에 관한 방대한 정보를 수집해 최신 추세에 대한 통찰력을 제공한다.

이제는 지붕 위를 이리저리 돌아다니며 점검하는 기술자나 수집한 자료를 스프레드시트에 기재하려고 사무실로 모이는 관리직 사원들을 찾아보기 힘들다.

아직도 갈 길이 멀기는 하지만, 기술의 발전 덕분에 부동산 거래 역시 한층 쉬워지고 빨라졌다. 2장에서 우리는 작업 공간 탐색과 대금 지급이 핸드폰으로 가능한 브리더Breather를 소개했다. 자크가 그런 아이디어를 5년 전에 이야기했을 때만 해도 부동산을 핸드폰으로 거래한다는 것은 정신 나간 소리처럼 들렸다. 하지만 이제는 그렇지 않다. 소비자들은 온라인으로 몇 분 안에 모기지 계약을 체결한다. 계약서는 전자 문서로 작성되고 대금 지급은 다양한 플랫폼을 통해 문제 없이 이루어진다.

예를 들어 상업용 부동산 공룡 기업인 JLL은 몇 년 전 프롭테크 기업인 코리고Corrigo를 인수해 자동화를 통해 청구서 처리 업무와 입찰 관리 업무 등을 간소화했다.[63] 질로우, 오픈도어, 녹, 오퍼패드와 같은 온라인 매매 기업들은 온라인으로 대부분의 거래 절차를 마무리하고 눈 깜짝할 사이에 주택을 매매할 수 있는 플랫폼을 구축했다.

부동산업계 종사자들이 효율성 제고, 고객 가치 증대, 순이익 증대를 달성하려고 찾고 있는 기술적 솔루션은 분명히 거래 부문에 있다.

부동산업계 종사자들이 효율성 제고, 고객 가치 증대, 순이익 증대를 달성하려고 찾고 있는 기술적 솔루션은 분명히 거래 부문에 있다. 보다 효율적이고 편리한 거래 방법을 찾아내는 것이 새로운 서비스와 수익원을 찾아내는 핵심이다.

더 많아진 정보, 시간, 자금

프롭테크 덕분에 데이터 수집이 빠르고 수월해져, 운영 이익은 눈에 띄게 증가했다. 이젠 더 풍부해지고 빨라진 정보와 소프트웨어를 이용해 사용량, 데이터 트래픽, 이상 징후, 낭비, 비효율 등을 자동으로 추적해 분석함으로써 이익을 대폭 증대할 수 있는 현명한 전략과 계획 수립이 가능해졌다.

에너지 절약은 프롭테크가 가져온 중요한 이점이다. 공간 사용과 조명, 냉난방에 관한 상세한 정보는 시설물 자동화와 원격 조정 능력과 찰떡같이 어우러진다. 이 같은 종류의 정보와 분석 능력 덕분에 건물 소유주와 관리인들은 부동산을 상품이 아니라 서비스로 제공함으로써 경쟁자들보다 점점 더 우위를 차지하게 된다.

데이터의 투명성과 이용 가능성이 증대됨에 따라 정보에 공평하게 접근할 수 있는 서비스가 한층 더 중요해졌다. 상업용 부동산 브로커의 실력은 다른 브로커들과의 관계 및 정보 접근성에 따라 결정된다. 최상의 비교 대상 부동산 리스트를 가진 사람이 최종 승리자다. 주택 판매 대리인을 고용하는 이유는 그들이 폐쇄적인 부동산 매물 시스템인 MLSMultiple Listing System에 독점적으로 접근할 수 있거나 지역 시장에 대해 소상히 알고 있기 때문이다. 탁월한 마케터들은 기술을 통해 일찍이 그러한 정보를 입수해 전략적으로 더 많은 돈을 벌고 있다. 역설적으로 프롭테크는 기울어진 운동장을 평평하게 만들어 주는 동시에 누구보다 앞서 성공할 수 있는 수단을 제공한다.

한때 상업용 부동산 산업에 종사하는 사람들은 정보를 수집해 스프레드시트에 입력하는 데 자원을 사용했지만 이제 그들은 좀 더 수준 높은 시장 분석, 기획, 전략에 몰두하고 있다. 주택 중개인들은 한때 MLS에 독점적으로 접근할 수 있었던 권리를 상실했다. 그렇다면 앞으로는 어떻게 경쟁자들을 따돌릴 만한 온라인 마케팅 전략, 강력한 디지털 도구, 경쟁력 있는 '주택 시세 분석 보고서(CMA)를 준비할 수 있을까?

과거의 방식에 매몰되어 혁신에 적응하지 못한 부동산 산업 종사자들은 수십 년간 정체되었던 패러다임의 끊임없는 변화에 재무적인 도전을 받게 될 것이다. 새로운 기술로 혁신, 수익 증대, 수입원 창출을 위한 기회를 잡는 사람들은 우선시해야 할 일들이 많다는 사실을 깨닫게 된다.

절대 과언이 아니다. 초창기 프롭테크에 뛰어들어 매주 창의적인 아이디어로 우리를 놀라게 하던 사람들이 오늘날의 혁신 속도를 솔직하게 평가한 것에 불과하다. 손더Sonder 혹은 와이호텔WhyHotel와 같은 스타트업들이 그런 아이디어의 산물이다. 그들은 신축 아파트의 빈방을 활용해 팝업 호텔을 열기도 한다. 이 방식은 특히 건물 완공 후 완전히 입주를 마칠 때까지 몇 달 동안 수백 채의 빈집을 유지해야 하는 개발업자들에게 짭짤한 수익을 가져다준다.

새로운 기술로 혁신, 수익 증대, 수입원 창출을 위한 기회를 잡는 사람들은 우선시해야 할 일들이 많다는 사실을 깨닫게 된다.

메타프롭은 자금을 조달하거나 조언을 받기 위해 찾아오는 와이호텔과 같은 스타트업 중 극히 일부만을 지원하고 있다. 하지만 우리가 반려한 사업 중에도 창의적인 아이디어들이 많이 있다. 비용을 절감하고 수익을 창출할 수 있는 좋은 아이디어가 많았지만 단지 그 모두를 지원할 수는 없었다. 초창기 프롭테크에 관심을 두었던 부동산업계 종사자들은 이제 곧 동일한 도전에 직면할 것이다. 하지만 어느 회사든 혁신적인 해결책 가운데 가장 좋은 투자 수익이 나는 방법을 예상하기란 매우 어렵다.

해결의 실마리를 찾으려면 가장 최신의 가장 창의적인 프롭테크에 연락하는 것이 핵심이다. 넷플릭스의 인수 의사를 무시한 블록버스터 혹은 이미 사양 산업에 접어든 DVD와 CD 사업에 집중하려고 온라인 사업을 아마존에 위탁한 보더스Boders의 전철을 따르고 싶은 사람은 아무도 없다. 우리는 급속도로 변화하는 부동산 산업 기술을 따라잡는 데 최선의 대책을 제시할 만한 중요 행사, 블로그, 협회, 자문 회사, 언론 등을 살펴볼 것이다.

우선 부동산 자산 형태별로 분류된 창의적인 스타트업들이 효율성, 저비용, 수익 증대, 새로운 수입원 발굴 등을 실현할 수 있도록 도운 사례를 살펴보려고 한다. 우리가 소개할 스타트업들은 우리와 직접 협력했던 회사들 위주인데, 그 이유는 단순하게 그만큼 우리가 잘 아는 회사들이기 때문이다. 가장 잠재력 있고 신뢰할 만한 곳들 위주로 투자를 하기 때문에, 이 회사들이 나날이 성장하는 프롭테크 세계를 이해할 수 있는 가장 자연스러운 지표가 되어 줄 것이라 생각한다.

주택

많은 이들이 주택 부동산 시장의 수수료가 턱없이 비싸고 밥값도 제대로 하지 못하는 사람들로 가득 차 있다고 불평한다. 주택 부동산 시장에서는 기술을 통해 조회 기능 및 거래 속도를 향상시키고 비용을 절감하는 등의 고객 경험을 개선하려는 움직임이 다양하게 진행 중이다. 전문가들 역시 에너지 절약에서 개보수 절차 간소화에 이르기까지 모든 것을 해결해 주는 시스템을 이용함으로써 기술의 도움을 받고 있다.

레모네이드Lemonade라는 회사는 집주인과 임차인을 위한 전통적인 보험 산업의 판도를 완전히 바꾸어 놓았다. 일반적인 보험 산업은 이해 당사자들이 눈을 부릅뜨고 서로 갈등하는 구조에 기반을 두고 있다. 보험 회사가 보험금을 청구하는 고객에게 한 푼이라도 적게 주면 그것은 모두 자신의 이익이 된다는 사실을 생각해 보라. 대부분의 보험 회사는 보험 청구를 거절함으로써 돈을 벌지만 바로 그런 행태 때문에 보험금 수령 지연과 보험 회사들에 대한 불신이 커진다.

레모네이드는 사람이 아니라 AI 기반 시스템인 로봇으로 작동하기 때문에 투명성과 편의성이 제고되고 보험 처리 속도도 한층 빨라졌다. 회사의 주장에 따르면 임차인은 월 5달러, 집주인은 월 25달러를 내면 90초 안에 보험증서를 받을 수 있으며, 3분 이내에 보험금을 받을 수 있다고 한다.

레모네이드가 이런 기술적 장점을 갖추게 된 배경에는 새로운 창의적 모델이 있었다. 레모네이드는 고정 수수료를 부과해 통상적인 이해 충돌을 제거했다. 일단 수수료가 지급되면, 고객의 돈은 별도로 관리되고 보험금 지급을 위한 공동 기금에 적립된다. 미청구되거나 남은 자금은 보험증서 소지자가 미리 정한 목적을 위해 사용된다. 이것은 마치 마케팅 수단처럼 여겨질지 모르지만, 레모네이드는 높은 수준의 투명성, 도덕성, 사회적 효용 기준을 충족시키는 공인된 사회적 기업이다.

카나리 하우스 역시 주거용 부동산 시장에 새로운 모델을 구축하기 위해 기술을 이용한다. 회사는 선진 주택 평가 모델을 제시하려고 머신러닝, 수요 예측 분석, 정교한 데이터 통합을 실행했다. 카나리 하우스의 통계학 박사들과 데이터 과학자들은 자신들의 회사가 감정 평가사, 대부업자, 부동산 투자회사, 주거용 부동산 가격 정보가 필요한 사람들을 위해 업계에서 가장 광범위한 데이터베이스를 구축하고 있다고 주장한다. 회사의 데이터 분석 범위는 대상 주택에 관한 세부 사항뿐만 아니라 지극히 광범위한 거시 경제학적 요소들도 포함한다. 고객들에게 현재의 가격뿐만 아니라 3개년 수입을 예측하고 임대료를 결정할 수 있는 훌륭한 가치 보고서를 제공하기 위해 회사의 데이터 분석 과정은 계속 발전하고 있다.

라디에이터 랩스Radiator Labs는 운영 비용 절감이라는 핵심 기능을 통해 임대주들이 건물의 증기 난방 비용을 연간 40퍼센트까지 줄일 수 있도록 돕는다. 회사 상품인 코지Cozy는 기존 라디에이터에 개별적으로 덮어씌워 이용하는 스마트 온도 조절 장치다. 건물 전체에 코지를 설치하면 온도가 높은 방에서 낭비되는 증기를 온도가 낮은 방으로 흘러 들어가도록 증기 흐름을 재조정할 수 있다.

코지는 설치하기 쉽고 기존의 배관 시스템이나 증기 생성 과정에 영향을 주지 않는다. 임차인들은 스마트폰을 이용하여 자신이 거주하는 아파트 온도를 조절할 수 있는 코지 앱의 혜택을 볼 수 있다. 반면 건물주들에게는 에너지 절감이 가장 중요한 문제다. 너무 높은 실내 온도를 조절할 수 없는 구식 증기 난방 시스템이 설치된 아파트에 살아 본 사람이라면 이 프롭테크 혁신의 가치를 실감할 것이다.

건물주들은 규제 조건들을 충족하기 위해 통상 건물 안에서 가장 추운 집들의 비위를 맞춰야 한다. 보일러실에서 가까운 집을 임차한 사람들은 마치 불가마 속에 집을 마련한 것처럼 느끼지만 고층에 사는 사람들은 추위에 떨면서 보일러 온도를 더 높이라고 아우성친다. NYSERDA에 따르면 미국 전역에서 약 30퍼센트의 증기가 낭비되고 있으며 이를 돈으로 환산하면 약 70억 달러 이상에 달한다고 한다.[64] 코지는 이같은 낭비를 줄여 주며, 깨끗한 흰색 외장은 촉감도 좋고, 선반으로도 사용할 수 있다는 장점이 있다.

또 다른 대표적인 주택 관련 프롭테크 회사로는 임차인이 자신의 아파트를 재임대할 수 있도록 도와주는 플랫폼인 플립Flip이 있다. 플립이 신청서를 자세히 심사함으로써 임차인들은 계약서 심사라는 어려운 절차를 생략할 수 있고 임차 계약서와 재임대 계약서를 작성하지 않아도 된다. 플립은 임대인들에게 임차인들의 신용 확인 서비스 제공, 임대료 납부 보장, 자동화 등을 통해 전체 임대 과정을 투명하게 만들어 준다. 플립은 종종 임차인과 임대인 사이의 갈등을 부르는 중개 과정을 더 안전하고 효율적으로 만들기 위해 다른 스타트업들처럼 기술을 활용한다.

제티Jetty 역시 기술을 활용해 리스크 관리의 중개인 임무를 수행함으로써 예전 방식을 완전히 뒤집어 놓았다. 임차인들에게 보험 가입 및 임대료 납부 서비스를 제공하는 제티는 임차인들이 종종 돌려받지 못하는 보증금을 예치하지 않고 보증금의 17.5퍼센트만 일시금으로 낼 수 있는 표준적인 보증금 제도를 마련했다.

상업용 부동산

주택용 부동산 시장과 비교해 기술이 뒤처져 있던 상업용 부동산 시장은 고객의 요구, 경쟁 심화, 국제화의 영향을 받아 그들의 기술을 따라잡기 시작했다. 최근 들어 효율적인 건축 관리부터 깊이 있는 시장 분석 및 에너지 효율화에 이르기까지 모든 분야에서 다양한 혁신 기업이 등장하고 있다.

에너티브Enertiv는 IoT 기술을 활용해 건물 관리 과정을 추적 관리하고 제어하여 효율성을 개선함으로써 건물주들의 비용 절감이 가능한 서비스를 제공한다. 에너티브는 건물의 물리적 구조를 디지털화하여 일상적인 운영과 보수·유지에 이르기까지 건물 관리의 모든 단계를 간소화했다. 회로에 설치한 센서를 통해 세입자 공간뿐만 아니라 냉난방기, 엘리베이터 등 핵심 시설물의 상태를 추적한다.

에너티브 시스템이 자동으로 전송받은 방대한 데이터를 분석해 시설물 하자에 따른 이상 징후를 추적하고 그러한 문제점들에 대한 해결책을 구체적으로 제시함에 따라 건물주들은 비용 절감이 가능하다. 예를 들어, 열펌프의 문제점을 해결해야만 하는 HVAC 관리자들은 펌프를 교체하면 가동 시간을 일일 6시간 줄일 수 있으며 연간 4,282달러를 절약할 수 있다는 메시지를 자신의 스마트폰으로 받을 수 있다.

에너티브는 30억 시간 이상의 열펌프 시스템 관련 데이터를 철저하게 분석하여 미세한 조정을 시행한 정보를 토대로 고객들에게 수없이 많은 사례를 끊임없이 제공하고 있다. 일례로, 복수기(復水器, 펌프 내에서 사용한 수증기를 냉각수와의 열교환에 의해 냉각 응축시켜 물로 되돌리는 장치-옮긴이)의 날씨 의존성에 관한 분석을 통해 외부 대기 온도에 따라 가동 시간을 조절하는 일정표를 제시함으로써 연간 36,000달러를 절약할 수 있었다. 에너티브에 따르면 또 다른 빌딩에선, 운영 방식의 개선과 부품 교체를 통해 연간 운영 비용을 20퍼센트 절감함으로써 4년 안에 투자금을 회수했다.[65] 에너티브는 자사의 OPS 플랫폼이 운영 비용을 평균 7퍼센트 절감하여 제곱 피트당 자산 가치를 약 12달러 증대한다고 추정했다.[66]

실데이터 관리 서비스 업체인 알디엠RDM은 너무 복잡해 통제하기 힘든 내부 운영 업무를 리스, 건축, 관리 과정을 단순화하는 플랫폼으로 전환함으로써 상업용 부동산 회사들에게 가치를 제공한다. 알디엠의 대표적인 부동산 및 공간 관리 소프트웨어인 리얼억세스RealAccess는 대화형 평면도, 서류, 방대한 그림표, 분석 등을 제공하는 고성능 정보 보관소이다. 우리는 리얼억세스가 모두 온라인으로 제공하는 그림 도구, 오버레이(컴퓨터 화면에서 영상을 다른 영상과 마주 겹치는 기능-옮긴이), 공간 구조 형상 등을 이용해 더욱 쉽고 신속하며 폭넓은 분석을 할 수 있다. 부동산 소유주, 투자자, 관리자, 중개인들은 알디엠의 SaaS(서비스형 소프트웨어-옮긴이)를 자신들의 기존 회계 시스템이나 다른 시스템에 매끄럽게 통합할 수 있다.

또 다른 서비스형 소프트웨어사인 워크프레임Workframe은 상업용 부동산 업무 최적화 모델을 제공하여 대기업 임차인, 건물주, 중개인, 서비스 제공자들이 다수의 프로젝트와 작업장을 한눈에 감독할 수 있는 새로운 차원의 워크 플로우를 제안한다. 종합적인 작업 관리 덕분에 회사 내 여러 팀은 가장 중요한 작업에 집중하고 투명하게 우선순위를 설정할 수 있다. 그들은 건물 평면도와 중요한 문서들을 쉽게 열람할 수 있으며 강력한 의사 결정 과정에 접근할 수 있게 되었다. 워크 프레임 플랫폼은 포트폴리오 관리, 시설물 보수·유지, 혹은 새로운 건설 프로젝트 등 다양히 활용되며 효율성 제고와 비용 절감에 크게 이바지했다.

오늘날 건설 프로젝트가 일단 끝나고 나면 관련 정보는 표현할 수 없을 정도로 맹렬하게 흘러 다닌다. 내부 데이터나 다른 중개인들로부터 공개적으로 입수할 수 있는 데이터를 제외하고 2012년 루프넷Loopnet을 인수한 코스타 그룹CoStar Group의 플랫폼이 사람들이 상업용 부동산의 콤스, 가격 동향, 기타 시장 데이터를 얻기 위해 오랫동안 보편적으로 이용했던 곳이다. 2장에서 소개한 콤스택, 리오노미Reonomy, 하이타워Hightower가 합병한 VTS 등 스타트업들은 정보 도용과 독점적 관행에 관한 소송전을 치르면서 이제 시장 쟁탈전에 뛰어들었다.

지식이 권력이자 돈이 되는 분명한 판에, 상업용 부동산 시장의 중개인이나 참여자들은 누가 자신들이 필요로 하는 최고의 데이터와 분석 보고서를 제공하는지 탐색할 수 있을까? 하나로 통합된 글로벌 플랫폼이 등장할 것인가 아니면 시장이 한층 더 세분화될 것인가? 우리는 답을 모른다. 하지만 최고의 상업용 부동산 시장 데이터를 제공하려는 경쟁을 보면 프롭테크와 이익이 직접 연결된다는 사실이 가장 흥미로운 부분이다.

숙박업

규모는 크지만, 대부분의 경우 미미한 수익 구조, 산업 특성에 따른 계절성 등 볼 때 숙박업은 프롭테크를 활용해 이윤을 찾을 수 있는 확실한 분야다. 에너지 효율성을 약간 높인다거나 온라인을 통해 고객 충성도를 높이는 것을 수십만 개에 달하는 숙박업소나 수많은 고객에게 확대 적용하면 막대한 수익을 올릴 수 있다.

1장에서 우리는 최종 할인 행사를 통해 골치 아픈 빈방을 처리함으로써 호텔의 수익을 증대할 수 있는 호텔투나잇HotelTonight과 같은 스타트업에 관해 이야기했다. 그러나 고급 호텔들은 자신들의 최고급 호텔 방을 할인 웹사이트를 통해 처리하는 것을 꺼린다. 수이트니스Suitness는 회원에게만 고급 호텔의 빈방을 판매함으로써 최고급 호텔들이 브랜드 명성을 유지하고 이와 동시에 수익을 올릴 수 있는 품격 있는 접근 방식을 채택했다. 협력 업체는 뉴욕, 런던, 라스베이거스, 로스앤젤레스 등 세계 주요 도시에 소재한 포시즌스, 파크 하얏트, 샹그릴라 등 고급 호텔들이다.

고객들은 보통 호텔에 도착한 후에야 컨시어지 서비스concierge service(투숙객의 다양한 요구를 들어주는 서비스-옮긴이)를 받을 수 있지만 수이트니스는 모든 예약자에게 자체 온라인 컨시어지 서비스를 제공한다. 호텔의 컨시어지 서비스처럼 수이트니스는 고객들의 질문에 대답하고 까다로운 저녁 식사 예약이나 공연 관람 예약 서비스를 제공한다. 수이트니스는 호텔과 독점 계약을 통해 다른 온라인 여행사들이 취급할 수 없는 호텔 방을 판매한다. 호텔 산업의 전문가들이 디지털 전략과 씨름할 때, 수이트니스는 숙박업 분야에서 기술이 단순하게 편리한 예약 서비스나 할인 행사를 뛰어넘는 서비스를 제공할 수 있다는 사실을 보여 준다.

로지Rosie는 호텔 운영 경비를 절감할 수 있는 창의적인 기술을 보여 주는 또 다른 예다. 로지는 상업용 청소와 정리 정돈 업무를 자동화하는 신생 프롭테크 기업인 메이드봇Maidbot이 처음으로 선보인 자동 청소 로봇이다. 로지는 사람보다 청소를 더 빨리 할 수 있으며 빌딩 환경과 운영에 관한 실행 가능한 데이터를 수집한다. 상업용 청소부 인력은 구하기도 힘들고 유지하기도 힘들다. 따라서 로지가 청소부 인력을 보강하는 중요한 역할을 담당함으로써 호텔 운영자들은 호텔의 정리 정돈 업무에서 발생하는 높은 변동 비용을 절감할 수 있다. 로지는 또한 서비스 분야에서 가장 많이 발생하는 호텔 방 청소부들의 상해 건수를 줄여 준다.

수년 동안 우리는 로봇 청소기인 룸바Roomba가 카펫이 깔린 방 청소를 능숙히 해내는 것을 지켜봤다. 정리 정돈 업무를 자동화함으로써 수십만 호의

객실을 운영하는 호텔 업계가 절약하는 비용을 고려하면 로지와 같은 아이디어가 호텔에서부터 시작하지 않았다는게 의아할 만큼 로지는 중요한 프롭테크 해결책 중 한 가지다. 로지와 유사한 가정용 로봇 록시Roxy도 우리에게 비슷한 질문을 던진다. 그런데 이러한 음성 컨시어지 서비스를 오랫동안 바라 왔던 호텔업계보다, 유사한 로봇인 알렉사Alexa가 가정집에 더 먼저 도입된 까닭은 무엇이었을까?

호텔 투숙객들은 음성으로 록시에게 전화 걸기, 룸서비스 신청, 교통편 확인, 음악 틀기, 날씨 확인, 모닝콜, 체크아웃 등을 지시한다. 깔끔한 기기 한 대가 알람 시계, 고객용 안내 책자, 스피커, 충전기, 호텔 방에서 이용도가 가장 낮지만 가장 비싼 기기인 전화기 등을 대체한다. 일흔 먹은 노인이 아니고서야 오늘날 유선 전화기를 쓰는 사람이 몇이나 될까? 모든 호텔이 아직도 유선 전화기를 이용한다는 사실이 이상하지 않은가? 이처럼 록시가 컨시어지 업무를 맡는 덕분에 사무직원들은 더 중요한 업무에 집중할 수 있고, 결과적으로 호텔의 운영 효율성은 증대된다.

기술은 숙박 산업을 송두리째 뒤흔들어 놓았다. 에어비앤비는 철천지원수인가? 아니면 몇몇 고급 호텔이 하는 것처럼 이익을 낼 수 있는 다른 방도가 있을까? 익스피디아나 카약과 같은 온라인 여행사들은 사람들이 많이 이용하지만 수수료가 높아 이익과 비용이 충돌한다. 호텔은 이런 배타적 관계를 흑자로 돌릴 전략을 어떻게 찾아낼 수 있을까? 다시 한번 강조하지만 우리는 그 답을 알지 못한다. 하지만 우리는 초기 단계 프롭테크를 잘 이해하는 사람들이 답을 찾아낼 것이라고 확신한다.

소매업

전자 상거래 덕분에 소비자들은 구매 경험에 대한 기대치가 모든 부문에서 높아졌다. 제품에 관한 풍부한 정보와 정보 접근의 용이성 및 구매 속도에 대한 수요가 증가했다. 현명한 소매업자들은 비용 절감과 이윤 증대를 위하여 비교적 적절한 가격에 이용할 수 있는 수익성 높은 기술을 도입한다.

그 점에서 호인터Hointer가 좋은 예가 된다. 호인터는 남성들이 자신들에게 꼭 맞는 청바지를 고르는 것을 돕기 위해 시애틀에서 데님 가게를 시작했다. CEO인 나디아 쇼라보라Nadia Shouraboura는 고객들이 자신에게 맞는 치수의 옷을 찾기 위해 여기저기 옷더미를 뒤지고 누군가 도와주기를 기다리며 계산대 앞에 줄을 서야 하는 것을 너무 싫어한다는 사실을 알아차리고 온라인 쇼핑의 편의성과 오프라인 상점의 장점을 접목할 방법을 찾기 시작했다.(그녀가 아마존에서 고위직에 있었다는 것은 걸림돌이 되지 않았다.)

그녀는 매장을 품목 하나당 한 개만을 진열하는 쇼룸으로 바꾸고 뒤쪽에 작은 창고를 설치했다. 손님들은 탈의실에서 앱을 이용해 스타일과 치수를 선택하면 물건은 30초 이내에 슈트(물건들을 미끄러뜨리듯 이동시키는 장치-옮긴이)를 통해 전달된다. 손님들이 옷을 입어 보는 횟수가 기하급수적으로 증가했으며 매출도 덩달아 늘었다. 호인터는 샌프란시스코에서 싱가포르에 이르기까지 여러 도시에 상점을 열었으며 취급 품목도 채소나 다른 제품으로 확대하고 최근에는 소매업자들에게 기술을 제공하기도 한다. 다른 프롭테크와 마찬가지로 관리가 핵심이다. 호인터의 플랫폼을 이용하면 물리적 공간에 있는 손님들이 마치 온라인 쇼핑을 하듯 휴대폰으로 자신들이 원하는 옷을 빠르게 검색해 찾아내고 옷 선반을 여기저기 찾아다니지 않더라도 자신이 있는 위치에서 옷을 직접 전달받는다.

호인터는 맞춤형 추천 시스템을 통해 탈의실이나 시험 착용 장소와 같은 주요 사항을 소비자들에게 제안한다. 온라인에서와 마찬가지로 방대한 제품 정보를 전자적으로 활용할 수 있으며 전자 상거래에서 클릭한 것을 기록하듯 소비자들이 디지털 화면에 표시된 제품을 조회하면서 관심을 보이면 해당 정보가 저장된다. 호인터는 정교한 고객 관리 시스템을 제공함으로써 소매업자들이 고객의 구매 행태를 분석하여 업무 처리 과정과 재고 관리를 최적화할 수 있도록 도와준다.

호인터의 초창기 소매 판매 실적을 살펴보면 고객들은 6배나 많은 제품을 시험 착용했고, 매출은 80퍼센트 증가했다.[67] 그 이후 회사는 메이시Macy를 포함해 전 세계 주요 소매업자들과 협업하기 시작했다. 호인터의 자동 품목 선택 및 전달 시스템 덕분에 그들은 동일한 공간에서 60퍼센트나 더 많은 제품을 전시할 수 있었다.[68]

스페이셔스는 비용을 절감하거나 효율성을 높인 것은 아니지만, 레스토랑에 필요한 새로운 수익원을 창출했다. 뉴욕 및 샌프란시스코에서 다른 도시로 진출하려는 스페이셔스는 낮에는 대체로 비어 있는 고급 레스토랑을 공유 업무 공간으로 변모시켰다. 고객들은 한 달에 99달러에서 129달러를 지급하며 스페이셔스는 그중 일부를 레스토랑 파트너에게 분배한다. 고객들은 고급 커피를 무제한 즐기고, 강력한 와이파이를 이용하며 전통적인 사무실보다 훨씬 더 안락한 환경에서 작업할 수 있다.

스페이셔스는 프롭테크가 미사용 자산을 현금화하려고 혁신하고 중개하는 것을 선호한다는 사실을 증명한 좋은 사례다. 프레스턴 피섹Preston Pesek 스페이셔스 공동 창업자의 말에 따르면 맨해튼과 브루클린에서만 해도 2천 개가 넘는 레스토랑이 매일 저녁 6시 전에 문을 닫는다. 낮은 수익을 견뎌야 하는 많은 레스토랑은 추가 수입을 기대할 수 있다. 사람이 빽빽이 들어찬 브루클린 커피숍을 경험해 본 사람이라면 누구나 증언할 수 있듯이 사무실이 없거나 사무실 밖에서 일해야 하는 수많은 근로자는 쾌적한 작업 공간을 애타게 찾는다.

스페이셔스는 이런 상호 보완적인 수요를 파악하고 기술을 이용해 빈 레스토랑과 작업 장소가 필요한 작업자들을 연결했다. 그것은 마치 에어비앤비가 빈방과 빈 거주 공간을 여행자와 연결하는 개념과 아주 유사하다. 프롭테크의 몇 가지 뛰어난 아이디어를 보면 그 핵심 내용은 단순하다. 스페이셔스가 구축한 플랫폼은 전체 과정이 원만히 진행되도록 만들어 준다. 그럼 이제 이런 의문이 들 것이다. 시스템이 제대로 작동되게 하려면 보이지 않는 곳에서 엄청난 작업이 필요한데 왜 아무도 이런 생각을 미처 하지 못할까?

젠리치Zenreach는 기업들이 상점 방문자들과 그들의 인종 분포를 추적하여 개인별 맞춤 마케팅 광고를 실행할 수 있는 고객용 무료 와이파이 시스템 설치를 도와준다. 서비스 아이디어는 고객 충성도를 구축하여 수익으로 연결하고 일회성 방문 고객을 반복 구매 고객으로 만드는 것이다. 소매업자들은 고객의 이메일 주소, 연령, 방문 횟수, 구매량, 최종 방문 일자 등 상세한 마케팅 데이터베이스를 구축하기 위해 젠리치 플랫폼을 이용한다. 젠리치에 따르면 실제로 상점을 방문해 걸어 다니면서 마케팅 메시지에 반응하는 고객의 수를 의미하는 '응답률'이 수익률을 알려 주는 가장 중요한 지표 중 하나다.

젠리치 시스템을 이용하면 소매업자들은 온라인상에서 인지도를 높이기 위해 고객들에게 후기 사이트나 소셜 미디어 사이트를 안내할 수도 있다. 젠리치의 주장에 따르면 30일 이내에 긍정적인 고객 평가가 10퍼센트 증가하는 것을 경험할 수 있고 전통적인 방법보다 5배나 빨리 고객 데이터를 수집함으로써 사업 성장 속도를 65퍼센트나 끌어올릴 수 있다고 한다.

소매업은 온라인 쇼핑몰이 성장함에 따라 때때로 폐업에 이르기도 하는 거대한 도전의 물결에 휩싸였다. 전자 상거래가 혜성처럼 등장했지만 최근 미국 통계국의 자료에 따르면 소매 판매의 약 90퍼센트는 여전히 전통적인 상점에서 이루어진다.[69] 물리적인 상점 공간이 완전히 사라진 것은 아니지만 역동적인 온라인 판매가 그것을 극적으로 변화시키고 있다. 기술을 제대로 활용하지 못하는 소매업자들은 가상의 드레스룸, 디지털 상품 정보, 첨단 기술, 맞춤형 마케팅이 발전하는 세계에서 살아남을 수 없을 것이다.

프롭테크 이용하기

마크 트웨인은 자신의 사망설이 사람들 입에 오르내리자 "내 죽음에 관한 보도는 대단히 과장되었다."라고 신문에 기고한 적이 있다. 재래식 소매 상점, 전통적인 사무실 공간과 주택 중개인들에도 똑같은 꼬리표가 붙어 다닐 수 있다. 부동산 기술과 현란한 혁신이 만들어 내는 흥분의 도가니 속에서 우리는 섣부른 부고문을 쓰는지도 모른다. '파괴'라는 단어가 프롭테크 세계에서 가장 인기 있는 말이 되었지만 우리처럼 미래의 파괴를 추정하면서 자금을 대 주고 지원해 주는 사람들조차도 이 단어가 남용되고 있다고 생각한다.

부동산 분야는 변혁하고 있다. 게다가 그 속도는 매우 빠르다. 하지만 우리가 예로 든 프롭테크 스타트업들이 보여 주듯이 대부분의 프롭테크 기업들은 부동산 시장을 개선하기 위하여 플랫폼과 도구, 서비스를 제공하는 것이지 시장을 잿더미로 만들려는 것은 아니다. 질로우는 부동산 중개인을 대체하는 것으로 알려졌지만 창업 후 십수 년이 지난 지금 회사의 주된 수입은 판매 대리인이 가져다준다. 적어도 이런 점에서 볼 때 부동산 중개인을 멸종시키는 것은 질로우의 주된 관심사가 아니다. 콤스택 역시 상업 부동산 중개인 없이는 존재할 수 없다. 젠리치와 호인터, 그리고 대다수의 스타트업들은 온라인 쇼핑의 최고의 장점을 살려 전통적인 소매업을 개선하고 더욱 경쟁력 있게 만들려고 한다.

부동산업계는 기술 덕분에 변혁하고 있다. 그것은 확실하다. 당신이 어느 틈새시장에 있든 그곳은 몇 년 안에 매우 다른 모습으로 변화할 가능성이 크다. 어정쩡한 기술을 가진 기업들은 줄지어 폐업할 것이고, 가장 혁신적인 기술로 무장하는 것만이 폐업을 피하는 길일 테다. 프롭테크 세계는 시시각각 발전한다. 따라서 성공하는 기업만큼 실패하는 기업들도 수없이 나올 것이다. 당신은 당신의 기업에 가장 적합한 기술이 무엇이라고 말할 수 있는가?

당신은 최고의 투자 수익률을 가져다줄 플랫폼, 도구, 앱을 선택할 수 있을 만큼 충분한 통찰력을 갖추고 있는가?

이 모든 것에 대한 해답은 부동산 산업의 기술, 특히 부동산 기술의 근본을 이해하는 것에서부터 시작한다. 그럼, 다음 장에서 프롭테크의 뚜껑을 열고 그 안에 들어 있는 속내를 자세히 살펴보기로 하자.

혁신 대화

마이클 루딘Michael Rudin, 루딘 매니지먼트Rudin Management 수석 부사장

메타프롭: 루딘 매니지먼트는 빌딩 운영 및 입주자용 시스템인 난텀Nantum 애플리케이션을 개발하기 위해 프리스크립티브 데이터Prescriptive Data라는 프롭테크 회사를 설립했습니다. 난텀을 얼마나 광범위하게 이용하고 있나요?

마이클 루딘: 현재 저희가 보유하고 있는 상업용 부동산 포트폴리오 전체는 물론 다른 회사가 보유한 부동산에도 난텀을 적용하고 있습니다. 입주자용 앱 역시 여러 입주자가 사용하고 있으며 브루클린 네이비 야드Brooklyn Navy Yard에 있는 도크 72Dock 72가 개인들을 위한 입주자용 앱을 적용한 첫 사례입니다.

메타프롭: 이 시스템을 이용해 비용을 얼마나 절감했습니까?

마이클 루딘: 제곱 피트당 평균 50센트를 절감했습니다. 저희의 전체 포트폴리오가 약 1천만 제곱 피트이므로 어림잡아 연간 5백만 달러를 절약한 셈입니다. 저희는 2005년 뉴욕시에서 처음으로 이 애플리케이션을 시범 적용했어요. 그 이후 저희의 전체 전력 소비량은 4퍼센트 줄었습니다. 건물 기반 시설물을 냉난방기, 엘리베이터, 기계 시스템에 한정해서 보면 전력 소비량은 41퍼센트나 줄어들었습니다. 사실 동일한 기간 입주자들의 전력 사용량이 11퍼센트 증가한 것과 비교하면 실질적으로는 더 줄어든 것이지요. 입주자들이 입주자용 앱을 더 많이 사용한다면 그들의 전력 사용량 역시 확실히 절약할 수 있습니다. 저희는 2005년 증기 소비량을 47퍼센트 절약했으며 이산화탄소 배출량도 44퍼센트 줄였습니다.

메타프롭: 난텀을 개발한 이후 에너티브Enertiv나 라디에이터 랩스Radiator Labs와 같은 다른 스타트업에도 투자하기 시작했는데 특별한 이유가 있나요?

마이클 루딘: 난텀을 성공적으로 개발한 이후에 저희는 "자, 이제 우리의 포트폴리오와 전문 지식을 이용해 우리 사업에 적합한 일들을 찾아내고 우리가 잘하는 분야에서 전략적 투자자로 거듭나자"라고 다짐했습니다. 라디에이터 랩스는 저희의 두 번째 투자처입니다. 그 회사는 저희가 보유한 증기 라디에이터 빌딩에 적합하다고 판단했습니다. 에너티브는 난텀과 상호 보완적인 역할을 하며 저희가 에너지 효율성 제고에 집중하는 것과 일맥상통하지요.

메타프롭: 프롭테크 시장에 새롭게 진출한 부동산업계 동료 종사자들에게 조언을 한마디 해 주시지요.

마이클 루딘: 기술을 찾아내고 그것을 실천에 옮기는 일은 결코 쉬운 일이 아닙니다. 많은 벤처 펀드들은 스타트업 기업들을 찾아가 이렇게 말합니다. "저희에게는 훌륭한 부동산 LPLimited Partners(유한 책임 사원-옮긴이)들이 많이 있습니다. 저희가 투자한다면 그들 모두 당신 제품이 시행되도록 협력할 것입니다." 그렇게 말하기는 쉽지만 사실 현실은 언제나 그렇게 단순하지 않습니다. 저희는 여러분들이 하찮게 여기던 모든 일을 해결하기 위해 시스템 개발에 수년을 투자했으며 마침내 달성했습니다. 결국 중요한 것은 현장에서 시스템을 이용하는 사람들의 말을 경청하려는 의지와 인내심입니다. 변화를 위한 변화가 아니라 우리의 사업을 더 잘되게 만들고 고객들에게 더 훌륭한 경험을 제공하기 위한 변화가 중요한 것입니다. 능동적으로 행동하세요. '내가 세입자라면 이런 게 필요할 텐데'라는 생각이 들면 바로 시도하고 실행에 옮기세요. 열린 마음을 가지세요. 인내심이 핵심입니다!

제 4 장

프롭테크 정의와 탐구

"기술은 우리 생활의 핵심적인 위치에 자리 잡고 있다. 따라서 부동산 시장이 이 분야에서 뒤떨어져 있다는 것은 아주 치명적인 일이다. 세계의 유수 기업들과 CEO들이 필사적으로 첨단 기술을 이해하고 도입하려는 사실은 시대의 변화를 의미한다. 하지만 많은 기업들이 기술을 실제로 도입하는 데 오랜 시간이 걸리는 것도 사실이다."

- 에밀리 라이트Emily Write,

영국 부동산 전문지, 이스테이트 가제트Estates Gazette의 런던 상주 기술 편집자

오늘날처럼 기술이 역동적으로 빠르게 발전하는 시대에 프롭테크 스타트업을 분류하는 것은 힘든 일이지만 다양하고 유용한 분류법들이 보완되고 있다. 메타프롭은 프롭테크를 기술별, 자산 유형별, 위치별로 분

류했다. 우리는 회사가 부동산 시장의 가치 사슬에서 어디에 위치하느냐에 따라 구분하는 가장 유용하고 독특한 분류법을 제시했다.

질로우는 어떤 사업을 하는가?

이 질문에 대한 답은 너무 쉬워 보인다. 프롭테크의 선두 주자를 아는 사람이라면 서슴지 않고 '부동산 매물 게시 서비스'라고 대답할 것이다. 시애틀에 본사를 둔 질로우는 매도 주택, 임대 주택, 미등재 매물 등 110만 개 이상의 주택에 관한 데이터베이스를 보유하고 있다.[70] 주택, 아파트, 콘도를 찾고 있는가? 그렇다면 질로우닷컴Zillow.com에 당신이 원하는 조건을 투입해 적절한 대상을 찾아보라. 얼핏 보면 질로우는 단순히 주택을 조회하고 매도하며 주택의 가격을 결정하는 것을 도와주는 사업처럼 보인다.

하지만 당신이 부동산업계 종사자라면 아마 질로우가 대부분의 수입을 부동산 중개업자를 통해 벌어들인다는 사실을 잘 알고 있을 것이다. 질로우는 업계 선두 주자로서 프리미어 에이전트Premier Agent프로그램을 통해 중개업자들에게 상당한 일감을 제공한다. 우리의 정의를 한층 더 어렵게 만들기 위해서인지 질로우는 자사를 미디어 회사라고 못 박았다. 그들의 주장은 가끔 의아심을 품게도 하지만 다른 미디어 회사들과 마찬가지로 질로우는 광고 판매를 통해 수익을 올리고 있으며 전국 신문사들과 제휴를 맺어 오픈 하우스나 고급 정보를 온라인으로 거래한다.

메타프롭은 질로우를 '소비자-중개인' 기술 기업으로 분류한다. 질로우가 양편 모두에 서비스를 제공하기 때문이다. 불과 몇 년 전만 해도 그 같은 분류는 적절하지 않았다. 1장에서 살펴본 것처럼 질로우의 '즉각 제안'을 이용하면 중개인 없이도 주택 매매와 부동산 담보 대출 거래를 마무리할 수 있다. 이론적으로 보면 아이바이어 시장에서 부동산 소유주나 단기 투자자는 거래 과정에서 중개인을 배제할 수 있다. 질로우는 부동산 시장에 한층 더 큰 충격을 주었다. 앞으로 질로우는 어느 정도까지 부동산 매매나 금융 서비스 거래를 중개인 없이 직접 수행하게 될까? 프롭테크 전문가인 마이크 델프레트Mike DelPrete가 시사했듯이, 질로우는 조회 엔진에서 서비스 엔진을 넘어 어디까지 변화할 것인가?

다른 프롭테크 기업들과 마찬가지로 질로우는 계속 진화할 것이며 어느 한 부류에 속하지 않을 것이다. 분류와 정의는 중요하다. 오늘날처럼 분류가 힘들고 변화 속도가 빠르며, 범주를 이해하기 힘들고 경계가 모호한 시기에는 그 필요성이 한층 더 절실하다.

프롭테크 세계에 발을 들인 것을 축하한다. 부동산 관련 기술의 기원은 80년대 이전으로 거슬러 올라가지만 불과 10년 전까지만 해도 프롭테크 기술을 주위에서 거의 찾아볼 수가 없었다. 2012년 이후 프롭테크 산업은 기하급수적으로 발전하기 시작했으며 2016년 이후부터는 우리처럼 프롭테크 세계에 발을 깊숙이 들여놓은 사람들조차도 기술의 발전 속도를 따라잡을 수가 없다. 2016년 봄, 스타트업 조사 회사인 벤처 스캐너Venture Scanner는 1,137개 프롭테크 기업들이 조달한 자금이 169억 9천만 달러라고 발표했다.[71] 벤처 스캐너가 2018년 6월에 조사한 자료에 따르면 프롭테크 기업 1,659개가 조달한 자금 규모는 550억 달러에 달했다.[75]

불과 2년 만에 기업 수가 46%, 자금 조달 규모가 220% 이상 증가한 프롭테크 세계를 어떻게 전부 이해할 수 있을까? 프롭테크 조사 업무에 24시간 전념한다 해도 불가능한 일이다. 당신이 기술 주도 혁신의 거대한 파도를 이해하려면 다른 사람의 도움이 필요하다. 우리는 당신이 끊임없이 소용돌이치는 기술 발전의 물결을 쉽게 헤쳐 나갈 수 있도록 5장에서 자문가, 행사, 블로그, 뉴스 매체, 협회, 학술 프로그램, 액셀러레이터 가운데 몇 가지를 집중 조명할 것이다. 이 장에서 프롭테크의 정의와 범주를 파악하면, 혼란스러운 시장의 질서를 발견하고 기술 발전의 변화를 읽어 낼 수 있게 될 것이다.

프롭테크를 이해하는 데 가장 중요한 맥락은 부동산 기술의 분류법 자체가 아주 복잡다단하다는 사실에 있다. 어느 것이 맞고 틀린 게 아니라 모든 것이 진화한다. 만약 당신이 부동산 기술 쪽에 종사하려고 한다면 당신을 잘 안내해 줄 수 있는 업계 지도가 필요할 것이다. 기업 측면에서는, 당신 조직의 렌즈를 끼고 보는 것이 당신에게 필요한 적절한 해법을 찾고 유용한 파트너를 빨리 찾는 데 도움이 될 것이다. 투자 수익률을 높이는 것은 물론 당신의 스타트업을 부동산 시장에 자리잡게 하고, 경쟁 업체를 파악해 새로운 비즈니스를 창출하는 데에도 말이다. 당신이 프롭테크의 작동 원리를 모르고 기술에 투자한다면 그것은 고정 금리채, 주식, 지수, 파생 상품 간의 차이점을 이해하지도 못하고 뮤추얼 펀드에 투자하는 것과도 같다.

프롭테크가 몰고 오는 기회와 위협을 잘 이해하는 것이 부동산 기업들의 수익 증대로 이어지며, 그런 지식을 논리적이고 관리 가능한 방식으로 적용한다면 수익 증대에 훨씬 더 유용하다.

프란시스 베이컨에게 미안한 말이지만 지식은 단순히 힘이 아니라 돈이다. 프롭테크가 몰고 오는 기회와 위협을 잘 이해하는 것이 부동산 기업들의 수익 증대로 이어지며, 그런 지식을 논리적이고 관리 가능한 방식으로 적용한다면 수익 증대에 훨씬 더 유용하다는 사실을 다시 한 번 강조하려고 한다.

앞서 언급한 것처럼 프롭테크를 분류하는 것은 힘든 일이지만 무엇보다 초기 단계 프롭테크를 분류하는 일이 우선 과제이다. 초기 단계 프롭테크가 프롭테크 세계에서 가장 새롭고 혁신적이기 때문이다. 초기 단계 프롭테크에는 가장 생기발랄한 기업가, 최신의 기술과 스타트업, 가장 큰 위험과 잠재적 이익이 동시에 존재한다. 후기 단계 프롭테크가 가늠되기를 기다리는 오늘날의 기술이라면 초기 단계 프롭테크는 인정받기를 기다리는 미래의 기술이다. 초기 단계 프롭테크는 시장에서 가장 빠르게 변화하는 분야이므로 완전히 이해한다는 것은 사실상 불가능한 일이다.

그것이 바로 메타프롭의 장점이기도 하다. 우리가 메타프롭에서 열정적으로 조사한 모든 내용에 프롭테크 세계의 분석 방법이 녹아들어 있다. 우리는 업계에 대한 자문 활동과 파트너십, 스타트업들에 대한 액셀러레이터 역할과 관계 구축, 학술 활동, 초기 단계 프롭테크를 모든 측면에서 이해하기 위해 벤처 캐피털 펀드 및 투자자들과 접촉하고 다양한 이해 당사자들과 전문 지식을 공유한다. 일반적으로 초기 단계 프롭테크가 가장 이해하기 힘든 분야지만 우리가 가장 잘 아는 분야이기 때문에 이 책에서 초기 단계 프롭테크에 대해 특히 집중해 보려고 한다.

우리는 부동산과 기술적 배경뿐만 아니라 부동산 산업, 스타트업, 투자자와의 다양한 관계를 고려하여 프롭테크를 분류한다. 프롭테크는 역동적이며 어지러울 정도로 빠르게 발전하고 있다. 우리의 분류 방식은 매우 독특하며 유용하지만 이것 역시 계속 진화할 것이다. 따라서 우리의 분류 방식이 유일무이하다고 할 수도 없다.

진화하는 정의

프롭테크를 세밀히 살펴보기에 앞서 프롭테크를 어떻게 정의하고, 어떻게 부를지에 관해서도 다양한 의견이 있다는 사실을 알아야 한다. 어떤 사람들은 부동산 기술, 리테크RETech, 리얼테크RealTech 혹은 상업용 부동산 기술을 의미하는 크리테크CREtech 등 다른 단어를 선호했지만, 메타프롭은 부동산 기술이 점차 국제화하는 특징을 반영하기 위해 유럽 지역에서 가끔 사용되던 프롭테크라는 용어를 2016년부터 전파하기 시작했다.

그 이후, 미국에서 리테크를 비롯한 다른 용어들이 여전히 사용되고 있지만 프롭테크라는 용어가 광범위하게 퍼지게 되었다. 프롭테크를 어떻게 정

의하느냐 하는 문제는 약간 복잡하다. 1장에서 우리는 기본적으로 이렇게 정의했다:

> '프로퍼티 테크놀로지property technology'의 약어인 프롭테크PropTech는 부동산 중개인에서 감정 평가사, 건축가, 건설 관리자 등 부동산업계 종사자들이 제공하는 소프트웨어, 도구, 플랫폼, 애플리케이션, 웹사이트 등 다양한 디지털 서비스를 의미한다. 프롭테크는 매매, 리스, 관리, 평가, 금융, 마케팅, 개발, 설계, 건축, 투자 등 부동산에 관련된 모든 분야가 원활하게 돌아가도록 기술 혁신을 통해 효율성을 높인다.

이 책은 프롭테크를 처음 접하는 사람들을 위한 책이므로 충분한 사례를 통해 프롭테크를 구체적으로 정의하려고 한다. 소비자들이 주택이나 아파트를 검색하도록 도와주는 웹사이트나 앱은 프롭테크다. 종합 건설업자가 건축 공정을 관리하도록 도와주는 플랫폼이나 상업용 부동산 중개인이 콤스를 검색하고 분석하는 것을 도와주는 플랫폼 역시 프롭테크다. 다양한 프롭테크 혁신 덕분에 개발업자들은 건축 부지를 물색하고 건물주들은 건물을 임대할 수 있으며 건물 관리자들은 빌딩을 효율적으로 관리할 수 있고 자산 관리자들은 포트폴리오를 분석할 수 있다.

우리의 친구이자 재담가이며 프롭테크 전문가로 유명한 제임스 디어슬리James Dearsley는 앤드류 바움Andrew Baum교수와 함께 프롭테크를 약간 추상적으로 이렇게 정의했다:

> 프롭테크는 부동산 산업의 광범위한 디지털 변화 가운데 하나의 작은 부분을 차지한다. 그것은 데이터 수집, 거래, 건물과 도시 설계에 관한 부동산 산업과 소비자들의 인식 변화를 촉진한다.

우리가 이 학구적인 정의를 좋아하는 몇 가지 이유가 있다. 첫째, 우리가 1장에서 프롭테크를 제4차 산업이라고 언급했던 것처럼 디어슬리와 바움은 이를 '광범위한 디지털 변혁'이라는 넓은 개념으로 받아들이고 있다. 오늘날 부동산 시장에서 등장한 여러 가지 기술적 혁신은 부동산 산업 안에서 자체적으로 발생했거나 특별히 부동산 산업을 위해 탄생했다. 하지만 자율 주행차, 로봇 등 타 분야의 발달에 의해서도 부동산 시장이 작동하는 방식이 급속도로 변화하고 있다.

둘째, 우리는 디어슬리와 바움이 '인식의 변화'를 강조한 점을 높게 평가한다. 프롭테크 세계에 처음 발을 들여놓은 최고의 부동산 전문가를 포함한 대다수는 프롭테크의 기술적인 측면만을 바라본다. 그들은 강력한 플랫폼, 고급 센서, 매우 우수한 CRM 등 새롭고 유용한 도구 혹은 IoT, 인공 지능, 가상 현실 혹은 3D 프린팅 등과 같은 최첨단 기술이라는 개념으로 프롭테크를 인식한다.

프롭테크를 변화의 기폭제 및 목표에 도달하기 위한 수단으로 생각하라. 프롭테크 혁신은 부를 증대시키는 지름길이다.

프롭테크를 변화의 기폭제 및 목표에 도달하기 위한 수단으로 생각하라. 프롭테크 혁신은 부를 증대시키는 지름길이다.

분류법 탐구

프롭테크를 정의하는 것이 어렵다면 실무에 적용할 수 있는 분류법을 고안하는 것은 더욱 어려운 일이다. 3장에서 언급한 것처럼 프롭테크는 멋진 부동산 신세계이며 이 책의 저자인 우리뿐만 아니라 모든 사람이 프롭테크의 전체 모습을 이해하려고 아직도 노력하고 있다. 프롭테크를 완벽히 이해할 날은 오지 않을 것이다. 혁신의 원동력은 영감이지만 항상 변화해야만 한다는 것은 그 안의 변함없는 진리다.

오늘날 부동산 기술 세계는 너무나 빠르게 발전해 몸이 오싹할 정도다. 메타프롭이 프롭테크를 분류하는 방식은 지난 몇 년 동안 진화했으며 기술의 지형이 변화하고 발전함에 따라 계속 진화할 것이다.

앤드류 바움은 자신의 저서《프롭테크 3.0: 부동산의 미래》에서 프롭테크의 체계적인 구분을 위한 벤 다이어그램을 소개했다.

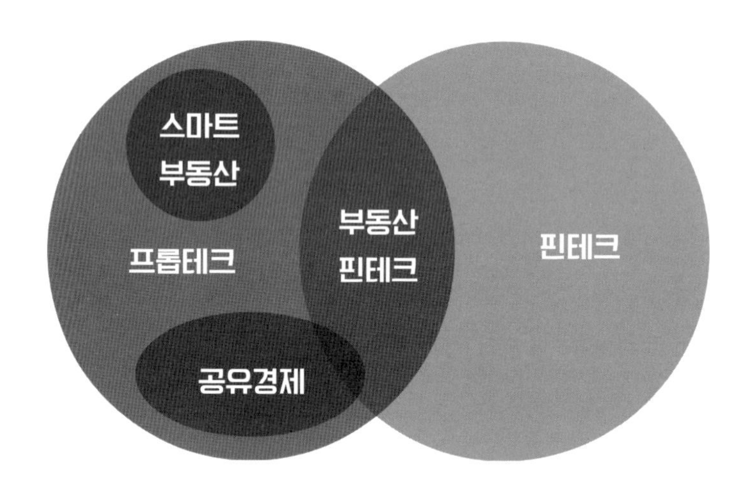

앤드류 바움,《프롭테크 3.0: 부동산의 미래》, 옥스퍼드 대학교, SAID 경영대학원, 2017년 4월

핀테크는 프롭테크와 밀접한 관련이 있으며 부동산 시장에서 기술적 해법을 위한 변화의 촉매 역할을 충실히 수행했다. 이런 현상이 발생했던 배경에는 오랫동안 금융 거래와 주식 거래에서 폰뱅킹과 온라인 거래에 익숙한 소비자들이 부동산 시장과 상호 작용하기를 원했을 뿐만 아니라 핀테크가 부동산 산업과 여러 가지 방식으로 자연스럽게 연결되었기 때문이다. 바움의 벤 다이어그램에서 핀테크와 프롭테크가 크게 겹치는 부분을 우리는 이 책에서 '부동산 핀테크'라고 부른다.

바움이 제시한 프롭테크의 다른 두 가지 구성 요소는 스마트 부동산과 공유 경제다. 스마트 부동산이란 주차장에서부터 도시 전체의 모든 것을 대상으로 센서, 자동화, 보안, 건물 관리, 에너지 절약 등과 관련한 고도의 기술적 플랫폼을 의미한다. 여기에서 지속 가능성이 핵심 요소다. 공유 경제 혹은 협력 경제란, 여유 공간을 이용하는 에어비앤비, 레스토랑의 비영업 시간을 이용해 그곳을 공동 작업 공간으로 만든 스페이셔스 등과 같이 미사용 자산의 활용을 통해 자산의 현금화를 가능하게 하는 플랫폼과 도구를 의미한다.

메타프롭의 분류법

기술별

메타프롭에서 프롭테크를 분류한 첫 번째 방식은 기술별 분류다. 우리는 여기에서 기술을 소프트웨어, 하드웨어, 그리고 기술 이용 서비스로 광범위하게 분류했다. 물론 소프트웨어는 컴퓨터와 다른 기기들을 작동하기 위해 사용하는 프로그램을 의미하지만 좀 더 구체적으로 말하자면 서비스를 위한 소프트웨어SaaS를 의미한다. 프롭테크에서 흔히 찾아볼 수 있는 크라우드 컴퓨팅 배분 모델을 이용해 서비스 제공자들은 소비자들이 애플리케이션을 인터넷으로 이용할 수 있도록 관리한다. 앞에서 살펴본 호텔투나잇과 트라브터스Travtus가 구축한 애플리케이션과 마찬가지로 '콤스'에 관한 정보를 교환하기 위한 콤스택CompStak 플랫폼이 한 가지 사례다.

하드웨어는 휴대용 단말기, 센서, 카메라, 디스플레이 등의 물리적 장치다. 사물 인터넷은 센서와 조절 장치로 구성된 대규모 하드웨어 장치다. 기술 기반 서비스에는 전통적인 부동산 서비스인 감정 평가 업무를 크라우드 기반 모바일 검사 앱으로 제공함으로써 감정 과정을 개선할 수 있는 바워리Bowery

와 같은 회사들이 포함되어 있다. 콤파스Compass 판매 중개 앱은 주택 매매처럼 우리에게 익숙한 서비스를 새로운 기술로 제공한다.

기술에 근거한 이러한 분류법은 앞으로도 지속적으로 적용할 수 있다는 장점이 있다. 프롭테크 세계의 모든 회사는 이 같은 기술 범주 안에 들어가므로, 각각을 어느 특정 기술 유형의 하나로 구분할 수 있다. 하지만 이러한 분류는 꽤 광범위하며 상당 부분이 중복되기도 한다. 거의 모든 프롭테크 하드웨어는 소프트웨어를 사용하며 기술 기반 서비스는 종종 두 가지를 함께 활용하기도 하니 말이다.

자산 유형별

우리가 사용하는 또 다른 더 자세한 분류법은 자산 유형별 분류다. 당신이 주시하는 프롭테크는 사무실 빌딩, 소매업, 산업 단지, 단독 주택, 집합 주택, 숙박업이 안고 있는 문제들을 해결하고 있는가? 프롭테크의 해결책이 목표로 하는 자산 유형은 어떤 것이며, 주요 자산 유형과 부수 자산 유형을 상호 연결하는 해결책은 있는가? 이 문제 역시 중복되는 부분이 있다. 예를 들어, 사무실에 적합한 장소는 종종 집합 주택에도 적합하기 때문이다. 자산 유형별로 혁신이 활용되는 방법을 살펴보는 것이 부동산 기술을 연구하는 중요한 수단이다. 그것은 부동산 기술의 분류뿐만 아니라 주어진 해결책에 대한 시장의 상태와 크기를 조명한다.

위치별

프롭테크의 세 번째 분류 방식은 위치다. '위치! 위치! 위치!'는 부동산 시장에서 언제나 가장 중요한 가치다. 메타프롭은 이 주문을 '위치! 위치! 혁신!'으로 약간 변경했다. 우리가 그렇게 변경한 이유는 위치의 중요성과 부동산과 기술의 접목을 강조하기 위해서였다. 뉴욕 부동산에 적용되는 현상이 샌프란시스코 부동산 시장에 적용되지 않으며 베이징 시장에서도 성공한 사례가 모스크바 시장에서 성공하리란 보장은 없다. 프롭테크는 국제적 현상이지만 부동산은 가장 지역색이 강하며 고강도로 규제받는 상품이다. 뉴욕의 독특한 협동 조합 규칙, 유럽의 친환경 규제에 관한 높은 기준, 전 세계 지역마다 누더기처럼 짜깁기한 에어비앤비 관련 규제 등을 생각해 보라.

부동산 가치 사슬별

마지막으로 가장 중요하고 활용도 높으며 독특한 프롭테크 분류 방식은 부동산 가치 사슬 방식이다. 일반적으로 사람들은 가치 사슬 모델을 공산품 관점에서 원료를 조달한 뒤 일련의 생산 공정을 거쳐 부가 가치를 창출하는 생산, 마케팅, 판매 후 서비스 등의 과정으로 생각한다.

부동산 가치 사슬 : 맨땅에서 건물 처분까지			
분석과 자금 조달	공간 식별과 목록 작성	공간 선택과 협상	실사
• 구획 • 감정 • 예산 • 모델링	• 거래 시장 • O2O • 마케팅 • 검토	• 중개 • 방문사찰 • 콤스	• 전망 • 권리관계 • 경제성 • 리스크 책정

우리는 똑같은 원리를 부동산 시장에 적용해 '지반 작업에서부터 건물 처분까지'라는 부동산의 생애 주기의 모든 단계를 살펴보려고 한다. 사무실 건물을 신축한다고 생각해 보자. 사람들은 땅을 파기에 앞서 충분한 시간을 갖고 비슷한 규모와 유형의 사무실 건물이 성공할지에 관한 시장 평가를 자세하

게 분석한다. 자금 조달, 부지 물색 및 매입, 건축 계획, 건물 건축 공사에 관한 분석이 필요하며 그 후에는 건물 매매, 임차, 관리, 유지 등을 결정해야 한다. 더 나아가 임대료 수취, 공과금 납부, 안전 관리 문제 등도 고려해야 한다. 전체 과정에서 상당한 부분을 건너뛰었지만 당신은 그 의미를 이해했을 것이다. 메타프롭은 프롭테크 회사들이 제공하는 서비스가 어떤 일을 하느냐 즉 부동산 가치 사슬 가운데 어디에 해당하는지에 따라 분류한다. 이렇게 독특한 분류법의 한 가지 장점은 다른 수많은 종류의 분류법과 비교할 때 유연하게 분류법을 적용할 수 있다는 점이다. 우리의 분류법을 이용하면 프롭테크를 설계, 건설, 마케팅의 3단계로 쉽게 구분할 수 있다.

우리가 가치 사슬 분류법에서 사용하는 항목은 다음과 같다:

❶ 분석과 자금 조달
❷ 공간 물색과 매매
❸ 공간 선택과 협상
❹ 실사
❺ 개발과 건축
❻ 과정 자동화
❼ 공간 사용과 관리
❽ 지불과 기타 서비스

부동산 가치 사슬 : 지반 작업부터 건물 처분까지			
개발과 건축	과정 자동화	공간 사용과 관리	대금 지급과 서비스
• 프로젝트 관리 • 건축 • 설계 • 엔지니어링 • 법규 준수 • 건설	• 판매 • 리스 • 인수 • 중개 방법	• 지하실 기술 • 공조실 • 설비 관리 • 보안	• 임대 • 공과금 • 서비스 제공자 • 매매 • 신용

부동산은 거대하고 다양한 자산이지만 가치 사슬 모델로 분류하면 부동산의 생애 주기를 적절히 포착함으로써 우리가 조사, 자문, 투자하는 스타트업이 전체 가치 사슬 가운데 어디에 있는지 결정할 수 있다. 이러한 분류법에서는 스타트업이 가치 사슬 모델의 근간이 되는 부가 가치가 만들어지는 장소와 수익 창출의 위치를 강조한다. 또한 가치 사슬 모델을 따르면 우리가 분석하는 스타트업이 상호 보완적인 관계에 있는지, 순차적인 기능을 하는 지, 유행과 기회를 반영할 수 있는지 등 서로 간의 관계도 파악할 수 있다. '공간 선택과 협상' 영역에 속하는 몇 안 되는 스타트업들이 혁신의 기회를 찾아내고 문제를 해결할 수 있을까? '관리' 영역에 속하는 기업이 '대금 지급과 서비스' 영역에 속하는 다른 기업들과 어떻게 상호 작용할 수 있을까?

가치 사슬 모델의 가장 기초 단계에서는 부동산은 이해하지만 기술을 잘 이해하지 못하는 사람들이 눈에 보이지 않는 서비스가 아니라 스타트업이나 제품의 기능을 강조하려고 노력하는 것이 눈에 띄곤 한다.

영국 부동산 전문지인 이스테이트 가제트Estates Gazette의 기술 편집인인 에밀리 라이트는 우리와의 인터뷰에서 그녀가 독자들에게 프롭테크를 설명하는 데 가장 힘들었던 경험을 이렇게 말했다:

> 사람들은 시스템, 소프트웨어, 플랫폼이 실제 무엇인지 또 그것들이 내부적으로 어떻게 연결되어 상호 작용하는지를 이해할 필요가 거의 없다. 그것들이 어떻게 작동하는지가 중요한 것이다. 만약 기술적 전문 용어를 쓴다면 잠재적인 사용자나 소비자들은 겁을 먹고 새로운 기술을 사용하지 않을지도 모른다. 만약 휴대폰을 실제 사용하기도 전에 그 안의 내부 작동 방식에 관해 자세히 배워야 한다면 우리 가운데 핸드폰을 사용할 사람은 거의 없을 것이다.

우리는 프롭테크 분류법으로 부동산 가치 사슬을 사용하는 것이 유기적이라고 느끼는데, 어쩌면 부동산 전문가들이 자신의 사업을 이해하는 것과 같은 맥락이기 때문일 것이다. 만약 우리가 기술 혹은 투자 경력만을 갖고 있었더라면 여기까지 오지 못했겠지만, 우리 두 사람 경력이 모두 부동산에 몸을 담게 되어 가치 사슬 모델이 가장 적합한 분류법이라는 것을 즉각 알아차렸다.

가치 사슬 기반 분류법이 완전하다거나 완벽하다는 것이 아니다. 프롭테크의 다른 모델과 마찬가지로 우리가 제시하는 모델 역시 시간이 흐름에 따라 발전하고 변화한다. 분류 항목의 숫자나 성격을 결정하는 것은 과학이라기보다 예술에 가깝다. 부동산은 우리가 앞서 설명한 분류 항목 중 하위 항목 하나만 보더라도 1천억 달러 값어치를 지닐 정도로 엄청난 자산이다. 예를 들어, 우리는 아직 초기 단계에 머무는 콘테크ConTech(건설, 시공 분야와 관련된 기술 산업)를 프롭테크의 부분 집합으로 포함시킨다. 그러나 그 분야가 앞으로 충분히 성장한다면 프롭테크의 독립 항목으로 분류할 수도 있다.

물론 우리의 건설 기술 부문에 대한 분류법은 콘테크를 프롭테크와 분리하는 바움Baum과 정반대이지만, 그 역시 훗날 프롭테크의 부분 집합으로 정의할지도 모른다고 말했다. 두 가지 견해가 맞고 틀리고가 중요한 게 아니다. 단지 어떤 카메라에 어떤 렌즈가 적합한지에 대한 문제이다. 어떤 목적을 위해서는 망원 렌즈가 필요하기도 하고 또 다른 목적을 위해서는 광학 렌즈가 필요한 것이다.

역동적인 프롭테크를 어느 고정된 틀 안에서만 살펴볼 수는 없다. 모든 것이 진화할 때 그것을 어떤 범주에 국한해 규정하려는 것은 실수일지도 모른다. 시장에서 범주가 결정되고, 수요와 공급의 균형이 확실해진 뒤에 판단해도 늦지 않다. 우리는 조언자, 투자자, 멘토, 파트너로서 기업의 CEO, 스타트업 창업가, 벤처 캐피털 회사, 학자, 기타 이해 당사자들과 밀접하게 접촉한다. 프롭테크 세계의 다양한 접점들은 프롭테크에 관한 정의를 즉시 수정하고, 공간의 변화에 따라 전환하는 것도 가능케 해 준다.

스타트업을 분류할 때 일반적으로 사용하는 방식은 기업 성장 단계에 따른 분류법이다. 이것은 일반적으로 자본 투자에 따른 분류 방법으로 스타트업은 창업 초기 단계에 '시드 단계seed phase' 투자를 받고, 기업이 성장함에 따라 투자 유치 규모가 점점 커지면서 시리즈 A, 시리즈 B, 시리즈 C 등의 자본을 유치한다. 우리는 7장에서 투자에 따른 분류 방법을 살펴보려고 한다.

개념 형성 단계에서 초기 자본 유치 단계에 있는 스타트업은 제품이나 서비스를 시험하고 함께 일할 팀을 구성하며 잠재 시장을 파악해야 하므로 그것들을 평가하는 것이 가장 어려운 일이다. 우리는 이것을 '아이디어 단계'라고 부르며 이 단계에서 메타프롭의 장점이 드러난다. 부동산 가치 사슬에 근거한 분류법으로 가장 적합한 영역을 선택했지만 제품이 구체화되지 않아 실적이 없는 스타트업을 분석한다는 것은 과학의 영역이 아니라 예술의 영역에 가깝다. 우리는 5장 '스타트업의 산업 진입 전략'에서 이런 초기 단계 스타트업을 연구하고 분류하는 비법을 몇 가지 소개하려고 한다.

혁신 대화

마이클 베커맨Michael Beekerman, 크리티테크CREtech 창업자 겸 CEO

메타프롭: 회사에서 매일 하는 업무는 무엇입니까?

마이클 베커맨: 저는 상업용 부동산 기술을 다루는 최대 플랫폼인 크리테크닷컴CREtech.com을 운영하고 있습니다. 저희 직원은 12명이며 상업용 부동산 시장과 기술 분야를 접목하는 일에 몰두하고 있습니다. 저희 플랫폼은 행사, 데이터 조사, 뉴스 종합 및 자문 서비스에 초점을 맞추고 있습니다. 제가 매일 하는 일은 대체로 강의, 벤처 캐피털 회사와 투자자 연결, 스타트업과

그들의 제품에 대한 설명 청취, 지주와 중개인들과 기술 전략 수립 등입니다. 우리 회사는 일반 시장은 물론 상업용 부동산 전문가들에게도 잘 알려진 다른 두 개의 사이트도 운영하고 있습니다. 하나는 상업용 부동산 시장 뉴스를 편집해 제공하는 뉴스퍼널News Funnel이고 다른 하나는 콘텐츠 마케팅 서비스를 제공하는 콘텐츠퍼널Content Funnel입니다. 두 가지 모두 영향력이 매우 큽니다. 따라서 저는 제 시간의 대부분을 크리테크 플랫폼을 관리하는 데 쓰고 있습니다.

메타프롭: 프롭테크와 혁신에 흥미를 갖게 된 계기가 있습니까?

마이클 베커맨: 저는 지난 25년간 상업용 부동산을 전문으로 다루는 최고의 홍보 회사를 만들었습니다. 2008년경, 기술력이 상업용 부동산 시장에 충격을 주고 있다는 생각이 문득 들었습니다. 웨인 그레츠키Wayne Gretzky(캐나다 아이스하키 선수-옮긴이)의 말을 빌리자면 '바람이 부는 방향으로' 옮겨 갔지요. 내가 만들었던 회사의 지분을 팔고 크리테크 분야에 뛰어들 계획을 세우고 2011년부터는 전업으로 몰두했습니다.

메타프롭: 앞으로 10년 동안 부동산 시장의 어떤 분야가 가장 극적으로 변화하리라 예상하십니까?

마이클 베커맨: 제 생각에 가장 충격을 받을 분야는 3가지라고 생각합니다. 첫째, AI와 예측 분석 기법이 가장 혁신적이며 과거 어느때보다 전문가들에게 실행 가능한 데이터를 많이 제공할 것입니다. 예전에는 모든 부동산 분야에서 과거 데이터를 사용했습니다. 하지만 AI가 그것을 완전히 바꾸어 놓을 것입니다. 둘째, 서비스 개념의 공간은 사무실과 다가구 자산이 관리되는 방식을 완전히 바꾸어 놓을 것입니다. 이와 더불어 단기 리스 시장은 인수에서부터 건물 및 공간 설계의 모든 분야에 영향을 미칠 것입니다. 셋째, 지금까지 사람들이 별로 언급하지 않는 공간 시각화 분야에 개혁이 도래될 것입니다. 가상 현실 VR 기술은 물론 홀로그램과 증강 현실 AR 기술이 부동산과 관련한 계획, 설계, 건축, 리스, 마케팅, 내부 장식 등 모든 분야에 흥미진진하면서도 혁신적으로 파고들 것입니다.

메타프롭: 오늘날 당신 회사에서 가장 중요하게 생각하는 혁신 및 기술 기반 계획은 무엇입니까?

마이클 베커맨: 우리는 크리테크에 관한 최고의 데이터베이스를 구축할 것이며 그것은 전문가들이 상업용 부동산 기술에 관한 모든 정보를 얻을 수 있는 유일한 정보 창구가 될 것입니다.

메타프롭: 사람들이 모르는 당신에 관한 재미있는 이야기를 하나 들려주시지요.

마이클 베커맨: 저는 개인적으로는 '기술'의 문외한입니다.

메타프롭: 부동산 산업의 혁신 속도와 그것이 어떻게 발전할지 평가해 주십시오.

마이클 베커맨: 부동산 산업에서는 투자자 혁신 속도보다 빨리 이루어지고 있습니다. 제가 매일 놀라는 사실 중 하나는 사람들이 변화를 별로 받아들이지 않는다는 것입니다. 에어비앤비가 호텔들을 뒤흔들어 놓았지만 그런 파도를 느낀 사람들은 별로 없습니다. 우버도 택시 산업에 똑같은 영향을 미쳤습니다. 위워크가 탄력적인 사무실 공간 사용에 영향을 미치고 아마존이 리테일 시장을 바꾸어 놓은 것처럼 상업용 부동산 시장에도 변화의 물결이 다가오고 있습니다. 불행하게도 그런 사실을 무시하는 사람들은 헤드라이트 불빛 앞에서 꼼짝 못 하고 어쩔 줄 몰라 하는 사슴 신세가 될 것입니다.

제 5 장

스타트업의 시장 진입 전략

"당신 회사의 성장에 도움이 되는 이들과 회사를 공유하는 것을 두려워하지 마라. 아이디어를 가진 대다수의 사람들은 자신의 아이디어가 너무 귀중하다고 생각하지만, 혼자의 힘만으로는 지속 가능한 기업을 일으킬 수 없다. 당신의 비전에 공감하는 파트너와 사람들을 지속적으로 찾아 나서는 것이 매우 중요하다. 그렇게 하려면 당신은 다른 재능 있는 사람들과 성공을 나눠 가져야만 한다."

– 프레스톤 피섹Preston Pesek, 스페이셔스Spacious 공동 창업자

무엇보다도 중요한 일은 기존 고객들은 물론 잠재 고객들이 매일 어떤 문제와 씨름하는지 이해하기 위해 그들과 계속 대화하는 것이다. 아무리 거창한 목표나 성장 계획이라 하더라도 고객이 느끼는 고통을 대체할 수 없다. 당신이 그 문제에 대한 답을 찾을 때, 영업 계획, 광고, 판매, 자금 조달 등 모든 것이 제자리를 찾게 된다.

– 코넬 맥길Connell McGill, 에너티브Enertiv

■ 우리는 스타트업들에게 빨리 실패해 보고 자주 시범 적용하는 방식의 MVPMinimum-Viable-Product 접근 방식을 권고한다. 시범 적용, 파트너, 투자를 통해 산업에 진입하는 것이 필수적이지만 기업 문화적 차이와 다른 장애물로 인해 이 같은 관계가 복잡해진다. 메타프롭은 이러한 차이점을 극복하기 위한 전략과 자원을 개발했다.

블랭크Blank는 9년 전 라이언 시모네티Ryan Simonetti가 컨빈Convene을 세우고 자신의 스타트업 개념을 상업용 부동산 회사들에 적용하자 그를 주목하기 시작했다. 시모네티의 전문 분야는 호텔과 사무실 빌딩 투자였지만 그는 두 가지 자산 유형의 장점 요소들을 결합하려고 했다. 그는 사무실 빌딩이 최고급 디자인, 회의 장소, 기술, 음식, 음료, 기타 편의 시설 등 생활형 호텔의 서비스를 제공하지 못하는 이유가 궁금했다. 시모네티는 본능적으로 입주사들이 이 같은 종류의 서비스를 제공하는 빌딩을 좋아하게 되리라는 것을 알아차렸다. 근로자들의 만족도와 생산성은 높아지고, 회사는 편의 공간을 자체적으로 따로 마련할 필요가 없는 일석이조의 서비스였다. 그는 그같은 빌딩 수요가 늘어나 임대료가 올라가면 궁극적으로 빌딩의 가치가 높아진다는 논리를 주장했다.

시모네티의 계획은 빌딩 안에 공동 편의 시설을 설치하기 위해 건물주들과 직접 파트너십을 맺는 것이었지만 그는 먼저 자신의 아이디어를 납득시켜야 했다.

그는 우리와의 인터뷰에서 "사람들은 우리가 미쳤다고 생각했어요."라고 고백했다. "임차인들이 스스로 알아서 편의 공간을 만들면 되지 입주사들이 필요할 때마다 사용할 수 있는 공유 편의 시설을 만들어야 하는 이유는 뭐냐, 다른 회사에 매도할 수도 있는 임대 가능한 공간을 이런 편의 시설로 바꿔야 하는 이유가 있느냐면서요."

이 같은 회의적인 반응을 받은 후, 시모네티와 파트너 크리스 켈리Chris Kelly는 기본 상품을 출시해 점차 서비스를 확대하면서 그 후 5년 동안 업계에서 파트너를 물색했다.

오늘날, 컨빈은 현재 준비 중인 장소와 더불어 이미 5개 도시에서 기술 기반 회의, 행사, 유연한 작업 공간을 제공하고 있다. 그들의 업계 파트너로는 브룩필드Brookfield, 더스트오거나이제이션Durst Organization, RXR 리얼티RXR Reality 등이 있다. 2018년 중반, 회사는 성공적인 1억5천2백만 달러의 시리즈 D 조달로 자본 조달 총 규모가 2억6천만 달러가 되었다. 덕분에 회사는 현재 여러 빌딩에서 베타 시험 중인 디지털 인터페이스 서비스인 엘리베이트Elevate를 출시할 것이다. 엘리베이트는 입주사들과 근로자들이 핸드폰으로 건물 서비스, 편의 시설, 기반 시설과 상호 작용할 수 있는 플랫폼이다.

컨빈이 마침내 꿈을 실현했다.

대부분의 초기 단계 스타트업은 성공하지 못한다. '좋은 아이디어만 있으면 충분하다'는 생각이 잘못되었다는 것을 메타프롭만큼 잘 아는 회사는 아무도 없다. 시장의 필요성 평가, 필요를 충족하는 제품이나 서비스 개발, 올바른 방법으로의 규모 확대, 유통 채널의 발견이 성공의 방정식의 핵심적인 요소다. '방정식'이라는 말로는 부족하다. 그런 항목들은 과학이기보다는 예술에 가깝기 때문이다. 우리가 앞서 소개한 자크Zach는 컬럼비아 대학에서 희망에 부푼 기업가들을 위해 프롭테크에 관한 과목을 가르친다. 하지만 그는 모든 스타트업은 각기 다르다는 사실을 가장 먼저 시인한 사람이기도 하다. 스타트업이 아이디어에서부터 인수 혹은 신규 상장까지 성공하는 유일하고도 확실한 경로는 절대 존재하지 않는다.

메타프롭에서는 스타트업 성장 과정을 여행에 자주 비유한다. 스타트업의 여행은 우회로, 잘못된 시작, 끊임없는 수정으로 가득 차 있다. 하지만 초기 단계에 있는 스타트업 수백 개를 평가한 결과 우리는 스타트업이 성공하려

스타트업이 실패하는 이유

스타트업의 75퍼센트가 실패한다. 그 이유는 무엇일까?

- 초기 단계에 엔젤 투자나 벤처 캐피털 자금을 충분히 확보하지 못한다.
- 초기 단계에서 자금을 낭비한다.
- 최고의 인재들을 영입하지 못한다.
- 고객들이 원하는 제품을 만들지 못한다.
- 단시간 내에 너무 많은 사람을 고용한다.
- 사람을 잘못 고용하거나 잘못된 기술을 가진 사람을 고용한다.
- 시간에 맞춰 작동 가능한 제품을 생산하지 못한다.
- 아이디어를 성공적으로 현금화하지 못한다.
- 경쟁자의 공격에 무너진다.

자료: 마티 스텝Marty Stepp, 일부 아이디어와 내용은 웨인 야마모토Wayne Yamamoto가 제공함.

면 파트너십, 투자, 공동체라는 3가지 요소가 필요하다는 결론에 도달했다. 라이언 시모네티가 컨빈을 창업할 때 엄청난 도전을 맞닥뜨린 것처럼 '시장 진입'을 하려면 이 세 가지 요소가 가장 필요하며 이것들이 기업의 성장과 침체를 구분하는 잣대이기도 하다.

메타프롭은 액셀러레이터, 투자, 자문, 멘토링, 행사, 네트워킹 등 여러 활동을 통해 스타트업과 산업 간의 다리를 놓는 역할을 한다. 우리는 컨빈이 거의 10년 전 건물주들을 설득하는 과정에서 겪은 갈등을 조금이라도 덜어 보려고 부동산 사업의 모든 항목을 목록으로 작성했다. 이 장에서 우리는 시장의 필요성, 자본 조달, 제품 개발과 시험, 전략적 확대, 유통 채널 발견 등을 이해하기 위해 성공한 스타트업들의 시장 진입 방식을 소개하려고 한다.

힙스터, 해커, 허슬러

대부분의 독자는 스타트업의 의미를 알지만 사람마다 이해하는 내용은 상당히 다르다. 따라서 우리는 '스타트업이란 반복할 수 있고 성장 가능한 사업 모델을 구축하기 위해 고안된 기업, 파트너십, 임시 조직이다'라는 정의로 이야기를 시작하려고 한다. 스타트업은 종종 기술에 기반을 두고 빠르게 성장하는 기업으로 비유되고 특히 초창기 스타트업은 고위험에 따른 고수익을 추구하는 경향이 있다.

스타트업은 종종 기존 시장을 '파괴' 하여 새로운 시장을 창출하는 것이 특징이다. 파괴는 실제로 일어나지만 우리가 살펴본 여러 사례에서 알 수 있듯이 대부분의 프롭테크 스타트업들이 추구하는 방향은 더 빠른 거래, 더 원만한 과정, 더 좋은 정보와 같이 기존 산업이 안고 있는 문제점에 대한 해결책을 제시하려는 것이지 그것을 완전히 뒤집어 놓으려는 것은 아니다. 변화는 사람들이 일반적으로 생각하는 것보다 훨씬 더 느리게 진행하므로 여러 스타트업이 극복해야 하는 도전 가운데 하나는 기존 사업가들에게 자신들이 제공하는 새로운 해결책이 경쟁력이 있다는 것을 설득시키는 일이다.

스타트업 창업자들의 출신은 다양하지만 대체로 다음 세 가지 부류 가운데 하나에 해당한다.

1. 과학 기술 전문가 : 실리콘 밸리에 있는 프롭테크 창업자들의 일반적인 유형이다. 소프트웨어 전문가나 기술적 방법론을 자세히 알고 있는 이들은 주택 구매, 아파트 임차, 사무실 검색 등 부동산 시장의 제품 혹은 서비스를 개선하는 방법에 능통하다. 디지털 부동산 계약의 마무리 서비스를 제공하는 대표적인 회사인 스프루스Spruce의 공동 창업자인 패트릭 번스Patrick Burns가 이 유형에 꼭 들어맞는 사람이다. 그는 통계학을 전공했으며 조사 보조 요원으로서 데이터 분석 및 기계 학습과 기타 측면에서

부동산 계약 신청서를 집중적으로 조사했다. 부동산 거래의 구조에 집착한 덕분에 그는 프롭테크에 발을 들여놓을 수 있었다.

2. 기업가 : 과학 기술 전문가처럼 부동산 시장에 대해 개인적으로 불만족스러운 경험을 한 사람들이 프롭테크 기업가로 변신한 예도 많다. 그들은 사업가 정신이 번개처럼 작동해 더 좋은 사업 모델을 구상하고 프롭테크에 뛰어든다. 리스 계약을 마무리하는 데 일 년이나 걸렸던 수잔나 빌라Susannah Vila에게 이 시나리오가 꼭 들어맞는다. 그녀가 컬럼비아 경영대학원에 다닐 때 자신이 살던 방을 재임대해야만 하는 상황이 발생했다. 자신의 임차 계약을 승계할 임차인을 물색하고 그들의 자격 요건을 따지고 집주인과 조율하는 일은 그야말로 악몽과 같았다. 그녀는 이에 대한 해결책을 자신의 수업 과제로 선정하고 임차인과 재임차인 연결, 신용정보 점검, 집주인과의 조율에 대한 서비스를 제공하는 플랫폼인 플립Flip을 창업했다. 처음 창업하는 사람들은 연쇄 창업가들과 비교해 시간이 더 많이 걸리지만 그들은 주어진 틀을 완전히 벗어나 생각하기 때문에 초대형 회사를 만들 수 있다. 연쇄 창업가들은 쉽게 회사를 설립하지만 그들 역시 상당수가 실패한다.

3. 부동산업계 종사자 : 산업계 안에 있는 전문가들은 그들의 문제점들을 바로 곁에서 파악하고 더 좋은 서비스를 만들 방법을 연구한다. 컨빈의 라이언 시모네티가 이 유형에 속한다. 그는 호텔 및 사무실 투자 업무를 수년간 담당했기 때문에 '복합' 스타트업 개념을 만들 수 있었다. 부동산업계 종사자들은 부동산 시장을 훤히 아는 장점이 있지만 시모네티의 사례에서 보듯이 산업계 종사자들이 좋은 아이디어를 채택하는 것은 역시 아직도 어려운 일이다.

스타트업의 아이디어가 어디에서 시작하든지, 초창기 스타트업에게 결정적으로 중요한 것은 올바른 팀을 구성하는 것이다. 사실, 우리의 벤처 캐피털 펀드를 이끄는 메타프롭 파트너, 자크 슈와즈만Zak Schwarzman은 초창기 스타트업을 평가할 때 항상 3가지 주요 요소인 사람, 제품, 시장 중에서 '사람이 가장 중요한 요소'라고 주장한다. 그 점에 대해서는 7장에서 자세히 다루려고 한다. 여기에서 우리는 위대한 아이디어만 있으면 성공한다는 생각을 떨쳐 버려야 한다는 것을 강조한다. 투자자이자 멘토로서 우리는 제아무리 훌륭한 아이디어를 가진 스타트업이라도, 제대로 된 팀을 구성하지 못했다면 미련 없이 투자 대상에서 제외한다. 아이디어는 발전할 수 있고, 제품은 개선될 수 있지만, 팀이 기본을 갖추고 있지 못한다면 진로 수정은 어려워진다.

아이디어는 발전할 수 있고 제품은 개선될 수 있지만, 팀이 기본을 갖추고 있지 못한다면 진로 수정은 어려워진다.

그렇다면 과연 막강한 팀이란 어떤 모습일까? 디지털 커뮤니케이션 회사인 AKQA의 전 CEO였던 레이 이나모토Rei Inamoto는 성공적인 팀이 되려면 '힙스터와 해커, 허슬러'가 필요하다고 주장했다. 이나모토의 공식을 따르면 힙스터란 주로 디자이너로 영입되는 창의적인 인재다. 해커란 어려운 코드를 마음대로 다루는 기술 영재다. 허슬러는 고객의 요구에 집중하게 만들면서 비즈니스 사례를 이해하고 그것을 모두에게 잘 전달할 수 있는 사람이다.

우리는 팀에 대한 고정된 정의에 동의하지 않으며 심지어 이나모토의 재미있는 정의에도 동의하지 않는다. 하지만 초기 단계 스타트업에서는 반드시 재능 있는 사람과 기술력을 갖춘 사람 그리고 팀원들 서로를 보완할 수 있는 사람들이 필요하다. 당신이 눈여겨보는 스타트업에는 기술을 전문적으로 깊게 이해하고 기술적 어려움을 극복할 수 있는 사람이 있는가? 실제 시장에 초점을 맞추고 설득력 있는 해결책을 제시할 수 있는 사람은? 인격과 자아를 양립시킬 수 있는 인재는 있는가?

초기 단계 스타트업의 발전 단계

프롭테크 예비 기업가 중 일부는 부동산 산업의 다른 경쟁자들과 맞닥뜨리기 전에 제품이나 서비스를 완벽하게 만들어야 한다고 생각한다. 그것은 한때 일반적인 개발 모델이었으며 지금도 어떤 경우에는 맞는 말이다. 예를 들어 애플의 인공 지능 가상 비서인 시리Siri가 스탠퍼드 연구소에서 탄생한 사례가 있다. 자금력이 풍부한 사모펀드인 워버그 핀커스Warburg Pincus의 지원으로 수많은 박사와 SRI 인터내셔널 인공 지능 센터SRIInternational Artificial Intelligence Center의 연구 인력이 수년에 걸쳐 비밀리에 연구한 결과 마침내 시리가 탄생했다.

처음부터 스탠퍼드 박사급 인력과 수천만 달러를 갖춘 연구소를 운영할 수 있는 스타트업이라면 시리와 같은 개발 방식이 가능하다. 하지만 다른 경우의 스타트업, 즉 우리가 상대하는 스타트업들에는 최소 기능 제품을 의미하는 MVPMinimum Viable Product 개발 방식을 권한다. 이 단어는 싱크디브SynDev의 회장이자 공동 창업자인 프랭크 로빈슨Frank Robinson이 처음으로 만들었지만, 《린스타트업The Lean Start-up》의 저자인 에릭 리스Eric Ries와 《기업 창업가 매뉴얼The Startup Owner's Manual》과 자매서 《탄생의 4단계The Four Steps to the Epiphany》의 저자인 스티브 블랭크Steve Blank에 의해 유명해졌다.

최소 기능 제품 개발 방식이란 소비자들이 제품을 가능한 한 빨리 사용하도록 기본적인 기능을 탑재한 제품을 출시하여 소비자들의 피드백을 빨리 받아 문제점을 찾아내 제품을 다시 설계하고 개량 제품을 출시하는 과정을 반복하는 것을 의미한다. 기민한 기업가들은 제한적인 자원을 가지고도 빠른 실패와 제품 개량을 자주 반복하는 계속적인 피드백 고리를 활용해 점진적인 개선을 달성함으로써 놀라운 결과를 만들어 낸다.

이와 같은 철학은 링크드인LinkedIn의 창업자인 리드 호프만Reid Hoffman의 명언으로 요약될 수 있다. "만약 당신이 처음으로 출시한 제품에 당신이 당황하지 않는다면, 너무 늦게 출시한 것일 수도 있다."[73]

스타트업들을 대상으로 한 교육과 훈련은 물론 자문 서비스 및 기타 서비스를 제공하는 스타트업 커먼스Start-up Commons는 스타트업의 발전 단계를 다음과 같은 유용한 도표로 설명한다.[74]

위에 제시한 스타트업의 자금 조달 과정 그래프는 다른 그래프에 비해 비선형적으로 표시되어 약간 더 복잡해 보이지만 프롭테크의 전형적인 초기 단계 스타트업들이 거쳐야 할 과정을 전체적으로 잘 설명해 준다. 우리가 논

스타트업 자금 조달 주기

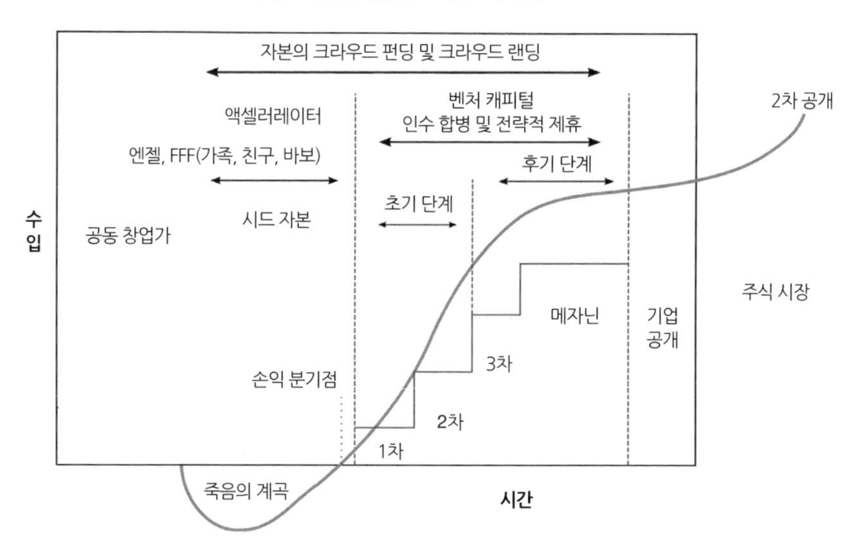

(자료) Wikipedia, s.v. "Startup company," accessed January 2019, http://commons.wikimedia.org/wiki/File:Startup_financing_cycle.svg

의했던 첫 번째 단계에서는 확장 가능한 아이디어와 상호 보완적인 기술을 가진 사람들이 팀을 구성한다. 스타트업이 제공하려는 솔루션은 실제 문제를 해결할 수 있어야 하며 자금이 뒷받침할 수 있는 한 대규모 시장을 목표로 삼아야 한다. 시모네티는 이것이 반드시 차세대 아마존을 계획하는 것은 아니라고 얘기한다. 시모네티는 "문제는 우리 주변에 많이 있습니다. 아무리 작은 문제라 하더라도 기업가들이 새로운 행동양식으로 문제를 풀어 가고 놀랄 만한 사업으로 이어지는 경우가 얼마든지 있습니다."라며 대규모 부동산 산업의 작은 문제도 이익이 매우 많이 나는 분야로 발전할 수 있다는 사실을 강조하며 이렇게 말한다. "그것은 일상생활 관련 비즈니스일 수도 있으며 초대형 기업일 수도 있지만 해결해야 할 문제점들은 그야말로 끝이 없어요."

3장에서 소개한 스마트 라디에이터 조절 장치 회사인 코지를 생각해 보라. 스타트업으로서 라디에이터 랩은 라디에이터의 비효율성 및 제어부족 문제라는 구체적이지만 조그마한 문제점 해결에 초점을 맞춰 뉴욕시 수만 채의 빌딩에 적용할 수 있는 해결책을 효율적으로 사용했다. 재임대(再賃貸) 플랫폼인 플립Flip의 수잔나 빌라Susannah Vila는 (개인적으로 보면 엄청난 일이지만) 또 다른 형태의 작은 문제점을 해결하면서 거대 시장에 발을 들여놓았다. 뉴욕 임차인의 약 70퍼센트가 플립의 잠재 고객으로서 뉴욕시에서만 그 숫자가 수백만 명에 달한다.

초기 단계 스타트업들이 더 큰 문제를 다룬다는 것은 더 큰 시장을 대상으로 한다는 것을 의미하지만 그것은 또한 제대로 서비스나 제품을 출시하기 전까지 시간과 자금이 더 많이 필요하다는 것을 의미한다. 어느 정도 규모가 되는 시장에서 문제점을 발견하고 개발 구상 단계에서 가능한 해결책을 모색하고 나면 스타트업들은 여러 차례 시험과 시범 적용을 통해 고객의 니즈를 맞추면서 최소 기능 제품을 검증할 수 있다. 여기에서 우리가 제시하는 성공의 3대 요소 중 첫 번째 요소인 '산업 내 다른 기업들과 파트너십을 맺는 것'이 중요하다.

파트너들과의 동반 성장

3장에서 얘기했지만, 프롭테크 회사인 에너티브Enertiv는 난방 장치 운영 및 유지, 보수와 관련된 건물 시설을 디지털화하여 운영 비용을 평균 7퍼센트 절감함으로써 건물 자산 가치를 제곱 피트당 약 12달러 높였다. 그 정도 수치에 도달하려면 제품을 개량하는 데 필요한 정기적인 피드백과 수백만 시간 분량의 기계 데이터를 제공해 주는 건물 운영자들과 수년에 걸친 파트너십이 필요하다. 스타트업들은 나중에 비즈니스를 더 확대할 수 있다는 생각에 종종 단일 건물 혹은 자신의 포트폴리오 가운데 일부에 적용할 해결책을 개발한다. 특히 스타트업 초기 단계에서는 결정적인 데이터와 사용자 반응을 수집하는 것이 매우 중요하다.

실험 결과와 시범 적용 사례를 제공하는 전통 기업들 역시 초기 단계 스타트업에 결정적인 투자 자본의 원천이 된다. 우리는 이 문제를 좀 더 짚어 보고 7장에서 투자에 관한 내용을 상세하게 살펴보려고 한다:

> 디지털 부동산 소유권 및 에스크로 회사인 스프루스Spruce의 공동 창업자인 패트릭 번스Patrick Burns에 따르면, 기존 전통 기업들과 교류하는 것은 시장을 이해하는 데 중요하다. 스타트업을 성장시키는 데 필요한 실험과 조사를 하려면 집중적인 노력과 신속한 실천이 중요하다:
> 만약 당신이 부동산 소유권 시장과 같이 매우 독특한 영역에서 난관에 봉착한다면 업계가 어떻게 돌아가는지를 어느 정도 이해해야만 한다. 부동산 등기 회사를 어떻게 시작할지에 관한 설명서는 없다. 스스로 조사해 보고, 법규들을 익혀야만 한다. 무엇보다도 그 분야에서 지난 20년 동안 일해 온 사람들과 대화해 봐야 한다.

창업한 지 불과 2년밖에 안 된 스프루스는 2018년에 부동산 소유권 보험에 관한 법령과 규제가 제각각인 38개 주에서 영업하고 있다. 그와 같이 여러 지역에서 영업한다는 것은 신속하고도 가격이 착하며 투명한 부동산 거래 마무리를 위한 기술을 구축하는 것만큼이나 어려운 일이다. 스프루스가 성공한 비결 중 한 가지는 그들이 부동산 거래 과정을 통해 피델리티Fidelty, 시카고 타이틀Chicago Title, 월드 파이낸셜 그룹WFG, 노스 아메리카North America 등 전통적인 대형 부동산 소유권 취급 회사들과 파트너십 관계를 점진적으로 구축한 것이다.

하도급 업자들의 자격을 부여하고 참여 의향서를 송부하고 추적하는 기능을 탑재하여 종합 건설업자와 하청업자, 건물주를 연결하는 건설 산업 플랫폼인 빌딩커넥티드BuildingConnected의 창업자 더스틴 드반Dustin De Van의 사업에도 전략적으로 규모를 확대하는 것이 절대적으로 중요했다. 드반과 공동 창업자 제시 페더슨Jese Pedersen은 종합 건설업자에 초점을 맞춘 시장별 접근 방식을 채택했다. 드반은 이렇게 설명한다:

> 저는 모든 기업이 시장 진입 전략을 수립하는 과정에서 제각각 다른 어려움에 직면할 것으로 생각합니다. 빌딩커넥티드의 장점은 우리가 종합 건설업자들만을 대상으로 하여 그들이 입찰 과정을 통해 하청업자들을 참여시킬 것을 이해한다는 사실입니다. 지금 빌딩커넥티드에는 25만 개에 달하는 기업들이 연결되어 있습니다. 그것은 오로지 종합 건설업자들만을 대상으로 한 결과로 얻은 결과입니다. 이제 우리에게는 최고의 선택 능력이 있습니다.

시장에서 자리잡기는 초기 스타트업들이 처음 예상하는 것보다 훨씬 더 오래 걸린다. 창업가에게는 여러 가지 제품 가운데 단 한 개의 제품을 생산하거나 한 제품의 일부분을 완성하면서 시장 진출 일정을 기민하게 조정할 수 있는 능력이 가장 중요하다. 다시 한번 강조하지만 좋은 아이디어가 반드시 성공을 보장하는 것은 아니다. 시모네티에 따르면, 그가 공동 창업자와 구상했던 최초의 서비스를 거의 10년 전에 컨빈으로 실행했지만 시장이 이 서비스를 받아들인 것은 불과 3년 전이었다.

"창업가들은 '시장이 내 아이디어를 받아들일 수 있는가 아니면 내가 시장을 너무 앞서가는 것인가?'라는 문제에 주의를 기울여야만 합니다."라며 시모네티는 이렇게 말을 이었다. "게다가 당신에게 닥쳐올 도전이 무엇인지는 당신이 시작하기 전까지는 알 수 없습니다." 컨빈은 사무실 건물의 소유자들과 관리자들이 컨빈이 제공하는 최신 서비스를 따라올 때까지 기다려야만 했다. "시장이 성숙해졌을 때, 우리는 우리의 진정한 철학을 담은 제품을 내놓기 시작했습니다. 우리가 그것을 너무 일찍 출시했더라면 성공할 수 있었을지 저는 모르겠습니다."

시모네티의 경고에 따르면, 스타트업은 반드시 인내심을 갖고 끈질겨야 하며, 전통 기업들 또한 기술과 혁신의 비약적인 발전에 따라 엄청난 변화에 적응해야 한다는 사실을 알고 있어야만 한다.

"소비자들이 당신이 만든 굉장한 앱을 내려받아 사용하고 그 앱을 만드는 비용은 크지 않습니다. 하지만 브룩필드 프로퍼티 컴퍼니Brookfield Property Company, 블랙스톤Blackstone, 알엑스알RXR이 소프트웨어를 잘못 채택해 드는 비용은 엄청납니다. 따라서 창업가로서 우리는 바로 이런 사실에 공감해야만 합니다."라고 시모네티가 말했다.

스타트업에게 확실한 기준점이 부족하다는 사실은 그들을 더욱 힘들게 한다. 이런 현상은 '스타트업 자금 조달' 그래프의 확인 단계에서 발생하며 '최초 핵심 성과 지표KPI 식별'이라고 불린다. 종종 창의적인 스타트업들에 대한 명확한 KPI가 없다는 것이 제곱 피트당 가격, 공실률, 순 운영 이익 등 표준 평가 지표에 익숙한 부동산 산업 파트너들을 불안하게 만든다. 이것이 바로 오후 시간대에 거의 비어 있는 레스토랑을 공동 작업 공간으로 임대하는 스페이셔스가 겪었던 일이다. 스페이셔스의 공동 창업자이자 CEO인 프리스톤 피섹Preston Pesek은 이렇게 설명했다:

> 우리가 처음 사업을 시작했을 때 현장의 이익과 손해를 측정할 방법에 관한 실질적인 업계 모범 기준이 없었습니다. 우리는 스페이셔스에서 적용할 KPI와 손익계산서를 직접 만들었습니다. 우리는 레스토랑별로 계산한 좌석 예약률을 기준으로 삼았습니다. 그것은 제곱피트당 임대료, 호텔의 평균 예약 단가 혹은 상업용 부동산 시장에서 우리가 흔히 볼 수 있는 일반적인 기준과는 매우 다른 분석 방법입니다.

잠재적 파트너들이 스페이셔스와 같이 비교군이 없는 기업을 평가하는 방법은 어떤 것일까? 이것이 바로 프롭테크 생태계에서 메타프롭과 같은 기업들이 보충해야 할 중요한 역할이다. 우리는 중개자로서 성공적인 스타트업이 갖추어야 할 핵심 3가지 요소인 공동체, 투자, 파트너십을 발전시키면서 스타트업과 부동산 기업들이 그와 같은 질문에 대한 해답을 찾을 수 있도록 돕는다.

공동체·투자 핵심

우리는 7장에서 투자와 관해 자세히 다루려한다. 여기에선, 투자라는 것이 공동체와 파트너십과 불가분하게 연계되어 있다는 점을 강조하려고 한다. 초기 단계 프롭테크 스타트업을 위한 자금 조달은 위의 설명과 같은 이유로 아주 독특한 도전 과제다. 여기에는 어떤 명확한 모범 기준이 없다. 초기 단계 스타트업의 가치를 측정하고 잠재력을 평가하는 것은 대다수 투자자가 할 수 없는 일이다. 더 나아가 부동산 산업을 모르거나 급변하는 프롭테크 생태계를 이해하지 못하는 투자자들은 엉뚱한 접근 방식으로 혁신적인 창업가들을 좌절시키거나 심지어 질식시킬 정도로 방해하기도 한다.

이것이 메타프롭이 존재하는 가장 중요한 이유다. 우리는 스타트업을 평가하고, 잠재력을 측정하며, 자문하고 그들을 부동산 산업의 파트너 혹은 투자자들과 연결시키는 데 많은 시간을 할애한다. 파트너들과 투자자들은 종종 겹치기도 한다. 많은 대형 자산 관리사들은 물론 심지어 소규모 회사들도 이제 부동산 기업에 초점을 맞춰 투자한다. 우리는 상당수의 투자자에게 자문 서비스를 하고 있다. 물론 그들은 좋은 투자 수익을 목표로 하지만 종종 자신들의 핵심 사업을 향상할 수 있는 기술적 해결책을 모색하려고 프롭테크에 투자하기도 한다. 우리는 이 분야에서 매우 탁월하다. 그 이유는 우리는 부동산과 기술 분야에서 상당한 수준의 배경을 갖추고 있을 뿐만 아니라 창업가로서의 경험이 있기 때문이다. 게다가 우리는 프롭테크 벤처 캐피털 펀드를 직접 운용하기 때문에 매일 모든 문제를 투자자의 시각에서 판단한다.

스페이셔스를 공동 창업하기 전 자본 시장에서 활동했던 피셱은 올바른 투자자들은 초기 단계 프롭테크 스타트업들을 위해 광범위하고 중요한 역할을 할 수 있다면서 이렇게 설명했다:

> 특히 스페이셔스처럼 아주 초기 단계에 있는 회사는 데이터가 없습니다. 회사가 앞으로 얼마나 잘 할 수 있을지에 관한 아무런 정보도 없죠. 그것이 바로 벤처 캐피털 자금이 필요한 이유입니다. 당신은 스타트업의 생리를 이해하는 사람들에게 당신 사업지분의 상당 부분을 팔아야 합니다.

벤처 캐피털 회사VC들은 고위험, 고수익의 구조를 가진 소규모 신생 기업을 전문적으로 상대한다. 특히 그들은 회사 지분인 주식에 대한 대가로 자금을 공급한다. 진정한 벤처 캐피털 회사들은 리스크의 성격과 장시간에 걸친 기술 기반 혁신의 사업 모델을 개발하는 데 특유의 도전 과제가 존재한다는 것을 이해한다.

"벤처 캐피털 회사들은 당신에게 적어도 초기 단계에서 팀을 구성하는 데 필요한 자금을 일부 제공하고 다음 단계의 자금 조달을 어떻게 해야만 하는지에 관한 방향을 어느 정도 제시해 준다."라며 피섹은 우리에게 이렇게 일렀다. "그들은 사람을 소개해 주고 채용을 도와준다. 투자자들은 초기 단계 스타트업의 대단한 조력자다."

우리는 피섹의 개념을 다음과 같이 벤 다이어그램으로 표시해 파트너십, 투자, 공동체의 연결 관계 및 겹치는 부분을 설명하려고 한다.

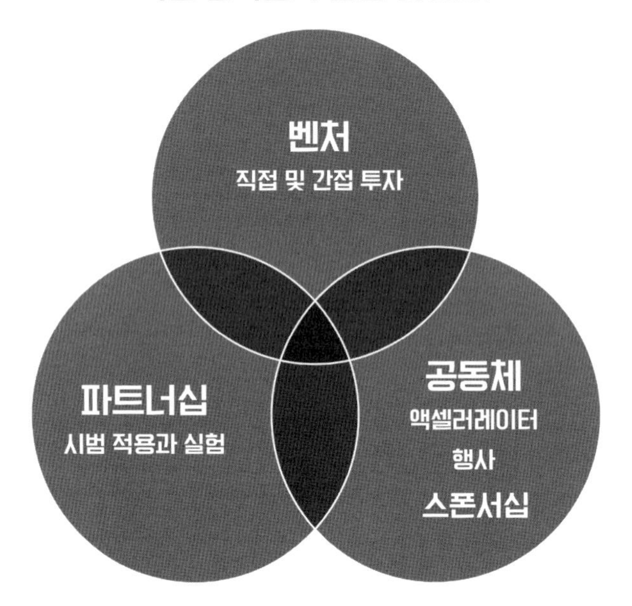

앞서 살펴보았듯이, 벤 다이어그램에서 겹치는 부분으로 표시된 초기 단계 스타트업과 파트너 관계를 맺은 전통적인 부동산 기업 플레이어들은 그들에게 투자하기도 한다. 그러나 '공동체'의 의미는 무엇인가? 피섹의 말에

따르면 공동체는 투자에서 시작해 곧바로 자문, 채용, 인재 소개로 이어지는 일련의 과정을 의미한다. 공동체의 이러한 요소들은 시범 적용을 포함한 파트너십과 투자와 긴밀하게 연결되어 있다.

우리는 다양한 사람들을 하나의 세계로 모아야 하기 때문에, 공동체는 메타프롭에 매우 소중한 주제다. 투자, 자문, 멘토링, 액셀러레이팅, 행사 기획, 조사, 교육 등 우리가 하는 모든 활동은 공동체에 관한 것이다. 이 책에서 소개한 모든 자료에서 확인할 수 있지만 10년 전 아니 불과 7, 8년 전만 하더라도 실질적인 프롭테크 공동체가 없었기 때문에 우리는 이와 같은 공동체 개념에 자부심이 있다. 수많은 똑똑한 사람들과 기민한 회사들처럼 우리도 이곳 뉴욕시에 공동체를 만들기 위해 열심히 일했다.

우리 공동체에는 전문적으로 프롭테크에 투자하는 벤처 캐피털 회사의 숫자가 증가하고 있으며 부동산 기술뿐만 아니라 행사, 블로그, 출판, 대회 개최에 특화한 자문사와 컨설턴트, 프롭테크 관련 협회도 소속돼 있다. 메타프롭이 매년 독자적으로 혹은 공동으로 주최하는 행사와 지원하는 행사를 열거해 보면 뉴욕, 유럽, 아시아 MIPIM 프롭테크MIPIM PropTech in New York City, Europe, and Asia, 프롭테크 지도자 회의PropTech Leaders Roundtable, 여성 프롭테크Women in PropTech, 메타프롭 액셀러레이터 시범일MetaProp Accelerator Demo Day, 부동산 기술의 다보스Davos라는 명성을 얻고 있는 뉴욕시 부동산 주간New York City Real Estate Tech Week 등 그 숫자가 30개 이상이다.

또 다른 행사를 살펴보면 리얼콤 CIO 포럼Realcomm CIO Forum, MIT 세계 부동산 포럼MIT World Real Estate Forum, 비스나우 혁신 서밋Bisnow Innovation Summit, 샌프란시스코, 뉴욕 및 주요 시장의 크리텍CREtech 시리즈, 미래: 유럽의 프롭테크Future: PropTech in Europe, 독일 엑스포 리얼EXPO REAL의 부동산 혁신 네트워크REIR, Real Estate Innovation Network 등이 있다. 매년 세계 최대 규모의 부동산 박람회가 열리는 것을 보면 우리는 부동산 기술 공동체가 점점 더 국제화하고 있다는 사실을 알 수 있다. 미핌MIPIM은 프랑스 칸에서 100개 국의 26,000명이 넘는 사람들이 참가하는 박람회를 개최한다. 지난 몇 년에 걸쳐 이 행사 덕분에 프롭테크는 전통적인 교육 및 행사 구조 속으로 파고들 수 있었다.(프롭테크 행사에 관해 좀 더 자세한 내용은 이 책 마지막 부분에 수록한 자료를 참조하라.)

기업가, 투자자, 부동산업계 종사자들은 다양한 프롭테크 행사에 참여하는 것은 물론 일반적으로 상업용 부동산을 취급해 왔는데, 최근 들어 부동산 기술 분야를 집중적으로 다루는 비스나우닷컴Bisnow.com과 전적으로 프롭테크를 전문으로 취급하는 미국의 프롭모도PropModo와 영국의 플레이스텍PlaceTech와 같은 뉴스 매체를 통해 최근 정보를 얻고 업계 동향을 살핀다. 메타프롭은 이 부분에서도 광범위한 미디어 매체에 관한 정보를 제공해 주는 믿을 만한 창구로서 역할을 하고 있다. 우리가 운영하는 정보 채널에는 메타프롭 블로그www.metaprop.org/blog, 뉴스레터www.metaprop.org/newsletter, 팟캐스트www.metaprop.org/the-metapodcast, 그리고 이 책의 각 장에 소개되는 '혁신 대화' 시리즈 등이 포함되어 있다.

우리는 매년 글로벌 프롭테크 어워즈Global PropTech Awards 시상식을 개최하고, 영국 왕립 측량사 협회the Royal Institution of Chartered Surveyors 및 뉴욕 부동산 협회Real Estate Board of New York와 공동으로 조사한 자료를 근거로 산출한 프롭테크 글로벌 신뢰 지수PropTech Global Confidence Index를 발표한다. 우리는 다른 회사, 컨설턴트, 학교 등과 함께 부동산 기술 및 혁신의 조사 분야에서 새롭게 성장하는 단체들을 돕는다. 우리는 자크가 컬럼비아 대학교에서 강의하고 있다고 소개했지만 우리는 그가 컬럼비아 건축계획보존대학원Graduate School of Architecture, Planning and Preservation 부동산 개발 석사 과정에 독특하고 흥미진진한 과목으로 밑그림을 그렸다는 사실에 주목해야 한다. 교육은 프롭테크 공동체의 중요한 부분이며 우리의 교육에 관한 노력은 컬럼비아 대학교의 메타프롭 액셀러레이터MetaProp Accelerator에서 가장 가시적으로 드러났다. '액셀러레이터'는 명칭이 의미하는 것처럼 우리는 초기 단계 스타트업들의 발전 과정을 촉진하고 가속하려고 한다. 프롭테크 전문 액셀러레이터를 포함해 많은 액셀러레이터가 최근에 등장했다. 우리의 22주 프로그램은 초기 단계 프롭테크 스타트업들을 위한 부동산 고급 과정으로서 그들이 업계 최고의 멘토들과 연결되며 25만 달러까지 자금을 조달할 수 있도록 도와준다. 창업가들은 영업 계획을 충실하게 수립하는 방법을 배운다. 그들은 효과적인 발표는 물론 간단명료한 제안 프레젠테이션 작성 방법을 배우고, 프롭테크 행사에 참여해 네트워크를 확대한다. 우리의 광범위한 기업 파트너들은 시장 진입을 어떻게 해야 할지 모르는 스타트업들에 매우 소중한 피드백과 조언을 제공할 뿐만 아니라 처음으로 자신들을 소개할 기회를 제공한다.

공동체 개념의 핵심은 투자뿐만 아니라 창업가 및 스타트업들과 전통 기업의 연결, 파트너십 발전, 프로그램 시험, 제품 검사에 관한 것이다. 우리는 이 모든 것을 다양한 방법으로 수행한다. 가장 중요한 일 중의 하나는 액셀러레이터 수업에 참석하는 사람들에게 자본가 및 미디어뿐만 아니라 업계의 핵심 의사 결정권자들과의 연결을 조정해 주는 역할이다. 액셀러레이터들은 결정적으로 중요한 회사의 초기 단계에서 회사가 매우 효과적으로 성장하도록 도와준다. 그것이 바로 우리가 소개한 많은 스타트업 창시자들이 자신들이 처음 사업을 시작할 때 주변에 액셀러레이터들이 거의 없었다고 한탄하는 이유다. 오늘날, 액셀러레이터의 원조인 와이 콤비네이터Y Combinator를 위시하여 메타프롭, 500 스타트업스500 Startups, 테크스타스Techstars, 플러그 앤 플레이Plug and Play 등 액셀러레이터들은 스타트업을 육성하고 프롭테크 생태계를 꽃피우기 위해 노력한다.

생태계라는 용어는 이제 업계에서 약간 진부한 말이 되었다. 하지만 초기 단계 프롭테크 스타트업들을 부동산업계와 연결하고 파트너십 기회, 투자, 공동체 간의 다양한 교류를 도모하고, 그런 과정을 통해 앞서 소개한 벤 다이어그램의 교차점이 생산적인 방식으로 중복될 때 발생하는 놀랄 만한 성장 등을 더 훌륭하게 설명할 다른 용어를 찾기가 쉽지 않다. 사실 메타프롭과 우리의 파트너들은 2019년 및 2020년에도 새로운 글로벌 프롭테크 공동체 혁신에 관한 흥미진진한 계획을 가지고 있다. 다음 장에서 우리는 전통적인 기업들이 스스로 혁신하고 경쟁력을 확보하기 위해 스타트업, 프롭테크들과 어떻게 효과적으로 협력하는지에 대해 살펴봄으로써 그 이면을 조명해 보려고 한다.

혁신 대화

닉 로미토Nick Romito, VTS 창업가 겸 CEO

메타프롭: VTS가 프롭테크 스타트업으로 성공하는 데 가장 큰 장애물은 무엇이었습니까?

닉 로만: 가장 어려운 일은 돈을 많이 번 사람들에게, 그들에게 문제가 있다는 걸 납득시키는 일이었습니다. 변화 관리란 매우 힘든 일입니다. 특히 사람들이 큰 성공을 하고 있다면 그들은 대개 변화에 대해 무관심하게 됩니다. 우리는 그들이 다른 산업의 종사자들이 사용하는 도구를 사용한다면 얼마나 더 크게 성공할 수 있는지에 대해 시장을 교육하느라 엄청나게 많은 시간을 투자했습니다.

메타프롭: VTS와 하이타워Hightower는 프롭테크 스타트업 가운데 대표적인 합병 성공 사례입니다. 앞으로 더 많은 합병이 예상되나요?

닉 로미토: 저희는 앞으로 이 업계에서 업체 간 통합이 더 많이 일어날 것으로 생각합니다. 부동산 시장은 투하된 자본이나 시중 자금을 고려할 때 엄청나게 큰 시장입니다. 어마어마한 시장이지만 당신에게는 고객이 그다지 많지 않습니다. 저는 상업용 건물주가 약 3천 명 정도 있다고 생각합니다. 수직 시장(도급사와 하청사 등 밸류체인의 구성 회사들이 수직적으로 생성되어 있는 시장-옮긴이)에서는 대부분 기업이 적절한 규모에 도달하기 위해 인수 합병을 통해 성장합니다. 예를 들어 코스타는 엄청나게 많은 인수 거래를 했습니다. 중개 회사들을 보면 CBRE는 한 달에 한 번꼴로 회사를 인수합니다. 중개 부문은 회사가 500개나 남아 있을지 의문이 드는 분야 중 하나입니다.

메타프롭: 앞으로 수년간 전통적인 부동산 기업들이 프롭테크 스타트업을 인수 합병하는 사례가 증가할 것으로 예상하십니까?

닉 로미토: 물론 그렇습니다. VTS 관점에서 봐도 그것이 우리의 전략과 100퍼센트 일치합니다. 저희는 인수 합병을 더 많이 할 것입니다. 하지만 당신이 다른 부동산 회사들을 들여다본다면 그들이 이와 같은 펀드를 시작함으로써 이미 발을 들여놓고 있다는 것을 알게 될 것입니다. 그들은 당신과 같은 회사나 혹은 유사한 회사들에 투자하거나 브룩필드Brookfield처럼 장부 외 거래로 자신의 펀드를 조성하고 있습니다. 어쩌면 논리적인 다음 단계는 자신의 사업에 도움이 된다면 다른 회사를 인수하기 시작하는 것입니다.

메타프롭: VTS가 언제 합병되리라고 생각하십니까?

닉 로미토: 우리가 합병을 당할지 시장에 상장할지는 모르겠습니다. 저는 저희 투자자들이 저희가 상장하는 것을 반대하지 않을 것으로 판단합니다. 게다가 운 좋게도 저희에게는 상장 문제를 검토할 시간이 충분히 있습니다.

메타프롭: 지금의 자금력으로 고객을 더 많이 유치하지 않고 언제가 자금을 추가로 모집할 최적의 때인지를 어떻게 결정하십니까?

닉 로미토: 저는 그 문제가 기업이 사업을 검토할 때 결정해야 할 또 다른 포인트라고 생각합니다. 창업가로서 당신은 자신에 대해 매우 솔직해야 하며 지금이 자금을 더 조달할 상황인가를 파악해야만 합니다. '10달러를 투자해서 20, 30달러를 받을 수 있는가?'라는 질문을 해야 합니다. 만약 그럴 수 없다면, 자금을 추가로 조달할 때가 아직 아닙니다. 준비가 안 된 것입니다. 단순히 자금 조달을 위한 자금 조달은 끔찍한 전략입니다. 하지만 사람들은 언제나 그 일을 하고 있어요. 사람들은 항상 제가 추가 자금 조달에 성공했다고 축하해 줍니다. 그것은 제가 집을 담보로 대출을 더 많이 받아 낸 것을 축하하는 것과 똑같은 일입니다. 전혀 이치에 맞지 않지요. 당신은 다른 사람의 돈을 갖고 사업을 합니다. 당신의 비전을 설명하고 실행하는 것을 축하해야지 다른 사람이 당신에게 돈을 주었다는 것을 축하하면 안 됩니다. 당신은 아직 성공한 것이 아닙니다. 누군가 당신에게 돈을 주고 앞으로 전진해 성공하라고 기회를 준 거니까요.

메타프롭: 프롭테크 스타트업의 미래를 어떻게 보십니까? 창업하는 것이 더 쉬워질까요, 어려워질까요?

닉 로미토: 자본적 견지에서 보자면 훨씬 더 수월해지리라 생각합니다. 우리가 2012년 비밀 보안 유지 상태에서 벗어나 처음으로 사업을 시작했을 때만 해도 저는 상업용 부동산 시장에 투자할 벤처 캐피털 회사가 있을 것이라고는 전혀 생각하지 않았습니다. 하지만 지금은 이 시장이 무척 경쟁적으로 변했습니다. 우리는 어쩔 수 없이 제품 측면에서 경쟁할 뿐만 아니라 인지도 측면에서도 경쟁해야 합니다. 그들은 자기 일을 처리할 시간이 거의 없고 하루에 20, 30통의 전화를 받아야 할 정도로 눈코 뜰 새 없이 바쁜 사람들입니다. 기술 기업으로서 자사의 이야기와 가치를 매우 신속하고 정확하게 전달할 수 있어야 합니다.

메타프롭: 투자자들과 어떻게 소통하십니까? 그들 역시 회사의 성장 방향에 동의합니까?

닉 로미토: 그럼요. 우리는 생각이 완전히 같아요. 그들은 우리의 연간 사업계획을 승인합니다. 그들은 우리의 전체 계획을 승인하지요. 바로 그렇게 하려고 우리에게 투자한 것입니다. 저는 그들을 사업의 연장선상에서 생각하지 단순히 보고해야 할 대상으로 생각하지 않아요. 당신이 투자자들로부터 자본을 유치할 때 이 점을 명심해야 합니다. 그들은 회사 실적이 좋을 때나 나쁠 때나 항상 당신을 지지하는 사람들입니다. 좋은 때가 있으면 나쁜 때가 있지만 그들은 당신의 비전을 신뢰합니다.

메타프롭: 프롭테크 스타트업 산업의 미래 발전 방향과 선택 문제를 1, 2년처럼 단기적 관점과 장기적 관점에서 어떻게 전망하십니까?

닉 로미토: 합병이 도움이 될 것으로 생각합니다. 지금 당장은 위대한 수많은 기업 가운데 단지 불편하다는 이유로 소비자들이 이용하지 않는 회사들이 많습니다. 그들의 특징이나 제품들을 시장에서 광범위하게 인정받고 있는 VTS나 다른 기업들이 제공한다면 당신은 사람들이 기술을 점점 더 많이 사용하는 것을 볼 수 있을 것입니다. 부동산업계의 분업화와 세분화가 너무나 진행되어 우리가 해결해야 할 근본적인 문제로 대두되었기 때문에 저는 합병이 기술의 채택을 촉진하는 실질적인 원동력이 될 것으로 생각합니다. 합병은 기업들에 도움이 될 뿐만 아니라 시장을 좀 더 빠르게 발전시키는 데도 효과적이라고 생각합니다.

제 6 장

부동산업계가 프롭테크와 교류하는 전략

"많은 부동산 기업들이 기술에 문외한 사람들에 의해 주도되고 있었기 때문에, 그들에겐 기술이 생소하기만 했을 것이다. 오늘날 모든 기업은 첨단 첨단 기술을 동반해야 한다. 그리고 기술이 경영 전략에 유용한 도구라는 사실을 인식해야만 한다. 달리 표현하면 기술은 부수적인 것이 아니라 핵심 기본 원칙이어야만 한다."

- 리사 피카르드Lisa Picard, EQ 오피스EQ Office 사장 겸 CEO

"인내와 끈기는 함께 작동한다. 우리는 우리 제품이 긴 기간에 걸쳐 성장하는 동안 우리 회사를 재차 방문한 많은 스타트업을 만났다. 그들은 처음 아니 두 번째나 세 번째 방문할 때만 해도 제품에 만족하지 못했지만, 네 번째 방문에서야 마음을 여는 것 같았다."

- 마이클 루딘Michael Rudin, 루딘 매니지먼트Rudin Management 부사장

■ 스타트업은 수익을 증대하고 위협에 대처하며 해결책을 찾아내 그들의 기업가 정신에 다시 불을 붙이는 데 필요한 방법들을 제공한다. 기존의 전통적인 기업들은 종종 스타트업 세계에 보험 삼아 발을 들여놓지만 그들은 파트너십, 투자, 공동체를 통해 기회를 배가하며 최고의 혁신가로 변신해 수익을 창출한다.

3장에서 소개한 기술 기반의 감정 평가 사업을 전개하는 스타트업인 바워리Bowery는 상업용 부동산 시장의 거대 기업인 쿠시먼앤드웨이크필드를 처음부터 사로잡은 것은 아니다.

쿠시먼의 글로벌 최고 투자 책임자CIO이자 디지털 최고 책임자인 아담 스탠리는 우리와 인터뷰에서 "젊은이 두 명이 회의장으로 들어오더니 서류 더미에 파묻혀 있는 우리 늙은이들에게 자신들의 회사를 소개했습니다."라고 이야기했다.

그 당시 바워리는 메타프롭 액셀러레이터가 지원하던 회사로서 자신들의 창의적인 개념을 사업화하려고 했다. 스탠리는 고맙게도 스타트업들이 전 세계 투자자, 기업가, 기업 임원들 앞에서 자신들의 사업을 소개하는 행사인 데모데이Demo Day 연례 회의에서 실무 세션의 진행을 맡아 줬다. 데모데이는 스타트업들이 여러 가지 실제 사례를 소개하고 조언을 받을 수 있는 중요한 행사다. 스탠리는 영업 및 기술 세션에서 스타트업들의 발표를 듣고 피드백을 제공하기 위해 동료들을 불러 모았다. 불행하게도 서류에 파묻혀 피곤에 찌든 백인 노인들을 매료시킬 수 있는 도전자는 없었다.

"그들은 기본적으로 우리가 매일 하는 평가 업무를 설명하고 있었어요."라며 웃으며 말을 이었다. "방 안에 있던 몇몇 백인 노인들은 곧바로 '에게, 우리는 그것보다 훨씬 더 많이 자동화했어요.'라든지 '당신들이 생각한 것보다 규제가 훨씬 더 많이 있답니다' 등등 다양하게 바워리를 공격하기 시작했어요."

바워리의 플랫폼은 감정평가사들이 일반적으로 힘든 과정을 통해 수집하는 정보의 흐름을 디지털화하고 자동화하기 위해 공공 기록과 방대한 부동산 시세 분석comp 데이터베이스를 통합한다. 바워리 플랫폼으로 사람들은 업계 표준보다 훨씬 더 정확하고 일관성 있는 보고서를 신속하게 작성할 수 있다. 초창기에도 바워리 플랫폼은 인상적이었지만 업계 참가자들은 바워리의 기술이 그들에게 적합하지 않다고 목소리를 높였다. 스탠리는 그들이 못마땅해하며 문제를 현실에만 국한하려고 한다고 판단했다.

스탠리는 "바워리가 자리를 떠난 뒤, 저는 회의실에 있던 저희 기술팀에게 이렇게 이야기했습니다. '자, 내가 보기에 우리에게는 세 가지 선택지가 있습니다. 그들의 기술을 무시하든가, 사장하든가, 아니면 함께 일하는 것입니다. 그러니 어떤 선택을 해야 할지 알려 주세요.'"

스탠리는 그의 기술팀이 쿠시먼의 평가 시스템이 바워리의 평가 시스템보다 우수하고 앞으로도 계속 그럴 것이며, 바워리 정도의 스타트업은 결코 쿠시먼에 위협적인 존재가 되지 못할 것이라는 확신을 준다며 바워리를 완전히 무시할 작정이었다. 그리고 바워리를 '사장'시키려면 바워리를 무용지물로 만들 만한 기술로 무장해야 했다. 과연 그의 팀이 그런 플랫폼을 만들어 낼 수 있을까? 다른 사람들이 처음에 즉각 평가절하했던 세 번째 옵션은 스타트업을 파트너로 받아들이는 것이었다.

"약 한 달 뒤에 기술팀은 바워리와 몇 차례 회의하더니 제게 찾아와 이렇게 말하더군요. '저희는 그들과 손을 잡아야겠습니다'" 라면서 스탠리는 이렇게 회상했다. "철저한 반대론자들이었던 업계 지도자들이 바워리가 인상적이었다고 말하더군요, 그래서 저희는 바워리와 파트너십을 맺었습니다."

왜 기업들이 프롭테크와 교류해야 하는가?

부동산업계에 기술의 중요성을 강변하는 것이야 쉬운 일이다. 진부한 표현이지만, 쿠시먼과 바워리 이야기에서 우리가 알 수 있듯이 기술이 필요한 이유와 방법을 정확하게 설명하는 것은 복잡하다. 우리가 아담 스탠리만큼 이 이야기를 즐겨 인용하는 이유는 스타트업과의 기업 파트너십에는 역동성과 위험 동시에 이점이 많이 내재되어 있기 때문이다.

이 경우 기존의 전통 기업은 평가 사업에 있어 잠재적 경쟁자인 기술 기반 스타트업과 맞닥뜨리게 되었다. 그것은 위협인가, 기회인가, 아니면 둘 다 해당하지 않는가? 이것은 본질적으로 스탠리가 그의 팀에게 제시했던 세 가지 선택사항, 즉 무시하기, 죽이기, 함께하기 가운데 하나를 선택하는 것을 의미한다.

일단 쿠시먼 팀이 바워리의 기술에 잠재력이 있다고 판단한다면 바워리를 무시하는 것은 위험할 수 있었다. 바워리는 쿠시먼을 비롯한 다른 경쟁사들을 무시하지 않았을 것이고, 만약 쿠시먼이 바워리와 제휴하지 않았다면 쿠시먼의 대형 경쟁사 중 하나가 바워리와 제휴했을지도 모른다. 더 좋은 기술로 바워리라는 위협 요소를 제거하는 전략은 비용이 많이 들 뿐만 아니라 시간도 많이 소요되며, 비록 가능할지라도 쿠시먼의 핵심 사업과는 동떨어지는 일이다.

대신, 쿠시먼은 바워리가 자신들의 제품을 개선하도록 도와주고 반대로 훗날 바워리가 다른 곳에 기술을 사용할 수 있는 권리를 보장하는 독점적인 계약을 체결했다. 나중에 우리는 이러한 파트너십의 복잡한 기술적, 재무적, 문화적 차원에 대해 살펴보겠지만, 우선 파트너십이 사업에 적합한 몇 가지 이유를 간략히 강조하려고 한다.

위협에 대처하라

우리는 프롭테크가 부동산 시장에서 촉발하는 극적인 변화와 이에 적기에 적응하지 못하는 기업이 마주칠 위협에 관한 토론으로 이 책을 시작했다. 프롭테크와 협력하는 것이 추가 수익 측면에서 충분한 동기 부여가 되어 주지 못한다면 기업의 생존의 문제로 한 번 생각해 보면 어떨까?

1장에서 설명했듯이 2017년에 소프트뱅크는 공유 오피스인 위워크와 그 자회사에 44억 달러를 투자했다. 노텔Knotel, 인더스트리어스Industrious, 컨빈Convene, 테크스페이스TechSpace 등 기술 기반 회사들은 사무실 공간을 임대 및 관리, 구성하는 방식뿐만 아니라 개념화하는 방식도 바꾸고 있다. 리사 피카르드Lisa Picard에 따르면, 상업용 부동산 회사들이 경쟁력을 유지하려면 더 짧은 시간 내에 더 유연한 조건으로 더 많은 에너지와 서비스를 제공하는 공간을 조성해야 한다. 기술은 그러한 노력의 근간이 된다.

EQ는 시카고의 윌리스 타워Willis Tower(이전에는 시어스 타워Sears Tower)의 지하에 5억 달러를 추가로 투자할 때 새롭게 조성되는 공간의 상당 부분을 컨빈Convene과 계약했다. 프롭테크 회사들의 대표적인 콘퍼런스에 참여한 덕분에 EQ는 세입자들을 유치하고 서비스를 현대화함으로써 위워크와 같은 기업들에 대한 경쟁력을 강화할 수 있게 될 것이다. 루딘 매니지먼트Rudin Management는 그들의 뉴욕 프로젝트에서 위워크와 비슷한 편의 시설이 아니라 동일한 편의 시설을 제공함으로써 그들의 위협에 대응하고 있다. 루딘과 스타트업의 두 번째 협업 작품인 '도크72Dock 72'에는 반코트 농구 시설, 1만 제곱 피트 잔디밭, 건강 및 웰니스센터, 식음료 시설, 콘퍼런스및 행사 공간 등이 조성되어 있어 위워크처럼 다양한 행사 개최를 통한 소셜 네트워킹이 가능해졌다.

부동산 기술은 구식 건물에서부터 변화하는 비즈니스 모델에 이르기까지 모든 부문에서 기능적 노후화의 위협을 해결하는 데 도움이 될 수 있다. 주거용 부동산 시장에서는 질로 등이 소비자들의 대리점에 대한 의존도를 낮추면서 거래에 한층 더 가까워지고 있다. 한편, 콤파스는 약 8억 달러를 조달해 최우수 대리점들에 더 높은 수수료와 최첨단 기술을 약속하며 새로운 시장을 휩쓸고 있다.

이처럼 굶주린 새로운 경쟁 업체를 무시할 수 없거나 그들과 경쟁할 수 있는 기술을 자체적으로 개발할 여력이 없는 현명한 중개 회사들이 온라인 마케팅에서 리드 세일즈 구축에 이르기까지 모든 해결책을 마련하고 그런 위협에 대응하기 위해 프롭테크 스타트업들에 눈을 돌리고 있다. 수수료와 이익이 위협받는 현상은 비단 주거용 부동산 중개업자뿐만 아니라 상업용 부동산 중개업자, 주택 담보 대출 중개업자, 소유권 회사 등도 마찬가지다. 프롭테크는 서비스를 개선하고 수익을 증대할 수 있는 새로운 방법을 제공함으로써 회사들이 수수료 마진 저하의 압박을 극복할 수 있도록 지원한다.

앞서 우리는 아마존과 같은 온라인 소매업자들이 기존의 오프라인 소매업체들에게 주는 위협을 살펴봤다. 머신 러닝으로 매장 후보지의 수익을 예측하고 시장 잠재력을 분석하는 로케이트AI[LocateAI]와 같은 스타트업들은 기존의 소매업체들이 생존하고 번영하도록 도와줄 수 있다. 상업용 부동산 소유주들이 단순한 공유 오피스에서 예측하지 못한 방향으로 순식간에 변화하는 위워크를 과소평가한 것처럼 물리적인 상점을 운영하는 소매업자들은 아마존을 과소평가했다. 경쟁 위협은 이제 동종 업계에서만 발생하는 것이 아니다. 막대한 자본력과 첨단 기술로 무장한 새로운 참가자들이 새로운 영역으로 이동해 하룻밤 사이에 새로운 위협으로 등장할 수 있다.

그러한 예를 들자면 책 한 권이 모자랄 지경이지만, 이 장에서 우리는 허심탄회하게 프롭테크는 기존 기업들에게 위협이 될 수도 있지만 달리 보면 위협에 대항하는 방편이 될 수도 있다는 사실을 강조하고 싶다. 잠시 후에 살펴보겠지만 전략적으로 보면 프롭테크와 상생하는 것이 부동산 회사의 수비 전략이면서 동시에 공격전략이다. 지속 가능한 기업의 수비 전략으로 위협에 대처하는 것이 소위 일류 혁신가가 되려는 기업들의 공통된 출발점이다.

솔루션을 찾아라

우리가 가장 좋아하는 프롭테크 이야기는 초기 인터넷 시대로 거슬러 올라간다. 90년대 초, 루딘 매니지먼트Rudin Management의 세입자였던 드렉셀 번함 램버트Drexel Burnham Lambert가 그야말로 하룻밤 사이에 문을 닫는 바람에 브로드 스트리트 55Broad Street 55 빌딩은 갑자기 공실이 되었다. 20년대에 시작된 유서 깊은 가족 경영 기업인 루딘은 로어 맨해튼lower Manhattan에만 하더라도, 빈 사무실이 수천만 제곱피트에 달하던 어려운 시기에 갑자기 빈 사무실 빌딩을 떠안게 되었다.

당시 어린아이였지만 지금은 회사의 수석 부회장인 마이클 루딘Michael Rudin은 우리에게 "하룻밤 사이에 떠맡기엔 벅찬 상황이었죠."라며 이렇게 설명했다. "하지만 덕분에 한발 뒤로 물러나서 '우리 자신을 차별화할 수 있는 방법은 무엇일까'를 생각하는 계기가 되었답니다."

루딘의 아버지와 회사의 신임 최고 운영 책임자COO는 디지털 미래로 전환하는 비전에 관한 책인 니콜라스 네그로폰테Nicholas Negroponte의 《디지털이다 Being Digital》를 읽고 기술이 해결책을 제공할 수 있다고 판단했다. 그 당시 인터넷은 초기 단계에 있었지만, 네그로폰테는 인터넷이 궁극적으로 담당하게 될 경제적 역할을 조명하고 완벽한 통신망을 갖춤으로써 원활한 접속과 데이터 서비스가 가능한 미래 사무실 빌딩의 밑그림을 그렸다.

루딘은 통신 사업자 중립 중계기판, 전용 옥상 위성 팜, 상업용 빌딩 선전을 위한 최초의 웹사이트 등 최신 기술을 브로드 스트리트 55에 적용하고 빌딩 명칭도 뉴욕 정보 기술 센터New York Information Technology Center로 변경했다. 재개장한 지 18개월 만에, 약 40만 제곱피트의 오피스 타워가 주로 통신 회사와 미디어 회사에 임대되었으며 루딘은 다른 건물에도 같은 방식을 적용하기 시작했다.

루딘 기업은 최첨단의 길을 가고 있었다. 20년이 지난 후에야, 기존의 전통적인 기업들은 마침내 기술이 부동산 가치 사슬 전반에 제공하는 광범위한 솔루션을 인식하기 시작했다, 특히 초기 단계 프롭테크와의 파트너십 체결과 투자를 통하여.

예를 들어, 상업용 부동산 회사인 CBRE는 공간을 시각화하여 고객들이 가상 여행을 할 수 있는 더 좋은 기술을 개발하고자 했다. 이 회사는 대화형 2D 및 3D 그래픽을 통해 맞춤형 가상 공간 설정, 공간 배치, 둘러보기 서비스를 제공하는 스타트업인 플로드Floored를 인수하여 해결책을 찾았다. 블랙스톤Blackstone은 VTS에 대한 전략적 투자를 통해 실시간 리스 데이터 및 포트폴리오 성과를 추적할 수 있는 최고의 시스템을 갖췄으며 또한 엔틱Entic의 스마트 빌딩 기술에 대한 투자로 회사가 관리하는 많은 빌딩에서 에너지 절감을 빠르게 실현했다. 브룩필드Brookfield는 빌딩커넥티드BuildingConnected, 컨빈 등 우리가 언급한 여러 스타트업에 투자함으로써 파트너십을 체결하여 해결책을 찾았다.

호텔, 모든 규모의 소매업체, 소규모 지주, 심지어 에어비앤비 임대자들도 프롭테크를 통해 운영을 간소화하고 고객에게 더 나은 서비스를 제공할 수 있는 해결책을 찾고 있다. 이 장의 뒷부분에서 알게 되겠지만, 모든 규모의 산업 참여자들은 최적의 기술적인 해결책을 찾기 위해 스타트업을 활용하여 많은 제품과 서비스를 저렴하게 실험해 볼 수 있으며 역으로 종종 개발에 영향을 미치기도 한다.

기업들이 프롭테크와 교류하는 것은 자신이 공룡이 되는 대신 얼리어답터나 빠른 추격자로서 이미 시작된 거시 경제 변화에 참여하는 셈이다.

기업들이 프롭테크와 교류하는 것은 자신이 공룡이 되는 대신 얼리어답터나 빠른 추격자로서 이미 시작된 거시 경제의 변화에 참여하는 셈이다.

수익 증대하기

이 책이 출판되었을 때, 쿠시먼은 바워리와 파트너십을 구축한 결과로 1백만 달러 이상을 벌어들였다.

"이것은 우리가 이전에 집중하지 않았던 분야였으므로 모든 게 새로웠습니다."라고 스탠리는 말했다.

3장에서는 프롭테크가 업계 관계자들을 위해 수익을 창출하는 다양한 방법에 관해 설명했다. 마지막 장에서 소개하는 모든 프롭테크 기업들은 기업 파트너가 프로세스를 개선하고 수익을 낼 수 있도록 도와준다. 새로운 기술이 가져오는 해결책을 무시하는 기업들은 돈을 흘리고 다니는 것이나 다름없다.

전형적으로, 수비 전략으로 기술에 눈을 돌린 기업들도 시간이 흐름에 따라 프롭테크가 제공하는 새로운 수익 흐름과 사업 분야의 기회를 보기 시작한다. 이것은 일류 혁신가가 되기 위한 핵심 자질이며 우리가 나중에 논의할 주제이기도 하다.

기업 문화 바꾸기

기존 기업들이 초기 단계 프롭테크 스타트업과 파트너 관계를 맺어야 하는 가장 중요한 이유는 어쩌면 조금 부담스러울 수 있다. 짐 스텐겔Jim Stengel은 《혁신가들을 자유롭게 하라Unleashing the Innovators》라는 책에서 이 문제를 멋지게 요약했다. 그는 프록터 앤드 갬블Procter & Gamble의 글로벌 마케팅 책임자로 일하면서 그 거대하고 오래된 회사에 새로운 활력이 필요하다는 사실을 깨달았다고 이렇게 회상한다:[76)]

> 당시 우리는 왜 스타트업이 필요했을까? 그들이 단지 P&G에 없어서는 안 될 제품과 서비스를 제공했기 때문이 아니라 근본적으로 전혀 다른 방식으로 사업을 했기 때문이다. 그들은 지속적인 창의성의 엔진이었다.

> 그들은 고객, 지지자들과 열정적으로 교류했다. 그들은 자신들과 일하고 싶어 하는 가장 영리한 인재들을 고용했다. 사실, 그들은 우리같이 성숙한 회사로부터 인재들을 무섭게 빼 가고 있었다.

프롭테크와 교류함으로써 조직 안에서 혁신이 촉진되기도 한다. 그것은 단순히 외부에서 기술적인 해결책을 구매하거나 채택하는 것이 아니다. 프롭테크 덕분에 사내 인재들이 발전하는 계기가 된다. 이러한 문화 변화로 기업들에서는 종종 '실버 쓰나미'로 비유되듯이, 나이 든 경영진들이 대거 은퇴하기 시작하면서 미래의 지도자들에게 기회를 주게 된다.

애덤 스탠리는 쿠시먼앤드웨이크필드가 바워리와 같은 스타트업과의 파트너십을 우선시했지만 대기업에서 기업 문화를 바꾸는 일은 문화적 차이로 말미암아 반드시 고통이 따른다는 것을 인정한다:

> 우리는 바워리와 일종의 연습을 할 수 있었다. 나는 우리가 미래에 변화시키고 싶었던 몇 가지를 배웠다고 생각한다. 우리가 배운 것 중 하나는 때때로 스타트업과 함께 일하는 것이 어렵다는 사실이다. 당신도 알다시피 바워리의 직원은 19~20명 정도이지만 우리는 직원 수가 48,000명이나 된다. 우리 회사에는 바워리의 직원 수보다 많은 변호사가 근무하고 있다.

스탠리의 견해는 부동산업계에서 프롭테크를 바라보는 시각이 어떻게 변화했는지를 알려 준다. 앞서 우리는 KPMG 보고서의 〈격차 해소: 부동산 부문이 프롭테크와 협력하여 빌딩 및 디지털 환경을 결합하는 방법Bridging the Gap: How the Real Estate Sector Can Engage with PropTech to Bring the Built and Digital Environments Together〉을 인용했다. 이 보고서에 따르면 설문 조사 응답자의 약 90%가 기술 변화가 그들의 사업에 영향을 미칠 것으로 생각했고, 기존의 전통적인 부동산 기업들은 세계 환경 변화에 적응하기 위해 프롭테크 회사들과 협력할 필요가 있다는 점에 동의했다. 하지만 전사적인 디지털 전략을 수립한 회사는 단지 34%에 불과했다.[77]

이 벤처 캐피털 펀드와 액셀러레이터인 500 스타트업스가 시행했던 〈스타트업과 상생하여 혁신을 드러내라Unlocking Innovation through Startup Engagement〉라는 또 다른 설문 조사 보고서에 따르면, 기업과 스타트업의 초기 추진 사항 중 25%미만 정도만 시장으로 진입하는 솔루션으로 확장되는 것으로 나타났다.[78)]

스타트업과 협업하는 것은 대기업들에게 복잡한 일이지만 그러한 파트너십을 실현하기 위해 헌신하는 스타트업들에게도 마찬가지이다. 우리는 양쪽에서 그 균형 관계를 보았다. 메타프롭을 설립하기 전에 우리 두 사람은 기술 스타트업과 기존의 전통적인 부동산 회사 모두에서 경험을 쌓았다. 메타프롭은 이러한 경험과 모범 사례들을 바탕으로 메타프롭의 자문 활동을 구축하여 스타트업과 대기업의 관계가 발전하도록 돕고 있다.

프롭테크와 협업하는 명확한 전략을 마련하지 못한 회사들은 엄청난 시간과 에너지, 그리고 돈을 낭비하기 쉽다. 이 장의 나머지 부분에서는 우리가 부동산 산업과 프롭테크 간의 가교 구실을 하면서 배운 몇 가지 교훈을 나누고자 한다.

개발, 구매 혹은 파트너십

기업들이 기술 문제를 해결하는 데는 세 가지 선택지가 있다. 첫째, 자체 기술을 개발하라. 둘째, 기성 제품을 구매하라. 셋째, 기술 개발과 실험을 도와줄 파트너십을 구축하라. KPMG의 〈격차 해소〉 보고서에서는 '프롭테크에 관한 한 자체 기술을 개발하는 것은 결코 선택 사항이 아니고 파트너십이 핵심이 될 것이다'라는 결론을 내렸다. KPMG의 설문 조사에 응답한 사람 가운데 17퍼센트만이 스스로 자체 기술 혁신을 추구할 계획이라고 말했다.[79)]

대부분의 독자는 자체 기술 개발을 추진하지 않는 이유를 명백히 알고 있

기업들이 기술 문제를 해결하는 데는 세 가지 기본적인 선택 항목이 있다. 첫째, 자체 기술을 개발하라. 둘째, 기성 제품을 구매하라. 셋째, 기술 개발과 실험을 도와줄 파트너십을 구축하라.

다. 자체 기술을 개발하는 것은 시간과 비용이 많이 소요된다. 부동산 회사에 자체 기술 개발이라는 과제는 핵심 사업 역량과는 거리가 먼 분야이며, 기술 개발 과정을 더 많이 통제할 수는 있겠지만 또 다른 측면에선 한계가 있기 때문이다. 다양한 방법을 시험해 보지 못하고 제대로 작동되지 않을 수도 있는 솔루션을 서둘러 시행하게 된다.

루딘 매니지먼트가 난텀Nantum을 개발한 것은 이 같은 자체 기술 개발의 일반적인 추세를 벗어난 특이한 예다. 건물 관리 운영 시스템인 난텀은 처음에는 건물주와 관리자를 위해 설계되었으나 나중에 세입자와 직원들이 사용할 수 있도록 확장되었다. 마이클 루딘은 처음에는 회사가 즉시 사용할 수 있는 기존 시스템을 구매하려고 했지만 2000년대에는 적합한 것을 찾을 수 없었다고 말했다. 루딘 기업은 프롭테크 회사인 프리스크립티브 데이터Prescriptive Data를 설립해 2010년에 난텀의 자체 개발에 착수했다. 2013년에 첫 번째 버전이 탄생했다. 오늘날, 난텀은 외부 부동산뿐만 아니라 루딘 매니지먼트의 상업용 부동산 포트폴리오에 적용되고 있다. 도크 72는 건물 직원 앱을 실험해 보는 첫 번째 건물이 될 것이다.

루딘은 "세 가지 시스템(건물, 입주자, 직원 시스템)을 모두 실행하면 비용을 가장 많이 절약하고 데이터, 정보, 운영의 효율성을 최대한 확보할 수 있다. 세 가지를 각각 독립적으로 실행할 수도 있고 함께 사용할 수도 있다."라고 말했다. 머신러닝과 인공 지능을 활용한 난텀은 다른 시스템과 호환성이 있어 데이터 교환도 가능하다. "우리는 우리가 안고 있는 모든 문제에 대한 해결책을 찾아낼 만큼 똑똑하지는 않지만, 다양한 해결책들이 서로 연결되도록 통합할 수 있기를 바란다."

루딘에 따르면 이 시스템을 통해 루딘 매니지먼트는 연간 제곱피트당 약 50퍼센트의 비용을 절약할 수 있다. 그들은 총 전기 소비량 24퍼센트 감소와 증기 소비량 47퍼센트 감소를 통해 1,000만 제곱 피트 규모의 포트폴리오에서 연간 500만 달러를 절감할 수 있다. 난텀을 출시한 경험으로 마이클 루딘과 회사 직원들은 회사의 포트폴리오가 새로운 기술을 적용해 볼 수 있는 훌륭한 실험의 장이 된다는 사실에 눈을 떴다. 서서히 루딘 매니지먼트는 난텀을 보완하는 IoT 시스템인 에너티브Enertiv와 루딘의 증기 난방을 사용하는 주거용 부동산에 적용되는 코지Cozy 시스템의 라디에이터 랩스Radiator Labs 등 핵심 사업과 관련된 선별된 스타트업들에 투자하고 협력하기 시작했다.

루딘은 즉각 사용할 수 있는 좋은 제품을 찾지 못해 할 수 없이 자체적으로 난텀을 개발해 빌딩 운영 체제를 설계했다. 시장에는 일정한 규격을 갖춘 기술 옵션이 많이 있으며 대부분 기업은 그 가운데 다양한 제품을 골라 사용하지만, 루딘 매니지먼트가 직면했던 딜레마는 일반적으로 많이 겪는 일이다.

공급업체들은 일반적으로 과거의 기술을 제공한다. 우리가 설명했듯이 후기 단계 프롭테크는 오늘날의 기술을 제공하며 그것이 확장되기를 기다린다. 초기 단계 프롭테크는 미래의 기술을 제공하며 그것이 시장에서 입증되기를 기다리기 때문에 진정으로 혁신에 필수적인 존재다. 우리는 초기 단계 프롭테크에서 가장 창의적인 최첨단 솔루션을 찾을 수 있다. 그들은 기술 개발에 처음으로 참여한 업계 파트너에게 진정한 경쟁 우위성과 피드백 기회를 제공하며 그들이 자체 솔루션 구축에서 발생할지도 모를 위험 없이 제품 개발을 구체화할 수 있도록 도와준다. 전통 기업들은 자신들에게 항상 골칫거리였던 업무 처리 속도를 향상하고 다양한 전문가들의 참여로 기존 문제점들을 새로운 시각으로 볼 수 있는 기회를 얻는다.

프롭테크와 함께하는 공격과 수비

우리는 부동산업계가 프롭테크와 교류해야만 하는 이유에 관해 설명했다. 그런데, 어떻게 교류하는가는 훨씬 더 복잡하다. 혁신은 어지러울 정도로 빠르게 진행된다. 스타트업의 맹공, 끊임없는 인수 합병 소식, 중대한 투자 발표가 쉴새 없이 쏟아지고 있다. 파트너십은 복잡하고 탐색하기 어려울 수 있다. 개방형 혁신은 말 자체가 의미하는 것처럼 혼란스러워 보인다. 그러나 이러한 혼란을 이해하는 것이 메타프롭 본연의 업무다. 부동산 회사들이 프롭테크의 세계를 이해하도록 돕기 위해 사용하는 도구 중 하나가 아래 그림처럼 표현한 우리의 '프롭테크 협력 깔때기'다.

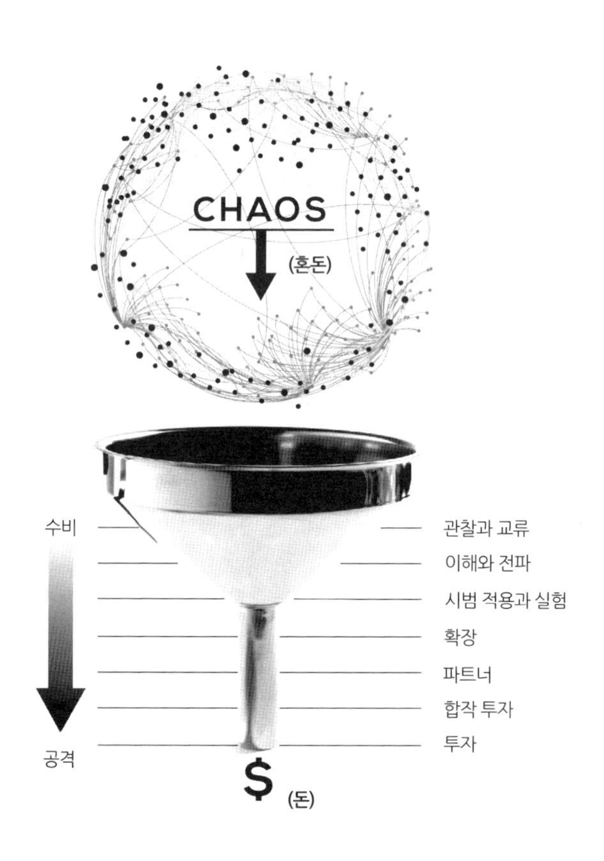

깔때기의 윗부분에 소용돌이치는 모습은 혼란스럽고 빠르게 변화하는 프롭테크의 세계를 나타낸다. 많은 기존 기업들은 수익 흐름이 위협을 받고, 경쟁 업체들이 기술적 우위를 차지하며, 비즈니스 모델이 변화할 때 프롭테크의 세계에 수비 전략으로 진출한다. 시간이 지남에 따라 그들은 경쟁 우위 확보, 새로운 수익원 창출, 새로운 서비스 제공 등을 가능하게 하는 부동산 기술을 사용하여 공격 전략을 개발한다. 프롭테크는 절대 단순한 위협을 의미하는 것이 아니라 위협과 기회 두 가지 모두를 의미한다. 우리가 흔히 일류 혁신가라고 부르는 기업들은 최고의 스포츠 팀처럼 공격과 수비 모두에 능통하다.

우리는 대규모 부동산 소유자, 개발자, 관리자, 건설 및 중개 회사와 함께 일했던 경험을 통해 일류 혁신가가 되기 위한 성공적인 여정은 '프롭테크 협력 깔때기'에서 표시한 단계들을 거치면서 이루어진다는 사실을 알았다. 이 깔때기는 지금까지 논의해 온 많은 아이디어를 종합하고 시각적으로 표현한 것이다.

1단계

관찰과 교류 : 기업들은 기존의 비즈니스와 인접 비즈니스를 뒤흔드는 잠재적 요인을 광범위하게나마 파악할 방법이 필요하다. 또한 혁신가들과 개별적이고 확고한 전략, 관심사 및 능력에 대해 양방향으로 소통할 수 있는 효율적인 채널이 필요하다.

이해와 전파 : 기업들은 자신들이 관찰한 내용을 이해하고 계속 추적해야 한다. 그들이 얻은 지식을 전사적으로 적절한 사람들에게 정기적으로 전파해야 한다.

2단계

시범 적용과 실험 : 종종 '개념 증명POC'을 위해서는 시범 적용을 통해 자격이 있는 기회를 평가하고 실패할 가능성이 있는 작은 실험 프로그램에 신속하게 참여할 수 있는 메커니즘이 필요하다.(실패를 빨리하는 것이 성공으로 가는 가장 빠른 지름길인 경우가 많다.) 가장 우수한 실험을 준비하는 수준 높은 기업은 지정된 샌드박스 혹은 검증 기반을 부동산(혹은 자산의 구성), 운영 단위, 팀 기준 등으로 다양하게 구성한다. 적합한 시간과 장소가 맞아떨어지면 이를 시범적으로 실험해 볼 수 있다. 그와 같은 실험을 하다 보면 운이 좋다면 한두 번 승리하는 기쁨을 누릴 수도 있다, 때때로 부동산 기업은 특정한 사업의 요구 사항을 충족하기 위한 서비스 구축에 도움을 줄 수 있다.

확장 : 일단 시범 적용이나 실험이 성공적이라고 판단되면, 대규모 조직에서는 눈에 띄는 효과를 얻으려고 서비스를 광범위하게 확장하는 경우가 많다. 여기서 많은 것이 틀어질 수 있다. 대기업은 소기업들을 억누를 수 있고, 스타트업은 자금이 바닥날 수 있으며, 스타트업의 직원 구성은 빠른 성장에 적합하지 않을 수 있다.

3단계

파트너 또는 합작 투자 : 기술이 성장할 잠재력이 있다면, 부동산 회사는 스타트업과 상업적이고 전략적으로 연결되어야 한다. 이러한 협업은 전통적인 공급업체 관계처럼 보일 수도 있고, 당사자들이 새로운 사업 영역을 함께 모색하는 진정한 파트너십처럼 보일 수도 있다. 파트너 관계는 확장과 겹치는 경우가 많다.(이런 단계들이 엄격한 순서를 따라 단계별로 발생하는 것은 아니다.)

투자 : 전략적 투자는 강력한 도구지만 깔때기의 다른 단계와 마찬가지로 위험으로 가득 차 있다. 경제적 이득이 투자의 중요한 이유 중 하나지만, 성장을 지원하고, 팀에 영향을 미치며, 독점권을 획득하고, 합병 및 인수 경로를 얻기 위함이기도 하다. 펀드 혹은 기타 직접 투자 수단을 통한 투자 행위는 앞서 벤 다이어그램에서 살펴본 핵심 역량과 마찬가지로 결정적인 능력이다.

프롭테크를 부동산업계로 초대하라

메타프롭에서 우리는 깔때기의 여러 단계에 있는 기업들이 프롭테크와 교류하고 최우수 혁신가로 거듭나는 과정에서 그들의 원활한 교류를 위해 막대한 시간과 정열을 투자했다. 바워리와 쿠시먼앤드웨이크필드의 성공적인 파트너십을 설명할 때 언급했듯이, 업계를 뒤흔들려는 작고 민첩한 스타트업들과 다양한 이해 관계자와 확립된 프로세스를 갖추고 이미 업계에서 오랫동안 영업해 온 대기업 간의 관계는 까다로운 영역이다. 우리가 발견한 바에 따르면, 기업들이 프롭테크와 성공적으로 협력하는 데 필요한 파트너십과 투자, 공동체라는 세 가지 핵심 역량은 스타트업이 전통 기업들과 성공적으로 협력하는 데 필요한 핵심 역량과 동일하다.

많은 기업이 공격적인 프롭테크 전략을 구사하기 전에 수비 전략부터 시작하는 것처럼 기업들은 각자의 기업 문화에 따라 벤 다이어그램의 원 가운데 하나에서 시작하는 경향이 있다. 기업 투자사는 보통 벤처 혹은 투자 쪽에서 시작한다. 보수적인 회사는 종종 파트너십 쪽에서 시작한다. 질로우 또는 PwC와 같이 현재의 브랜드 중심적인 경영이 필요한 회사는 공동체 쪽에서 시작할 수도 있다. 그러나 우리의 경험에 따르면, 최우수 혁신가가 되려는 모든 기업은 점진적으로 파트너십과 투자, 공동체가 모두 교차하는 '교집합 영역'으로 이동한다.

여기서 우리는 블랙스톤, 쿠시먼앤드웨이크필드, EQ 오피스, CBRE를 포함한 기업이 프롭테크에 합당한 근거에 기반을 두고 투자한다는 사실을 강조하려고 한다. 회사가 훗날 사용하려는 해결책에 대한 비용인 초창기 투자는 종종 시범 적용과 함께 제품을 생산하거나 개선하는 데 도움이 된다. 또한 그것은 양측의 헌신과 신뢰의 수준을 높이는 계기가 되기도 한다. 기업들은 투자를 통해 어느 정도 통제력을 행사하고 때로는 맞춤화도 가능하며 미래에 확실한 수익을 가져올 수도 있지만 일반적으로 이것이 투자의 주된 동기는 아니다. 다음 장에서 투자에 대해 논하기 전에 우선 파트너십과 공동체를 살펴보려고 한다.

파트너십 구축

혁신 평가 시행

여느 관계와 마찬가지로 '자기 인식'을 제대로 하는 것이 건전한 기업 스타트업 파트너십에 도움이 된다.(이 부분이 마치 부부 상담처럼 들릴 수도 있으나 실제로도 동일한 원칙이 많이 적용된다.) 먼저 혁신 평가부터 시작하는 것이 좋다. 무엇이 필요한가? 원하는 것이 무엇인가? 어떤 역량과 강점이 있는가? 당신 회사에서 기술 기반 혁신이 절실히 필요한 당면 과제는 무엇인가? 당신 회사의 기술 인력은 어느 부분이 취약한가? 일부 대기업을 포함하여, 놀랄 만큼 많은 기업이 여전히 기술 문제를 최고정보책임자CIO 혹은 'IT 전문가' 한 사람에게 의존하고 있다. 오늘날처럼 빠르게 변화하는 기술 환경에서 IT 담당자 혼자서는 절대 이런 변화를 따라잡을 수 없다.

메타프롭의 자문 활동은 파트너의 디지털 전환에 대한 컨설팅의 하나로 혁신 평가를 시행하며 우리는 경험상 이러한 평가가 만만치 않다는 것을 알고 있다. 그러나 그것들이 하룻밤 사이에 완성될 필요는 없다. 사실, 기술 준비 상태를 지속적으로 평가하고 재평가하는 절차를 수립하는 것이 무엇보다 중요하다. 중요한 목표와 문제를 인식하고 우선순위를 점검하는 일 말이다. 예를 들어, 메타프롭의 산업 자문팀은 고객사의 영업 책임자, 부서장 및 유망한 전문가로 6~25명으로 구성된 그룹과 함께 2~4시간 동안 진행되는 아이디어 및 혁신 워크숍을 정기적으로 운영하고 있다.

메타프롭의 파트너인 필립 루소Philip Ruso는 우리와의 인터뷰에서 이렇게 말했다:

> 현재 활동 중인 부동산 회사에서 가장 힘든 것은 새롭게 등장하는 모든 프롭테크 스타트업들을 하나도 놓치지 않고 좇아가는 것이다. 자사의 규율을 유지하면서, 눈여겨 두었던 스타트업에 자사의 장, 단기 목표를 적용해 보는 과정이 꼭 필요하다. 하지만 이것은 단지 전체 과정의 맨 앞부분에 불과하다. 훨씬 어려운 뒷부분은 회사의 비즈니스 리더들이 철저한 검토 과정을 거친 후 기술 기업과 외부 조언자들이 가져온 상품을 구매하고 권유하는 것이다. 이는 대개 기술을 사용만 하는 회사에서 실제 부동산 기술 회사로 전환하는 과정 중 가장 취약한 부분이다.

회계 법인인 어니스트 영(EY)이 〈엔지니어링 및 건설 회사의 디지털 적용 방법How Are Engineering and Construction Companies Adapting Digital to Their Businesses?〉라는 보고서에서 지적했듯이, 첫 번째 평가는 종종 최소한의 비용으로 이루어질 수 있다. 전략을 잘 수립하고 디지털 준비 상태를 정직하게 평가하면 가장 중요한 분야가 명백하게 드러난다. 종종, 시작 단계에 투입되는 자원은 얼마 되지 않으며 작은 팀으로도 가치 사슬 활동 단계별로 중대한 결함에 대한 평가를 확인할 수 있다.[80)]

조직 내의 격차와 실제 문제부터 작업을 시작하는 것이 아담 스탠리가 우리와의 인터뷰에서 지적한 '망치 이론'(특정 도구에 집착하다 보면 시야가 좁아진다는 미국의 심리학자 아브라함 매슬로Abraham Maslow의 이론-옮긴이)

을 피하는 방법이다. 프롭테크는 불필요한 도구나 앱이 아니라 실제 문제와 실제 성장을 위한 진정한 혁신 기술이다.

"여러분이 문제를 정의하고 해결할 구체적인 전략을 갖고 있지 않다면 그것은 정말 어려울 일이 될 것입니다."라며 컨빈의 라이언 시모네티Ryan Simonetti는 우리에게 이렇게 말했다. "여러분 앞에 놓인 수많은 해결책 가운데 그저 반짝이는 장난감을 쫓아다니는 편을 택하기는 정말 싫을 것입니다. 그렇죠? 이유는 간단합니다. 영업 성과가 눈에 보이지 않기 때문이지요."

팀을 구성하라

아무리 작은 부동산 회사라도 기술 담당자가 필요하다. 우리는 기술 분야가 별도로 분리되고 오직 한 사람만이 담당해야 한다고 주장하는 것이 아니다. 사실, 그것은 모든 구성원의 업무의 일부가 되어야 하지만, 누군가는 프롭테크의 문지기 역할을 해야 하는데, 회사의 내부 기술 요구 사항을 평가하고 가능한 많은 해결책을 걸러 낼 수 있는 일을 말한다. 또한, 회사 내 누군가는 스타트업이 접촉할 수 있는 역할을 담당해야 한다. 리사 피카르드Lisa Picard는 인터뷰에서 다음과 같이 말했다:

> 제가 회사의 CEO로 취임했을 때 가장 먼저 했던 일은 부동산 기술 부사장을 고용하는 일이었습니다. 당신이 상상하듯이 블랙스톤이 소유한 부동산 회사의 CEO로서 우리가 실험해 봐야 할 인터넷 기술과 요청 사항이 산더미처럼 쌓여 있었어요. 제게는 '아. 그 문제는 라이언에게 가서 이야기하세요. 그는 우리 회사의 부동산 기술 책임자입니다. 그가 모든 프롭테크와 우리 회사 전략에 대한 가치를 평가해 우리에게 그것들을 채택할지를 말해 줍니다.'라고 말하는 게 훨씬 쉬워요.

기술적 해결책을 감독하는 담당자는 변화를 관리하고 혁신을 촉진할 수 있도록 예산과 팀 조직 등 적절한 자원을 확보해야 한다. 피카르드가 강조했듯이, 기술 책임자의 직함이 부동산 기술 담당 부사장, 최고정보책임자, 최고기술책임자, 혹은 다른 어떤 명칭을 사용하든지 간에 그는 최고 경영층의 일원이 되어야 한다는 사실도 중요하다. 그 사람이 바로 변화를 끌어내는 실질적인 힘을 갖고 있다. 피카르드는 '그것이 바로 부동산 기술 책임자가 경영진에 참여해야 하는 이유다'라고 우리에게 말했다.

재능 있는 기술자를 채용하려는 경쟁이 치열하므로 기술팀을 구성하는 것은 어려운 문제다. 앞서 인용한 EY 설문 조사에 따르면 디지털 기술을 검토하고 구현할 숙련된 인력의 부족 현상이 디지털 전환 과제 중 두 번째로 중요한 문제였다.[81]

우리는 정기적으로 메타프롭의 자문 활동에서 이 문제를 우선 검토하며, 전통적인 기업들의 부동산 기술 인력 채용 및 직원 교육을 지원한다. 실제로 우리는 지난 2년간 처음으로 일을 시작한 프롭테크 지도자 6~7명과 채용 및 배치를 통해 긴밀한 협력 관계를 유지했다. 사실상 초기 단계의 스타트업과 파트너십을 맺는 것이 전문 기술 지식을 활용할 수 있는 방법이다. 최근 프롭테크가 부상한 덕분에 구직자들 사이에서 부동산업계의 이미지가 점차 개선되고 있다. 헌신적으로 혁신을 실행하고 기술을 수용하려는 현직자들이 확실히 젊은 기술 인재를 더 수월하게 채용한다.

프로세스 구축

스타트업들은 기존의 전통적인 기업들로부터 배울 것이 많이 있다는 것을 알고 있다. 그러나 성장한 많은 회사들이 스타트업과의 관계에서 배우는 것이 양방향이라는 것을 이해하고 있지 못하기 때문에 그들과의 파트너십에서 실패한다. 스타트업들이 기업 문화, 조달 및 의사 결정에 적응하고 있는 동안, 현명한 현직자들은 이러한 협업을 통해 짐 스텐겔Jim Stengel이 《혁신가들을 자유롭게 하라Unleashing the Innovators》에서 언급한 '기업가 DNA'를 십분 활용하여 대도약을 일구어 낸다.[82)]

프롭테크 스타트업들은 기존 기업가들이 처음 사업을 시작할 때 품었던 에너지를 다시 충전하는 계기를 제공함으로써 그들이 더 민첩하고 더 창의적이며 더 신속하게 조직을 군더더기 없이 만들 수 있도록 도와준다. 스타트업과 협업하고 합을 맞추기 위한 탄탄한 프로세스를 갖추는 것은 시험 적용의 성공률을 높일 뿐만 아니라 혁신 정신을 다시 불러일으키고 새로운 아이디어, 전략, 기술에 대한 개방성을 구축하기 위해서도 필수적이다.

프로세스는 각 회사의 성격과 자원에 일치해야 하므로 조직마다 다를 수 있고 당연히 달라야 한다. 우리는 6장을 쿠시먼앤드웨이크필드 파트너십의 예시로 시작했으므로 그 회사의 프로세스를 간략히 검토하려고 한다. 우리는 쿠시먼에게 프롭테크에 대해 조언했기 때문에 그들의 프로세스를 잘 알고 있으며 또한 그들이 훌륭한 모델이라고 생각한다. 2018년 '서비스로서의 개념 증명POCaaS'이라는 프로세스에 대해 쿠시먼에게 'CIO 100 어워드CIO 100 Award'를 수여한 《CIO 매거진CIO Magazine》 역시 그 사실을 잘 알고 있다.

스탠리에 따르면, 프로세스의 이면에 있는 철학은 간단하다. "스타트업이 환영받는다고 느끼게 하라." 그는 "우리는 4년 전 스타트업들이 함께 일하고 싶어 할 회사가 되겠다고 마음먹었다."라면서 이렇게 말을 이었다. "우리는 기본적으로 '그들이 우리가 자신들을 환영한다는 것을 알 수 있는 문화를 만들기 위해 우리가 무엇을 할 수 있을까?'라고 스스로 자문했다."

기업 문화는 자기 인식에서 시작된다. 스탠리는 데이터베이스로 쿠시먼의 니즈를 추적했다. 스탠리는 아직 회사가 해결하지 못한 전 세계 쿠시먼 경영진의 기술 기반 해결책에 대한 니즈들을 데이터베이스로 구축했다. 만약 어떤 스타트업이 적당해 보이면 데이터 베이스에 축척되어 있는 경영진의 니즈에 합당한지 판단한다. 스타트업이 현재의 니즈를 충족하지 못하면 팀원이 한 쪽짜리 문서를 작성하고 여기에 블록체인, AI, 임대 거래 등 다양한 태그를 붙여 일종의 카탈로그 상태로 보관한다. 새로운 니즈가 대두되면 기술팀은 스타트업 목록을 신속하게 참조할 수 있다.

속도와 편의성 추구

쿠시먼이 스타트업과 체결하는 '기본 서비스 협정MSA'은 30쪽 안팎 정도였는데, 이는 업계에서는 이례적인 일이 아니지만 은행 잔고 8만 달러와 아이디어만을 가진 스타트업에는 부담스러운 일이다. 스탠리는 소위 '혼전 계약서'에 비유하며 쿠시먼이 'MSA 라이트'라고 부르는 4쪽짜리 문서로 표준 협정을 간추렸다.

스탠리는 "당신은 HP 또는 마이크로소프트Microsoft와는 달리 차고에서 사업을 시작한 회사와 상호 작용하는 방법을 배워야 한다."라고 말했다.

기술팀은 스타트업이 무엇을 하는지 파악하기 위해 신속하게 회의를 진행하는 프로세스를 갖추고 있다. 만약 공통 관심사가 있으면 스탠리는 부서장보다 두 단계 아래를 벗어나지 않는 임원급 후원자를 찾는다. 이는 특정 시장이나 서비스 부문의 요구를 충족시킬 수 있는 스타트업에게 높은 수준의 헌신도를 보여 준다. 해결책이 잠재력이 있다고 생각하는 경우, 경영진보다 낮지만 여전히 상급자인 '비즈니스 리더'가 제품을 실험하기 위한 시범 적용 프로그램을 실행한다. 비즈니스 리더는 가설을 세우고 성공 기준을 정하며 개발자들을 한데 모아 궁극적으로 계속 일을 진행하도록 권유한다. 스탠리는 항상 직접 보고 해야 하는 임원과 과제를 담당하는 직원과 함께 시범 적용의 기술적 측면과 비즈니스 측면을 검토한다.

스탠리는 "우리는 정말 빠르고 민첩하게 그 일을 처리하기 위해 관료주의를 되도록 배제한다."라며 이렇게 말했다. "정말 효과적이었다. 우리는 비행기를 많이 이륙시켰지만 착륙은 별로 시키지 않았다. 하지만 이제 우리는 비행기를 이륙시키기도 하고 착륙시키기도 한다. 우리는 재도전할지 안 할지 아니면 그냥 관심이 없으니 참가해 줘서 고맙다고만 말할지를 신속하게 결정한다."

인내심, 피드백, 결과

시범 적용이란 바로 그런 것이다, 속도와 민첩성을 강조하지만 기업 파트너는 인내심도 가져야 한다. 그들은 모두 좋은 결과를 원하지만, 결과를 얻으려면 시간과 신중한 피드백이 필요하며 제품도 여러 차례 반복해서 실험해 봐야 한다. EQ 오피스가 다양한 초기 단계 프롭테크와의 협력을 통해 배운 것처럼 고위급 임원이 참여하는 헌신적인 기업 파트너는 종종 좋은 결과를 얻는다.

"우리는 특히 처음부터 밑바닥에서 일찍 시작해서 제품을 더 좋게 만들 수 있기를 원했습니다."라며 피카르드가 인터뷰 도중 이렇게 말했다. "우리는 신속하게 구축할 수 있는 가장 적합한 요소가 로드맵에서 어떤 것이 있는지 혹은 다른 사용자에게 매력적인 측면은 무엇인지 등에 관한 정보와 대시보드를 통해 그들에게 실시간으로 피드백을 제공할 수 있습니다."

EQ의 피드백을 통해 VTS는 경영진이 거래 흐름을 이해하고 애플리케이션에 들어가는 데이터를 완벽하게 파악함으로써 리스 승인 프로세스를 재구성할 수 있었다. EQ는 또한 상업용 부동산 대기업이 포트폴리오 전반을 비교할 수 있으며 다양한 자본 프로젝트에 대한 실시간 가격을 책정할 수 있는 자본 계획 도구를 개발하기 위해 프로젝트 관리 플랫폼인 어니스트 빌딩즈 Honest Buildings와 함께 작업하고 있다.

많은 버전의 제품을 신속하게 테스트하고 조정할 수 있는 '조기 실패-자주 반복 모델'은 장기적으로 보면 시간과 비용을 절약한다. 기업 파트너는 최적의 해결책을 선택하기 위해 많은 스타트업과 함께 시범 적용해 볼 수 있다는 이점이 있다.

스탠리는 이렇게 설명했다:

> 만약 당신이 "우리는 고객이 원하지만 우리가 아직은 할 수 없는 것들을 신속하게 파악하기를 바란다. 또한 우리는 그러한 요구 사항들을 액셀러레이터, 벤처 캐피털 회사, 스타트업들이 모여 있는 기술의 세계에 알려주고 세 개, 네 개 혹은 다섯 개 정도의 가능한 해결책을 받는 방법을 알고 있다."라고 말할 수 있는 기업 문화를 만든다면, 훨씬 더 성공적인 회사가 될 수 있다.

위에서 설명한 구체적인 단계는 모두 혁신을 중시하고 새로운 아이디어, 프로세스, 기술 및 파트너에게 개방적인 기업 문화를 가진 특정 기업의 사고방식을 단순히 표현한 것에 불과하다. 우리가 누누이 말했듯이 프롭테크는 혁신과 마찬가지로 기술에 관한 것이 아니다. 프롭테크의 핵심은 하드웨어나 소프트웨어가 아니라 혁신을 향한 기업 문화의 변화다.

피카르드는 "모든 기업은 기술 기업이 되어야 하며, 그것이 전략을 구현하는 도구라는 것을 깨달아야 한다. 다시 말해, 기술 기업이란 단지 곁다리 존재가 아니라 근본적인 핵심 원칙이 되어야 한다."라고 강조한다.

공동체 구축

스탠리에 따르면 지난 2년 동안 쿠시먼은 직접 또는 메타프롭과 같은 파트너를 통해 250개 이상의 스타트업을 검토했다. 그의 데이터베이스에는 약 100개의 스타트업이 활성화 상태 또는 보류 상태로 등록되어 있다. 현재 보류 중인 50~60개 스타트업은 현재는 쓸모가 없지만 언젠가는 쓸모가 있을 것으로 생각한다. 약 10개 스타트업이 시범 적용 혹은 파트너십 단계로 발전했고 나머지는 개발 단계에 있다.

쿠시먼의 매우 명확한 기준들에도 불구하고, 최대의 수익률, 투자 대비 최적의 효과를 내기 위해 많은 위험이 내재되어 있는 초기 단계 프롭테크 스타트업들을 수없이 추적하는 것은 쉬운 일이 아니다. 그 단계가 결정적으로 중요할 뿐만 아니라 해당하는 기업들의 숫자도 엄청나게 많기 때문이다. 스탠리 팀은 약 6명으로 구성되어 있으며 대학, 액셀러레이터, 그리고 가장 최신의 스타트업을 추적하는 조언자들과 끊임없이 소통하고 있다. 팀원들은 각종 프롭테크 행사, 경연 대회, 콘퍼런스에 참석한다. 그들은 다른 공동체들을 만날 수 있는 메타프롭 데모데이의 연습 세션에 참여해 바워리와 같은 회사들과 파트너십을 구축함으로써 새로운 비즈니스를 창출하기도 한다.

메타프롭이 하는 모든 일을 한 단어로 요약한다면 '공동체'이다. 공동체는 스타트업과 업계 모두에게 매우 중요하기 때문이다. 공동체는 프롭테크 스타트업들이 업계와 연결 고리를 찾고 시범 적용 및 투자, 유통에 성공하는 길이며 혁신과 경쟁 우위, 더 나은 서비스 및 새로운 비즈니스에 목마른 기업들이 번창할 수 있는 기회의 통로다.

공동체는 프롭테크 스타트업들이 업계와 연결 고리를 찾고 시범적용 및 투자 그리고 유통에 성공하는 길이며 혁신과 경쟁 우위, 더 나은 서비스 및 새로운 비즈니스에 목마른 기업들이 번창할 수 있는 기회의 통로다.

우리는 초기 단계 스타트업 및 산업계와 긴밀하게 연결되어 있으며 멘토링, 자문, 액셀러레이팅, 행사 후원, 연구 등 우리의 모든 활동은 모두 업계 및 스타트업에 가능한 한 풍부한 네트워크를 제공하고 임원, 기업가, 기술자, 투자자, 미디어, 열광적인 고객과의 접점을 극대화하기 위해 설계되었다.

투자는 공동체의 중요한 부분이며, 프롭테크 물결에 동력을 공급하는 연료다. 그것은 메타프롭의 사명 중 중요한 부분이기도 하며 다음 장 전체를 할애할 만큼 중요하다.

혁신 대화

카렌 홀링거Karen Hollinger, 아발론베이 커뮤니티즈AvalonBay Communities 기업 전략 부사장

메타프롭: 아발론베이는 기술을 활용하기 위해 무엇을 하고 있습니까? 어떤 스타트업을 활용하십니까?

카렌 홀링거: 우리가 시범적으로 운영하는 특정 스타트업의 이름을 거론하기는 이른 것 같습니다. 하지만 우리는 포트폴리오 관리를 위해 대략 50, 60개의 프롭테크 부동산 스타트업을 시험하고 있습니다. 부동산 포트폴리오의 규모와 폭을 고려할 때 차별성을 더할 수 있는 신기술과 새로운 회사들을 적극적으로 발굴하고 있습니다.

메타프롭: 정말 놀라운 규모군요. 무슨 이유로 자극을 받았습니까?

카렌 홀링거: 저는 혁신이 소비자와 기업 양쪽에서 증가하고 있다고 생각합니다. 포트폴리오가 성장하고 서비스를 제공하는 소비자의 구성이 다양하게 확장됨에 따라, 우리는 각 소비자 집단에 맞는 차별화된 혜택과 수익 흐름 개선, 비용 절감을 제공할 기술을 찾아야 했습니다. 이에 따라 우리는 위험을 회피하는 방식으로 이것들을 시험해 볼 것입니다. 우리 회사는 전체 포트폴리오를 소유하고 관리하므로 JB 파트너스 또는 투자자들을 만나느라 시간을 낭비하지 않아도 됩니다. 5~6년 전만 해도 벤처 캐피털 펀드에 대한 투자로 비전통적인 기술 기업들이 갑자기 늘어나자 그들은 우리에게 자산별로 접근했습니다. 그 때문에 투자의 리스크가 증가했고, 시장 전체를 파악하기 힘들었지요. 따라서 아발론베이는 우리의 매우 광범위한 포트폴리오에 대한 모든 신기술을 평가할 수 있는 기업 전략 그룹을 만들었습니다.

메타프롭: 기업 전략 그룹의 부사장으로서 프롭테크를 어떻게 운용합니까?

카렌 홀링거: 저는 제품이나 서비스에 대한 욕심이 많아서 프롭테크 부분에서 특이한 역할을 하고 있습니다. 저는 특정한 자산에 투자하지 않아도 되는 R&D 펀드를 운용하고 있습니다. 일반적으로 펀드 매니저가 우리를 대신해 투자를 결정하는 펀드에 직접 투자하지는 않습니다. 저는 연간 10~12개 벤처 캐피털 회사의 샤크 탱크Shark Tank(미국 ABC방송에서 제공하는 창업가들이 투자자를 찾는 프로그램-옮긴이)형 콘퍼런스에 집중함으로써 안목을 넓히고 부동산 프롭테크의 상위 20개에서 25개 벤처 캐피털 회사와 긴밀한 관계를 유지해 그들이 어떤 스타트업에 대한 투자를 고려할 때 무료로 자문 서비스를 제공하고 있습니다.

메타프롭: 프롭테크가 아발론베이의 어떤 기능을 강화해 줍니까?

카렌 홀링거: 저희가 관심을 두고 시범적으로 운영하는 기업은 많지만, 아직 우리 산업의 판도를 바꿀 서비스나 상품을 개발한 부동산 기술 기업은 많지 않습니다. 그들은 대부분 보조적인 기능을 수행하는 회사들입니다. 그들은 대체로 비용 구조, 인구 통계 또는 지리적 측면에서 전체 포트폴리오의 10분의 7 이하입니다. 만약 그들이 진화한다면 실제로 우리가 발전하는 방식인 도매 부분을 바꿀 수 있는 회사가 몇 개 있습니다. 그들이 성장하기를 고대하고 있어요.

메타프롭: 프롭테크의 미래는 어떻다고 생각하십니까? 부동산 산업이 다양한 기술을 평가하고 채택할 수 있을 만큼 빠르게 움직이고 있습니까?

카렌 홀링거: 아닙니다. 저는 부동산 산업이 새로운 기술을 평가하고 채택할 만큼 매우 빠르게 움직이지 않는다고 말하고 싶습니다. 몇 가지 이유가 있어요. 거물급 선수들을 찾아보기 힘들어요. 특히 다가구 주택 부문에서요. 대략 6개쯤은 생각할 수 있어요. 6개 대기업 중 3개 정도가 아발론베이와 유사한 부서와 기금을 보유함과 동시에 부동산 기술 평가에 초점을 맞추고 있습니다. 그 말은 부동산 기술에 대한 의사 결정을 빠르게 할 수 없다는 뜻입니다. 게다가, 부동산 산업은 일반적으로 매우 보수적입니다. 왜냐하면 만약 여러분이 많은 대기업처럼 장기 보유자라면, 물리적 자산에 대한 결정이 30년 동안 영향을 미치기 때문입니다. 잘못된 부동산 결정을 원상 복구하려면 적어도 3~5년 정도가 소요되고 관련 비용을 낭비할 수밖에 없습니다.

메타프롭: 아주 좋은 말씀입니다. 더 해 주실 말씀이 있는지요?

카렌 홀링거: 스타트업 또는 새로운 회사의 설립자 또는 조직은 부동산에 대한 현실적인 이해가 꼭 필요합니다. 저는 시리즈 A 혹은 시리즈 B 수준의 스타트업들이 다양한 기술 목록을 들고 오지만 그들이 부동산 산업이나 다가구 주택이 실제로 어떻게 작동하는지를 제대로 이해하지 못하고 있다는 사실을 너무 자주 발견합니다. 그들은 다가구 주택이 상업용 부동산이나 단독주택과 똑같이 작동한다고 생각합니다. 완전히 잘못 짚은 거죠. 하지만 저희 부동산업계는 혁신과 기술 투자를 간절히 원하기 때문에 이런 스타트업들이 우리가 필요로 하는 사업을 만드는 것을 돕기 위해 우리의 시간을 십분 활용할 것입니다.

제 7 장

투자와 프롭테크

"사람들은 기술에 매혹됐고, 그 기술은 곧 '테크놀로지'라고 일컫는 광범위한 영역이 되어 버렸다. 우리는 기술을 여러 방면에 활용할 수 있겠다 싶으면서도, 이내 '좋아. 그런데 영업은 어쩌지? 수익은 나는 걸까?' 하는 걱정에 빠져든다. 초기 단계 벤처 기업이라면 이런 질문에 답하기에 시간이 걸리기도 한다. 수익 모델을 처음부터 재정비해야 할 수도 있다. 정답은 어디에 있을까?

- 나딤 샤이크Nadeem Shaikh, 안테미스Anthemis그룹의 설립자이자 전 CEO

"크고 지속 가능한 회사를 만들 기회가 보이는 순간이 있다. 또한 업계나 소비자가 변화를 받아들일 준비가 되지 않은 순간들이 보일 때도 있다. 그 순간들을 인식하는 것이 중요하다. 혹시라도 5년 일찍 그런 생각이 들었다면, 그것은 아직 때가 아니라는 뜻이다."

- 스튜어트 엘만Stuart Ellman, RRE 벤처스RRE Ventures의 공동 설립자이자 일반 파트너

프롭테크는 수년간 투자자들에게 무시당한 끝에 새로운 벤처 자본을 넘치도록 누리고 있다. 이처럼 혼란스럽고 흥미로운 산업을 추적하고 잠재적인 투자를 분석하는 것은 매우 어렵다. 메타프롭의 초기 단계 투자 전략은 민첩성, 건전한 후속 투자, 시장과 제품의 잠재력, 그리고 무엇보다도 인재에 초점을 맞췄다.

2005년 피트 플린트Pete Flint가 트루리아Trulia에 자금을 댈 투자자들을 찾고 있을 때, 그는 최고의 벤처 투자자를 만났다. 이 투자자는 스타트업이 해결하려는 문제를 이해했고 팀에 대한 기대도 컸지만 안타깝게도 온라인 부동산 업체에 투자해 돈을 번 사람은 아무도 없었다고 말했다. 그는 이 분야가 투자하기에 매력적이지 못한 데에는 나름 구조적인 이유가 있다고 말했다.

플린트는 인터뷰에서 "말 그대로, 그 당시 아무도 성공적인 온라인 부동산 회사를 설립하지 않았습니다. 게다가 벤처 사업가들 사이에서는 온라인 부동산 부문은 거의 투자할 수 없는 분야라는 인식이 있었습니다."라고 설명했다.

10년이 채 지나지 않아, 성공적인 IPO 후에 트루리아는 질로우에 35억 달러에 인수되었다. 질로우는 경쟁사들이 엄청난 대가를 치르기에 충분할 정도로 급격하게 성장했다. 그렇다면, 마이클 만델Michael Mandel이 상용 콤comp 데이터 공유를 위한 크라우드소싱 플랫폼인 콤스택CompStak을 공동 설립한 해인 2012년에 이르러서는 투자자들이 부동산 기술을 환영했을까?

우리가 인터뷰했던 만델Mandel에 따르면 부동산 기술에 관심을 가진 사람들은 그렇게 많지 않았다.

"CRE 테크 공간이나 부동산 테크 공간 같은 것은 없었다."라고 만델은 회상했다. "부동산 테크에 대한 VC 커뮤니티의 관심은 전혀 없었다. 누구든 테크 공간을 진지하게 받아들이게 하는 것은 엄청나게 힘든 싸움이었다."

2018년으로 건너뛰어 보자. 메타프롭은 RXR 리얼티, PGIM 리얼 이스테이트PGIM Real Estate, 쿠시먼앤드웨이크필드, CBRE, JLL 스파크JLL Spark 및 기타 우량 기업들을 포함한 유한 책임 파트너들과 함께 두 번째 벤처 캐피털 펀드인 메타프롭 벤처스 IIMetaProp Ventures II를 모집했다. 전년도인 2017년에는 프롭테크 VC의 큰손인 핍스 월 벤처스Fifth Wall Ventures가 처음 펀드를 조성할 때 CBRE, 에퀴티 레지덴셜Equity Residential, 레나 코퍼레이션Lennar Corp.과 같은 부동산 회사들로부터 2억1,200만 달러를 대부분 모금했다고 발표해 파문을 일으켰다.

로스앤젤레스에 본사를 둔 나비타스 캐피털Navitas Capital은 부동산 기술에 초점을 맞춘 저명한 VC 펀드로 부상했고, 시카고에 본사를 둔 모던 벤처스Moderne Ventures는 더 광범위한 기술 스타트업에 집중했지만 부동산 애플리케이션으로 유명해졌다.

부동산을 전문적으로 취급하는 벤처 캐피털 펀드에 투자하는 것 외에도 수많은 기존의 전통 기업들이 자체 벤처 업무를 시작했다. JLL은 부동산 기술에 투자하기 위해 실리콘밸리 기업가들이 주도하는 신규 사업부 JLL 스파크JLL Spark를 설립했고, 브룩필드 자산운용Brookfield Asset Management의 벤처캐피털 계열사인 브룩필드 벤처스는 2018년 처음으로 빌딩커넥티드BuildingConnected에 1,500만 달러를 투자했다고 발표했다. 콜리어스 인터내셔널Colliers International은 프롭테크 스타트업에 투자를 가속하기 위해 테크스타스Techstars와 파트너십을 맺었으며 메타프롭은 RXR 리얼티가 5,000만 달러 규모의 펀드를 출시할 때 자문을 담당했다.

앞서 언급했듯이 루딘 매니지먼트Rudin Management, 베르만 엔터프라이즈Berman Enterprises, 모이니안 그룹Moinian Group과 같은 가족 경영 기업들은 자체 프롭테크 벤처펀드를 재빨리 시작했지만, 기존의 일반 벤처 캐피털 펀드 역시 프롭테크에 속속 뛰어들었다. 우리는 이제 거의 매주, 북미뿐만 아니라 전 세계에서 이런 현상을 더 많이 보게 되었다. 게다가 세쿼이아Sequoia, 스라이브 캐피털Thrive Capital, 엔더슨 호로비즈Andreesen Horowitz와 같이 유명한 회사들이 참여한 트리니티 벤처스Trinity Ventures와 RRE와 같은 초기 선지적인 기업들도 프롭테크에 상당한 자본을 투자했다.

변화된 환경

생각보다 오래 걸렸지만, 프롭테크 투자 전망은 플린트가 트루리아를 위해 자금을 조달하고 만델이 콤스택을 위해 자본을 조달한 이후 급격히 변화했다. CB 인사이츠CB Insights에 따르면 프롭테크 투자의 건수와 규모가 2013년부터 증가하기 시작했으며 지난 3년 동안 투자가 급증했다.[83] RE:Tech에 따르면 2015년, 프롭테크에 대한 글로벌 벤처 캐피털 투자 규모는 약 18억 달러였다.[84] 2016년에는 42억 달러로 두 배 이상 증가했으며, 2017년에는 126억 달러로 세 배로 급증했다.[85]

벤처 캐피털을 포함한 주식 시장을 추적하는 피치북Pitchbook에 따르면, 그 투자 중 가장 비중이 큰 투자는 미국에서 발생했다고 한다. 그들의 자료에 따르면 2017년 미국에서 100개 이상의 프롭테크에 53억6천만 달러가 투자되었으며 이는 2008년 7건의 거래에서 4,100만 달러가 투자된 것과 비교하면 엄청나게 증가한 숫자다.[86]

이렇게 빠르게 움직이는 분야에서 정확한 수치를 파악한다는 것은 어려운 일이지만, 우리는 특정한 수치를 증명하려는 것이 아니라 단지 막대한 투자가 이루어졌다는 사실을 강조하려고 한다.

2017년까지도 유력한 투자자들이 여전히 그러한 추세를 망각하고 있을 때, 소프트뱅크의 '비전 펀드'가 위워크에 30억 달러를 투자하고, 그 자회사에 추가로 14억 달러를 투자했다는 소식은 그들에게 경종을 울렸을 것이다. 손정의 소프트뱅크 회장은 또한 건설 과정을 간소화하는 기술을 사용하는 회사인 카테라Katerra에 8억 6700만 달러, 디지털 부동산 중개업체인 콤파스Compass에 4억 5천만 달러, 레모네이드Lemonade에 1억2천만 달러를 약속했다.

투자 환경은 확실히 바뀌었다. 하지만 그 이유가 무엇일까?

파트너십과 공동체는 투자와 떼려야 뗄 수 없는 프롭테크 생태계의 필수적인 부분이다. 공간에 대한 투자 이유는 우리가 2장 '지금 왜 프롭테크가 필요한가?'에서 프롭테크의 발전에 관해 제시한 이유와 겹치는 부분이 많다.

파트너십과 공동체는 투자와 떼려야 뗄 수 없는 프롭테크 생태계의 필수적인 부분이다.

우리가 언급했듯이, 투자자들은 기술에 뒤처진 거대한 산업의 잠재력을 깨닫기 시작했다. 부동산 산업은 미국에서만 38조 달러에 달하는데, 이는 GDP의 13%가 넘는 것이다.[87] 질로우, 레드핀, 트루리아, 그리고 에어비앤비 등이 거둔 다수의 커다란 성공 사례는 다른 산업 분야의 기술 투자가 그랬던 것처럼 프롭테크도 상당한 수익을 낼 수 있다는 것을 증명했다. 핀테크는 특히 투자자들이 돈을 벌 수 있는 생태계를 개발했고 부동산과 밀접한 관련이 있으므로 중요한 모델로서 많은 영향을 미쳤다. 프롭테크에 활발하게 투자하는 안테미스 그룹의 설립자이자 전 CEO인 나딤 샤이크만큼 핀테크를 잘 이해하는 전문가는 드물다.

"저는 복잡한 가치 사슬을 제대로 이해하는 것이 상당히 중요해졌다고 생각합니다." 샤이크는 인터뷰에서 이렇게 말했다. "동일한 렌즈 혹은 적어도 유사한 렌즈를 통해 세상을 바라보며 서로 보완할 수 있는 투자자들로 구성된 생태계를 구축하는 것이 매우 중요해졌습니다."

수익 손실에 대한 두려움도 수익 창출에 대한 유혹만큼이나 프롭테크에 대한 투자를 자극했다. 오픈도어, 위워크, 에어비앤비, 콤파스 등이 급성장하여 위험한 경쟁 상대로 떠오르자 부동산업계는 프롭테크에 관심을 두기 시작했다. 그들은 한편으로는 잠재적 수익을 위한 것이지만 다른 한편으로는 대부분 해결책을 찾고 기술력을 발전시키기 위해 프롭테크에 투자하기 시작했다. 기존 기업들이 프롭테크 스타트업에 투자하고 파트너십을 맺는 것은 본질적으로 위험이 덜하고 더 좋은 성과를 얻을 수 있는 R&D 지출을 확대하는 것이다.

2장에서 언급했듯이, 세계화 또한 중추적인 역할을 했다. 우리가 이 책을 쓰는 동안 2017년 미국 역사상 최대 규모의 프롭테크 거래를 했던 일본 회사인 소프트뱅크가 사우디아라비아로부터 두 번째 1,000억 달러 비전 펀드 조성을 위해 450억 달러 투자를 유치했다. 이번 투자로 사우디아라비아가 소프트뱅크에 투자한 규모는 900억 달러가 되었다. 프롭테크의 혁신은 전 세계에 영향을 미치고 있으며, 부동산 기술에 대한 투자 자금은 현재 뉴욕과 캘리포니아뿐만 아니라 런던, 독일, 중국, 인도 등 전 세계에서 유입되고 있다.

마지막으로, 혁신이 혁신을 낳는 것과 마찬가지로 투자는 투자를 낳는다. 자본이 프롭테크로 유입됨에 따라 프롭테크 기업에 대한 평가도 높아지고 있다. 액셀러레이터, 멘토, 조언자, 파트너십, 행사 및 기업가들에게 새로운 기회를 제공하는 프롭테크 생태계를 급성장시키는 요인들에 의해 이러한 추세가 확대되고 있다. 프롭테크의 가치가 높다는 것은 벤처 캐피털이 지분을 비싼 가격에 팔 수 있다는 것을 의미한다. 그렇게 되면 벤처 캐피털은 더 많은 프롭테크 스타트업에 투자하며 이미 투자한 회사들의 지분을 확대해 간다. 이것은 다시 새로운 투자로 이어지고 투자는 다시 프롭테크 기업의 가치를 올려 주면서 이 현상이 계속 반복되는 것이다. 이제 좀 이해가 됐을 것이다.

용어 정의와 역학 관계

우선 이부분에 도움을 준 줄리아 알트Julia Arlt와 PwC에게 감사드린다.

잠시 후 메타프롭에 대한 투자 프로세스에 대해 살펴보겠지만, 먼저 몇 가지 용어 정의와 역학 관계를 정리하려고 한다. 이미 많은 독자에게 익숙한 내용일지도 모르지만 우선 용어를 정의해 이 분야를 처음 접하는 독자들을 위해 몇 가지 기본적이며 일반적으로 사용되는 용어를 정리했다.

창업가, 기업가

우리는 프롭테크에 종사하는 대개의 사람들처럼 이 두 용어를 동일한 의미로 사용한다. 이들은 새로운 제품이나 서비스에 대한 아이디어를 가진 사람이거나 다른 사람의 아이디어를 확장 가능한 사업으로 만들어 내는 대담한 사람들로서 아이디어가 회사로 성장하는 씨앗 역할을 한다. 어떤 스타트업은 창업가 한 명이 운영하는 때도 있지만 대부분 스타트업은 창업가가 2명 이상으로 발전하는 경우가 많다.

벤처 캐피털

일반적으로 스타트업에 자금을 제공하는 회사다. 스타트업들은 영업 실적이 없으므로 은행 대출이나 다른 형태로 자금을 조달하는 데 어려움을 겪을 수 있다. 스타트업들은 벤처 투자자들 또는 벤처 캐피털에 투자 대가로 자신들이 가진 회사 지분(소유권 지분)을 제공한다. 벤처 투자는 수익성이 높지만 위험성 역시 크다.

유한 파트너(LP)

벤처 캐피털 펀드에 자금을 투자한 투자자다. CBRE와 쿠시먼앤드웨이크필드 등은 우리의 4천만 달러 펀드인 메타프롭 벤처스 II에 투자해 펀드의 유한 파트너LP가 되었다.

엔젤 투자자

스타트업에 대한 개인 투자자이다. 엔젤 투자자는 친구나 가족일 수도 있고, 부동산 또는 기술에 관심이 있는 고액 자산가일 수도 있다. 종종, 그들 자신이 기업가인 경우가 많다. 이들은 '시드 단계'인 초기 단계에 투자하는 경향이 있다 (아래 '자금 조달 라운드' 참조). 메타프롭을 공동 설립하기 전에 자크는 미국 최고의 프롭테크 엔젤 투자자였다.

자금 조달 라운드

이 용어는 스타트업이 어느 단계에 있는지 정의하고 벤처 캐피털 펀드를 분류하는 데 도움이 된다. 기존 방식은 단순히 스타트업이 조달한 벤처 캐피털 라운드마다 글자를 붙여, 첫 번째 자금 조달은 시리즈 A, 두 번째 자금 조달은 시리즈 B 등으로 분류했다. 어느 순간부터 투자자들은 첫 라운드를 시드 라운드 또는 시리즈 시드라고 부르기 시작했으며 종종 프리시드Preseed 단계라고도 부른다. 동일한 투자자들의 추가 투자는 때때로 숫자로 표시하기도 한다. 예를 들어 시리즈 C 이후에 추가로 자금을 조달하면 시리즈 C-1이 될 수 있다.

벤처 캐피털 투자 단계

벤처 캐피털 자본가들은 투자하려 할 때 스타트업의 성장 단계에 따라 모습을 드러낸다. 메타프롭은 초기 단계를 전문적으로 취급하는 회사로서 스타트업이 사업 개시, 제품 개발, 시범 적용, 시장 실험 등의 단계에서 시리즈 A 라운드로 가려는 프리시드 단계에 초점을 맞춘다. 중간 단계에서 벤처 캐피털은 스타트업의 시리즈 B에 촛점을 맞추고 나중에는 자금 조달에도 참여한다. 이 시점에서, 스타트업은 일반적으로 어느 정도 인지도를 쌓았으며, 운영 가능한 제품을 확장한다. 후기 단계에서 벤처 캐피털은 대개 성공한 스타트업이 성공적으로 수익을 올리거나 인수 합병, IPO에 상장할 때 등장한다.

회수

투자자가 투자금을 현금화할 수 있는 회수 단계다. 가장 일반적인 엑시트는 (1)다른 회사가 스타트업을 매수하고 투자자에게 보상하는 인수 합병이나 (2)스타트업이 대중에게 주식을 매각하는 신규 상장IPO을 통해 이루어진다.

초기 단계 투자

여기서도, 우리는 투자 대상을 탐색하기 가장 어려운 부분인 틈새 영역과 메타프롭의 강점인 초기 단계에 초점을 맞추려 한다. 우리의 벤처 투자를 이끄는 파트너인 자크 슈워즈만Zak Schwarzman의 도움으로 독자들에게 우리의 투자 과정에 대한 대략적인 개요를 제공하고 메타프롭이 투자에서 성공할 수 있었던 몇 가지 비밀 자료를 공유할 것이다. 우리 잇속만 차리는 것이 아니라, 우리의 투자 방법 중 일부를 공개함으로써 프롭테크 분야에 처음 진출하는 사람들에게 프롭테크 투자의 창을 열어 주려고 한다.

먼저, 몇 가지 통계가 있다. 우리가 이 책을 쓰는 지금까지, 메타프롭은 메타프롭 벤처스 I과 메타프롭 벤처스 II 두 개의 펀드를 통해 약 50개의 스타트업에 투자했다. 개인적으로도 우리는 60개 정도의 스타트업에 투자함으로써 메타프롭과 주요 주주들은 총 100개 정도의 스타트업에 투자하게 됐다. 지금까지 우리는 프리시드, 시드, 시리즈 A 자금 조달 단계에 있는 초기 단계 프롭테크에 집중해 왔다. 우리의 일반적인 초기 투자 규모는 5만 달러에서 2백만 달러 사이이다. 그러나 우리는 회사가 성장하는 동안 총 300만 달러에서 400만 달러를 투자할 것으로 예상한다.

검토 대상들은 때때로 프롭테크 생태계에서 자리 잡은 우리의 명성을 찾아오기도 하고 혹은 우리가 구축한 관계 등 다양한 경로를 통해 이루어진다. 이 시점에서 이런 관계는 부동산 기술 분야의 공동 투자자, 세계 최고의 부동산 회사들이 포함된 유한 파트너, 부동산 분야의 기타 연결 관계 등 90명 이상의 창업자 네트워크를 통해 발전해 왔다. 우리의 자문 활동이 종종 잠재적인 거래로 이어지기도 한다. 게다가, 컬럼비아 대학의 '메타프롭 액셀러레이터' 과정은 우리가 양성하고 지도하는 믿을 수 없을 정도로 뛰어난 기업가적 재능을 갖춘 인재들을 투자자로서 미리 만나 볼 수 있는 기회를 제공한다.

일단 잠재적인 검토 대상이 확실시되면, 우리는 파트너인 자크 슈워즈만이 말하는 소위 '쾌속 점검'을 통해 스타트업이 투자할 만한 자격을 갖추고 있는지 조사한다. 우리가 검토한 많은 아이디어는 아직 투자를 받을 만한 준비가 되어 있지 않았다. 우리는 투자할지 말지에 대해 빨리 평가해야 한다. 누구의 시간도 낭비하고 싶지 않기 때문이다. 하지만, 우리는 종종 스타트업이 더 실행 가능한 상태로 발전해서 다시 투자를 제안해 주길 바라며 신속하게 반려하기도 한다.

우리는 우선 첫 심사에서 제품, 사람, 시장의 세 가지 범주를 살펴보곤 한다.

제품

외부인들은 우리의 세 가지 주요 기준 중 제품이 가장 중요치 않은 요소라는 사실에 종종 놀란다. 초기 단계일수록 제품 자체의 중요도는 덜하기 때문이다. 제품이 중요하지 않은 것은 아니다. 프리시드 단계와 시드 단계에서도, 제품은 성공적으로 성장할 수 있는 핵심이다.

그러나 우리는 초기 단계에서 제품의 세부 사항보다는 투자 논리를 찾는 데 신경을 더 쓴다. 다른 기업인들이 실패한 지점에서 새로운 창업가들이 어떤 변혁을 불러올 수 있을까? 그것은 기술 상태의 변화일 수 있다. 예를 들어, 지난 10년 동안 우리가 지속적으로 모바일 통신 기기를 가지고 다니기 시작했기 때문에 탄생한 수많은 회사를 생각해 보라. 그것은 크라우드 컴퓨팅, 고객 선호도 또는 부서 환경의 변화일 수 있다. 아마도 예전에는 할 수 없었던 것들을 가능하게 하는 파트너 그룹이 지금 존재하고 있을 것이다.

새로운 것을 가능하게 하는 큰 변화가 없는 상황에서, 우리는 창업가들이 등장하기 이전에 '다른 사람들은 무엇을 잘못했을까?'라는 질문을 던져 본다. 경쟁 환경에 대한 미묘한 비전을 제시할 수 있을까? 기존 기업이나 다른 신생 기업들은 어디서 시도하고 어디에서 실패했으며 스타트업

마다 시장 진입 경로가 서로 다른 이유는 무엇인가? 또 다른 가능성은 다른 창업자들이 결코 생각하지 못한 아이디어를 찾는 것이지만, 그런 경우는 거의 없다.

다음은 4장에서 설명했던 부동산 가치 사슬을 기반으로 한 메타프롭의 프롭테크 분류법이다. 이것은 우리 투자 전략에서 중요한 도구이므로 다시 한 번 살펴볼 가치가 있다. 우리의 범주는 다음과 같다.

❶ 분석 및 자금 조달
❷ 공간 물색 및 매매
❸ 부지 선정과 협상
❹ 실사
❺ 개발과 건설
❻ 프로세스 자동화
❼ 공간 사용과 관리
❽ 지급과 서비스

우리는 일단 심사 초기에 가능성 있는 제품이나 문제가 우리의 분류 항목 가운데 어디에 해당하는지 생각해본다. 이런 방식으로 스타트업이 업계 내에서 가치를 더하고 수익을 창출할 수 있는 위치를 확인하고 나서 시장 잠재력에 대해 생각해 본다.

사람

아마도 이 시점에서 가장 중요한 것은 창업자들이 문제에 어떻게 접근하는지 혹은 기회를 어떻게 찾으려고 하는지다. 초기 단계 프롭테크에서는, 제품이 완전히 바뀌지는 않더라도 회사가 존속하는 동안 진화할 것이라고 확신하기 때문에 사람들에게 훨씬 더 집중한다. 우리는 제품이 아니라 문제점에 더 집착하는 창업자를 바란다.

자크는 이렇게 말했다:

> 만일 창업자가 진정으로 문제 자체에 큰 관심을 가지고 있고 시장이 그런 창업자에게 피드백을 준다면 그는 문제를 해결하기 위해 피드백을 적용해 나갈 것이다. 최선의 해결책을 찾기 위해 끈질기게 노력하면서 말이다. 제품이 얼마나 창의적이고 특별한지에만 집착하는 기업가들은 시장의 피드백과 상관없이 그것을 시장에 억지로 쑤셔 넣으려고 할 것이다. 그래서 우리는 사고방식이 유연한 사람들을 원한다.

우리는 자신들의 비전을 분명하게 표현하고 성공 경험이 있으며, 업계에서 흔히 말하는 독특한 초능력을 가진 사람들이 모인 팀을 찾는다. 이것이 바로 그 팀이 그들의 비전을 실현하여 자리매김을 하게 하는 힘이다. 그것은 경험의 집합, 지식의 집합체, 독특한 네트워크, 도메인 전문 지식, 분명한 영향력, 또는 프로젝트를 성공시키게 하는 무언가일 수도 있다. 스타트업에 대한 투자 과정은 주식을 조사하는 것과는 다르다. 그것은 관계에 기반을 두며 장기적이고 개인적인 일이다. 우리는 스타트업들과 수년간 함께 일한다. 우리는 기업가가 누구인지, 어떻게 회사를 운영하는지, 그리고 피드백과 역경에 어떻게 대처하는지에 대한 감을 잡으려고 노력한다. '그들은 얼마나 적응력이 강하고, 끈질기며, 팀을 잘 이끌어 나가는가?', '그들은 시간이 지남에 따라 성장할 수 있는가?' 등등.

스타트업에 대한 투자 과정은 주식을 조사하는 것과는 다르다. 그것은 관계에 기반을 두며 장기적이고 개인적인 일이다.

시장

우리가 평가하고 있는 세 가지 요소 중, 시장은 사람에 이어 근소한 차이로 2위를 차지하고 있다. 벤처 캐피털 모델에서는 초기 단계 투자에 내재한 리스크를 상쇄해야 하므로 큰 성과를 낼 수 있는 투자를 목표로 한다. 우리가 고른 승리자들이 정말로 큰 성공을 거둬야 한다는 뜻이다.

부동산은 자산 시장에서 가장 큰 자산 부문이고 우리가 이미 살펴본 것처럼 GDP의 13%를 넘는 거대하고 다면적인 산업이므로 소규모 솔루션이라 하더라도 종종 엄청난 시장 잠재력을 지니고 있다.[88] 부동산 기술이 너무 오랫동안 뒤떨어졌기 때문에 단순한 상품과 기술의 발전으로 놀랄 만큼 큰돈을 벌 수 있다.

마이클 만델이 콤스탁을 시작했을 때, 그는 상업용 부동산 중개업자들 사이에서 기존의 시스템으로 거래하던 콤comp 정보를 온라인으로 옮겼다. 스페이셔스 공동 창업자인 프레스턴 피섹은 수많은 모바일 근로자와 엄청나게 많은 빈 식당 공간을 발견하고 그것들을 연결하는 플랫폼을 구축했다. 라디에이터 랩스의 창업자들은 익숙한 기술을 사용해 통제 불가능하고 비경제적이었던 고질적인 문제를 해결했다.

이처럼 여러 프롭테크 제품은 본질적으로 비교적 단순하다. 그것들은 특정한 문제에 대해 간단한 해결책을 제시하지만 엄청난 시장 잠재력을 지니고 있다. 뉴욕시 하나만 놓고 보더라도 라디에이터의 수, 임대 및 판매되는 사무실의 수, 저녁 5시 이전에 비어 있는 식당의 수를 생각해 보면 전체 상황을 가늠할 수 있을 것이다. 우리의 경험상 경제적으로 의미 있는 투자는 잠재적 수익이나 최종 시장 가치가 10억 달러 이상의 범위에 있어야 한다. 부동산 시장에서 당신은 그 목표를 달성하려고 굳이 후속 질로우나 에어비앤비에 집중할 필요가 없다.

여기서도 부동산 가치 사슬을 기반으로 한 우리의 분류 체계를 이용해 스타트업이 어디에 속하는지 생각하면 시장 잠재력을 파악할 수 있다. 올바른 가치 사슬 과정에 솔루션을 적용하면 잠재적인 경쟁 상태를 평가할 수 있으며 아이디어를 기업 파트너들에게 전달해 피드백을 받을 수도 있다. 우리의 분석 과정에서 이런 방식으로 솔루션을 분류하면 시장에서 성공 가능성을 확대할 수 있다. 예를 들어, 사무실 시장을 염두에 둔 프롭테크 팀을 자문할 때 그들을 예로 들면 프로세스 자동화 단계로 분류한 다음, 그들의 솔루션이 소매 시장과 호텔업계에서 사용하는 것과 같이 강력한 서비스를 갖춰야 한다고 안내하는 것은 흔히 있는 일이다. 우리의 분류 체계는 시장 잠재력을 극대화하는 도구가 된다.

과정

우리 메타프롭에서는 초기 심사에서 위에서 언급한 요소를 자세히 살펴본 다음 파트너 수준의 대화로 전환한다. 만약 파트너들이 관심을 보이면 우리는 전략적 유한 파트너와 부동산 산업 네트워크에 있는 다른 파트너들에게 신속하게 연락한다. 이들은 해당 회사의 잠재적 고객 혹은 파트너이므로 그들의 의견과 피드백은 매우 중요하다. 또한 유한 파트너 또는 다른 업계 임원들이 스타트업과 직접 접촉하도록 주선할 수도 있는데 그것은 관련된 모든 사람에게 매우 좋은 일이다. 스타트업 팀은 잠재 고객을 만나고, 업계 파트너는 비즈니스에 도움이 될 수 있는 제품을 미리 볼 수 있으며 우리 역시 잠재적인 투자에 대한 피드백을 받을 수 있다.

만약 아이디어가 설득력 있어 보이고 우리가 투자 가설을 명확하게 설명할 수 있다면, 자크는 그 아이디어를 (1)가설이 사실인 것을 증명하기 위해 필요한 기본 전제 목록, (2)중요한 조사 영역, 즉 아직 답변을 기다리는 질문, (3)자크의 팀이 수행해야 할 나머지 단계(상담할 사람들, 탐구할 영역) 등 세

가지 자료와 함께 우리의 파트너들에게 보낸다. 그러면 모든 파트너들은 피드백과 질문을 진행하고, 자크의 거래 팀은 추가 분석, 참조 확인, 배경 작업, 더 많은 전문가와 대화 등 후속 작업을 수행한다. 거래팀이 거래 내용에 대해 확신하면 전체 파트너들에게 더욱 강력하게 투자를 권고한다. 우리는 모든 파트너가 창업가와 이야기했는지 확인한 다음 그 거래에 대해 투표한다.

초기 단계 기업들은 빠르게 움직이므로 현명한 투자자들은 민첩해야 한다. 우리가 설명하는 프로세스는 일반적으로 2주 정도 걸리지만, 필요한 경우 48시간 이내에 투자 결정을 내릴 수 있다. 어떻게 그것이 가능할까?

자크는 이렇게 설명했다:

> 여러분이 검색 조건을 구축하고 우리가 처리하는 많은 규모의 검색을 하고 나면 1단계로 여러분이 찾고자 하는 조건에 일치하는 유형을 분류할 수 있다. 물론, 시간이 지남에 따라, 여러분은 사람에 대한 감각을 쌓게 된다. 일종의 육감이다. 그러나 우리가 상당한 규모의 시장에 눈을 뜬 위대한 기업가를 찾을 수 있으면 그것이 가장 결정적인 요인이 될 수 있고 다른 모든 것은 부수적인 요소가 된다.

우리의 투자 과정은 파트너십과 공동체와 불가분의 관계에 있다. 우리의 벤 다이어그램 도표를 기억하는가? 투자 결정 단계는 여정의 시작에 불과하다. 우리는 우리가 보유한 관계망과 방대한 네트워크를 활용해 창업가들에게 부동산 분야의 최고의 명사들로 구성된 멘토와의 코칭 기회와 시험 운영 기회를 제공한다. 앞의 두 장에서 자세히 살펴본 이러한 장점은 투자 거래를 성사시키는 열쇠다.

자크는 성공적인 투자의 범주를 세 가지로 나눈다. 첫째, 다른 사람보다 먼저 거래를 찾아 자금을 대는 것, 둘째, 다른 사람보다 나중에 거래를 찾았다면 돈을 더 많이 지급하는 것, 셋째, 당신이 부가 가치를 제공하고 있으므로 더 낮은 가격에 자본을 댈 수 있도록 기업가를 설득하는 것이다. 메타프롭은 항상 첫 번째와 마지막 범주에 속해 있다. 우리는 거래를 일찍, 종종 꽤 일찍 발견하고 또한 기업가들에게 부가 가치를 제공한다. 예를 들어 우리는 기업가들이 아이디어를 테스트하도록 150억 제곱피트의 시험 무대를 제공할 수 있는 유한 파트너들과 강력한 지원 기반을 구축하고 있다. 이런 파트너들은 기술에 관심이 높으며 메타프롭의 추천에 따라 기술이 완전히 구현되기 전에 먼저 확인하고 시험해 보고 싶어 한다.

메타프롭이 투자를 체결할 때, 우리는 벤처 캐피털 회사 중 최고의 회사들로 구성된 공동 투자 파트너들에게 전문적인 시장 실사 자료를 제공한다. 우리는 이 제품에 대한 수요가 있거나 있을 가능성이 크다는 사실을 강조하고 이 팀이 해당 분야에서 우리가 발굴한 최고의 팀이라고 그들에게 말할 수 있다.

첫 번째 투자 이후, 우리는 기업에 최고의 성공 확률을 주기 위해 더 많은 후속 투자를 계획한다. 일반적으로 우리는 5만 달러에서 2백만 달러로 시작하지만, 장기적으로는 한 회사에 총 3백만 달러에서 4백만 달러까지 투자한다. 이것은 우리의 두 번째 펀드인 메타프롭 벤처스 II에서 자본의 상당 부분을 후속 투자를 위해 남겨 두었다는 것을 의미한다.

또한 초기 투자 이후 심지어 성공한 프롭테크 회사들에도 걸림돌이었던 유통 분야를 지원하는 후속 조치를 한다. 기술을 배척하는 부동산 시장을 어떻게 파고들 수 있으며 프롭테크가 세상의 관심을 한몸에 받는 상황에서도 불투명한 의사 결정 프로세스로 움직이는 세분화된 고객들은 어떻게 공략할 수 있을까? 우리는 특히 초기 단계 유통에서 승자와 패자의 차이를 만드는 팁을 제공한다.

투자자로서, 우리의 배경을 고려할 때 기업가의 입장에서 생각하는 것은 당연하다. 우리가 메타프롭을 창업하기 전에, 우리는 이미 회사를 만들어 성장시키고 매각했다. 우리는 부동산과 기술, 그리고 두 부문이 교차하는 분야에서 광범위하게 일했다. 우리는 스타트업이 파트너십을 맺고 투자를 받을 뿐만 아니라 적절한 시기에 적절한 거래를 할 수 있도록 도와줄 수 있는 판단력을 갖고 있다. 때때로 이것은 새로운 회사가 성장을 억제하거나 중요한 단계에서 그들의 손발을 묶을 수도 있는 시험이나 투자를 피할 수 있도록 도와주는 것을 의미한다. 이것은 과학보다는 예술에 가깝고, 험난하고 빠르게 변화하는 분야에 대한 자신감을 주는 독특한 기술과 경험에서 비롯된다.

경기 초반의 프롭테크 투자

우리는 이 장에서 프롭테크 투자의 겉껍질조차 다루지 못했다. 이 주제로 책을 쓰라고 하면 또 한 권도 거뜬히 써 낼 수 있다. 업계 최고의 벤처 투자자 중 한 명인 콘스탄스 프리드먼Constance Freedman이 우리와의 인터뷰에서 지적했듯이, 이 주제는 상당히 복잡하다.

전미부동산협회National Association of Realters의 전략적 투자 부문인 세컨드센추리벤처스Second Century Ventures를 성공적으로 설립해 운영한 뒤 2015년 자신의 벤처 펀드인 모던벤처스Moderne Ventures를 창업한 프리드먼은 “저는 사람들이 프롭테크를 이해해야 한다고 생각합니다.”라고 강조하면서 이렇게 말했다. “프롭테크가 무엇을 할 수 있는지에 대한 과대 광고가 분명히 있지만, 업계 종사자가 아닌 사람에게 설명하기 어려운 미묘한 부분이 많습니다.”

우리가 누차 말했듯이 지식은 힘인 동시에 돈이며 특히 투자에 있어서는 지식을 대체할 수 있는 것이 없다.

프리드먼은 “저는 사람들이 자신들의 투자를 이해해야 한다고 생각합니다.”라며 이렇게 말을 이었다. “주어진 제약 조건과 규제 아래에서 존재하는 진정한 시장 규모와 시장 기회를 파악하는 게 핵심입니다. 당신이 현명한 결정을 내리기 위해서는 업계를 이해해야 합니다.”

업계에서 가장 존경받는 벤처 캐피털 중 하나인 캠버크릭Camber Creek의 제너럴 파트너인 제프리 베르만Jeffrey Berman도 그녀의 말에 동의한다. 우리와의 인터뷰에서, 제프리는 현명한 프롭테크 투자에 필요한 지식을 충분히 갖추고 심도 있게 분석하는 것이 올인으로 그에 집중하지 않고서는 기성 부동산 회사라도 얼마나 어려운 일인지 지적한다:

> 이러한 유형의 투자자의 문제는 크리테크 분야에서 기회를 평가하는 데 전념하는 팀을 보유하지 않는 한, 공백 상태에서 거래를 분석한다는 것이다. 따라서 내가 할 수 있는 최선의 조언은 다소 이기적이지만 모든 기회를 분석하기 위해 프롭테크 분야의 특정 펀드 중 하나를 골라 유한 파트너가 되는 것이다.

유명한 엔젤 투자자이며 고담 걸 벤처스Gotham Girl Ventures의 CEO이자 같은 이름으로 만든 블로그 창시자인 조앤 윌슨Joanne Wilson은 우리와 이야기하면서 프롭테크 투자자들은 신속한 투자금 회수를 목표로 하지 않고 장기적 관점에서 투자하고 일관된 전략을 개발해야 한다며 이렇게 강조했다.

> 나는 그 사업의 1%를 소유하고 싶다. 나는 5백만 달러 이상의 가치를 지닌 회사에 돈을 투자하고 싶지 않다. 나는 아주 초기 단계의 투자자이다. 나는 회사가 내가 원하는 일을 하고 있는지, 주요 투자 조건은 일치하는지 아니면 터무니없는지를 계속 확인할 것이다. 만약 그런 것들이 이해된다면 회사가 특정 경로로 발전하므로 나는 꾸준히 수익을 낼 수 있다.

우리가 이 책을 위해 인터뷰한 많은 전문가들처럼 베르만은 오늘날 부동산 기술 분야에 눈더미처럼 쌓여 있는 기회를 현명하게 분류할 수 있는 능력을 갖춘 투자자들에게 프롭테크는 계속해서 큰 수익을 안겨 줄 것이라고 믿었다. 우리의 조사 결과도 그의 주장을 뒷받침했다. 메타프롭이 실시한 2018

년 중반 글로벌 신뢰 지수Global Confidence Index 조사에서 응답자 중 96%가 프롭테크 투자 규모를 다음 해에도 유지하거나 더 늘릴 계획이라고 대답했다.

베르만은 "기술이 '부동산 경험'의 모든 측면을 완전히 소화하지 않았기 때문에 우리는 아직 빙산의 한 부분에 서 있다고 가정할 수 있다."라며 이렇게 설명했다: "부동산 산업은 대체로 버전 1.0 단계다. 부동산 거래, 운영, 관리 등 모든 영업 환경이 예전과 달라진 것이 거의 없다."

프롭테크 자본의 물결이 거세짐에도 불구하고, 코리진 벤처스Corigin Ventures의 회장 겸 CEO인 라이언 프리드먼Ryan Freedman은 우리와의 인터뷰에서 부동산 기술은 다른 산업에 비해 성장할 여지가 대단히 많다며 이렇게 강조했다:

> 물론, 우리는 지난 몇 년 동안 자금 조달이 증가하는 현상을 목격했다. 하지만 그것은 전적으로 에어비앤비, 위워크, 콤파스 등 대기업에 집중되어 있다. 지난 10년간 프롭테크의 누적 자금 조달 규모를 금융 서비스 또는 의료 서비스와 비교해 보면 그 액수는 근처에 가지도 못할 적은 금액이다. 우리는 아직도 걸음마 단계에 있다.

많은 사람이 잠재적인 스타트업 투자에 대한 실사 방법을 문의한다. 그것은 과학과 예술이 한데 어우러지는 과정이다. 그 방법에 관해서 이야기하자면 책 한 권이 모자랄 정도다. 다음으로 우리 회사가 수년간 사용해 온 기본 실사 방법과 투자 프로세스 도구를 몇 가지 소개한다. 추가적인 투자 자료와 전문가의 조언이 필요한 사람은 프롭테크101닷컴proptech101.com에서 확인하기를 바란다. 그곳에서 마음껏 투자 정보를 찾아보라.

투자 전 점검표

작성자 이름: ______________________________

____

____

____

회사명: ______________________________

필요사항	확인
자금 조달 프레젠테이션 혹은 회사 관련 서류 입수 및 보관	
시장 수요 및 기회 검증	
경쟁 분석 및 기타 초기 조사 완료	
재무 모델 검토	
기술 로드맵 검토	
자금 사용처 확인	
실사 질문 자료 완성	
일을 리드하고 있는 파트너와 창업자 대화	
기타 파트너와 창업자 대화	
전체 임원진 회의	
(개인, 고객, 납품 업자) 참조 통화 실행	
메타프롭 네트워크 내 연결 고리 (중소기업, 명단 외 참고인, 공통 연락처)	

자문단의 투자 서류 검토	
투자 요약 문서 작성	
배경 확인 실행 여부(다른 투자자들이 이 단계를 거쳤는지 확인)	
전자 폴더 생성 및 CRM 시스템 업데이트	
주요 거래 조건 작성	

일반적인 참고 전화 문항

참조: 월/일/연도

1. 그 사람을 안 지 얼마나 됐나요?
2. 그 사람과의 관계는 어땠나요?
3. 그 사람의 가장 큰 장점은 무엇입니까?
4. 그 사람에게 동기를 부여하는 것은 무엇입니까?(실패에 대한 두려움, 돈, 명성, 개인적인 목표)
5. 그 사람은 다른 사람들에게 어떻게 동기를 부여합니까?(두려움, 솔선수범, 보상, 강력한 비전)
6. 그 사람은 실패에 어떻게 대처합니까?(다른 사람 비난, 지나친 자책, 정보 조작)
7. 그 사람은 어떻게 결정을 내립니까? 사실과 직감, 다른 사람과의 관계에 각각 어느 정도 비중을 둡니까?
8. 그 사람이 개선해야 하는 점은 무엇입니까? (당신은 어떻게 다른 관리팀 구성원과 함께 그의 장점을 보완할 수 있습니까?)
9. 그 사람의 진실성, 정직성 그리고 자신이 한 말을 지키는지에 대해 의문을 품은 적이 있나요?

10. 그 사람의 회사에 투자해도 마음이 편할 것 같습니까?
11. 제가 질문하지 않은 내용 중에 그 사람에 대해 더 말하고 싶은 것이 있습니까?
12. 그 사람에 대해 얘기해야 할 다른 사람이 있나요? 그 사람과 사이가 나쁜 사람이 있나요?
13. 그 사람은 투자자들과 어떻게 일합니까? 그들이 기대하는 것은 무엇이며 대화하는 기술은 어떻습니까?

간편 조사용 설문

시장

□ 당신이 해결하려는 문제와 주제는 무엇입니까? 그렇게 하려면 무엇이 가장 시급하게 필요합니까?
□ 목표 고객은 누구입니까? 고객의 시장 규모는 어떻습니까?(금액, 고객 수, 연평균 성장률 등)
□ 당신이 추구하는 시장의 순풍과 역풍은 무엇입니까?
□ 향후 10년간 당신 자신과 시장이 어떻게 변화할 것으로 예상합니까?

경쟁

□ 직접적인 경쟁 상대는 누구입니까? 회사의 발전 단계에서 그들은 어디에 있습니까?
□ 주요 경쟁 업체와 어떻게 차별화할 생각입니까? 당신의 경쟁 우위는 무엇입니까?
□ 대체 상품은 무엇이며 그것이 고객의 현재 요구 사항을 얼마나 잘 해결하나요?

제품

- □ 현재 제품의 개발 단계는 어디에 있습니까? 제품의 주요 기능 및 수익성 분석을 포함한 제품 일정표와 관련된 세부 정보를 공유해 주십시오.
- □ 지적 재산권 보호 방법은 무엇입니까? 유사한 제품을 만들어 이 분야에서 경쟁하는 것이 얼마나 어렵습니까? 신규 참가자에게는 어떤 진입장벽이 존재합니까?

팀

- □ 현재 팀 구성원과 그들의 역할 및 과거 구성원들을 모두 나열해 주십시오.
- □ 당신의 팀 안에 현재 어떤 능력이 부족합니까? 당신은 이것들을 어떻게 극복하십니까?

비즈니스 모델 및 단위 경제

- □ 당신의 수익화 전략은 무엇입니까?
- □ 제품 가격을 어떻게 책정합니까? 제품 생산 비용은 얼마입니까? 장단기 목표 수익률은 얼마입니까?
- □ 당신 회사의 고객확보 비용과 고객 평생 가치는 얼마입니까?
- □ 당신에게 위대한 시장 진출은 어떤 모습입니까? 일단 당신이 제품을 이상적인 상태로 만든 후에 그 시장에 진출하려면 해야 할 일이 무엇입니까?

시장 진출 및 비즈니스 개발

- □ 당신의 전반적인 비즈니스 개발 전략은 무엇입니까?
- □ 당신은 실제 고객이나 시범 고객이 있습니까? 고객을 유치하는 경로는 무엇입니까?
- □ 당신의 마케팅과 유통 채널은 무엇입니까?

□ 당신의 공급 업체 또는 전략적 고객이 보유하고 있는 장점은 무엇입니까?

□ 당신의 구매 결정에 영향을 미치는 요인, 프로세스 또는 이해 관계자는 어떻게 됩니까?

평판 조회

다음 중 당신에 대해 이야기 들을 수 있는 두 개의 범주를 제공해 주십시오.

□ 개인 혹은 전문가

□ 투자자

□ 고객

자금 조달

□ 과거 및 현재의 자금 조달 정보를 공유해 주십시오.(투자자, 평가, 약관 등)

□ 현재 조달한 자금을 어떻게 사용할 예정입니까?

위험

□ 이번 제품을 출시하고 상품화하는 데 있어 법적, 기타 위험은 어떤 것이 있습니까?

투자 요약

거래명:회사 이름

투자 논문

투자 배경의 이론적 근거(예: 틈새시장이기는 하지만 광범위하게 퍼져 있으며 비용이 많이 드는 에너지 관리 문제를 해결하는 첨단 기술 기업으로서 상업용 임대 시장을 창출하기 위하여 고도의 네트워크 관계를 형성한 혁신적인 기업인 질로우 멕시코와 콤스택 인디아가 될 기회다.)

회사 개요 (회사 내용 요약)

- □ 비전:
- □ 제품: (첫 번째 상품을 한 문장으로 기술하라.)
- □ 차별화/장점: (설득력 있는 이유를 기술하라.)
- □ 창업자: (이 팀이 성공할 것이라고 믿는 이유는 무엇인가?)
- □ 자금 조달: (어떤 조건으로 얼마나 조달하는가?)

투자 기회

- □ 제안 투자 금액: 2,500,000달러
- □ 전체 자금 조달 라운드 규모 : $###,####
- □ 조건: 가격(사전 평가, 주목할 만한 조건 포함) 또는 주석(상한, 할인, 배당 포함)
- □ 구성 : 누가 참여하는가? 누가 주도하는가?
- □ 프로 레타Pro Rata: 우선 참여 권리를 주요 투자자 수준으로 보유하는가? 아니면 이면 계약으로 보유하는가?

시장 기회

회사가 목표로 하는 특정 시장은 무엇인가? 시장의 역학 관계를 설명하라. 회사가 지금 제품을 시장에 출시할 때 특별히 기대할 수 있는 시장 혹은 기술에 장기적인 변화가 있는가?

제품

회사 제품(예를 들어, 제품의 비전)의 중요 혁신 사항과 차별화 요소를 설명하라. 제품을 특별하게 만드는 것이 무엇인가?

경쟁

주요 경쟁 업체(또는 경쟁 업체의 범주와 예시)를 나열하고 회사가 가진 장점과 접근 방식이 우수한 이유를 설명하라.

수익 모델

현재 수익 모델이 있다면 그것을 기술하고 아니면 가능하거나 확실한 수익 모델을 제시하라.

주요 관리자

창립 팀원들의 약력(창업자, 제품, 시장 적합성 포함)과 불공평하다 싶을 정도로 장점이 많아 우선 고용해야 할 만큼 시장에서 자신을 차별화할 수 있는 능력을 설명하라.

장점

이 회사가 50배의 보상 비율로 돌아올 잠재력이 있다고 믿는 주요 이유를 열거하라.

주요 리스크

이 거래에서 예상되는 가장 큰 리스크를 열거하라.

혁신 대화

라이언 프리드먼, 코리진 회장 겸 CEO

메타프롭 : 당신의 사업에 대해 소개해 주시겠습니까?

라이언 프리드먼 : 코리진은 부동산과 벤처 캐피털의 자산에 5억 달러 이상을 투자한 종합 대체 투자 회사입니다. 우리의 VC 회사인 코리진 벤처스는 2012년에 설립되었으며 2,000만 달러 규모의 펀드 I을 시작으로 현재 5,000만 달러의 펀드 II를 운영하고 있습니다. 우리는 부동산 자산 기반과 부동산 운영팀을 활용하여 초기 단계 프롭테크에 가치를 더할 수 있다는 것을 일찍이 증명할 수 있었습니다. 우리의 전형적인 거래 형태는 100만 달러 규모의 시드 투자입니다. 우리는 거래를 주도하고 다른 사람들과 협력할 수 있는 유연성을 높이기 위해 자금 규모를 의도적으로 조정해 왔습니다. 우리는 초기에 거래를 주도하는 힘을 배웠으며 우리의 모델이 자본 조달 과정과 조건에 관해 확실한 결정을 도출할 수 있다고 확신했습니다. 우리는 또한 우리의 가장 유망한 창업자와 회사의 시리즈 A와 시리즈 B의 후속 자본 모집에 투자할 자금을 대부분 확보할 정도로 후속 전략도 전략적으로 갖추고 있습니다. 현재 우리가 투자한 회사는 45개 이상이며 그 중 약 3분의 1이 부동산 기술 분야입니다.

메타프롭 : 특정 틈새시장, 초기 단계, 후기 단계 등에 초점을 맞추고 있습니까?

라이언 프리드먼 : 우리는 시드 단계 거래를 주관하거나 공동 주관하는 데 초점을 맞추고 있습니다. 우리는 스타트업의 라이프사이클 초기 단계에서 가장 영향력 있는 파트너가 되려고 합니다. 제 파트너인 데이비드와 저는 둘 다 기업가이고, 사업을 일구려고 오랜 과정을 거쳐 왔습니다. 저는 부동산 분야이고 데이비드는 소비자 기술 분야입니다. 우리는 그 여정이 얼마나 힘든지 잘 알고 있지만 제품이나 산업과 관계없이 시드 단계부터 시리즈 A 단계에 있는 모든 스타트업이 인재, 실행, 자금 조달 등을 중심으로 비슷한 문제점과 씨름하고 있다는 사실을 깨달았습니다. 따라서 우리는 우리가 스타트업을 시작했을 때 우리를 지원해 주길 바랐던 벤처 회사를 직접 설립했습니다. 이것이 바로 시장에 꼭 맞는 제품 전략이며 이 전략을 실행할 팀과 프로세스를 구축했습니다.

메타프롭 : 당신이 프롭테크 투자에 관심을 두게 된 계기가 있습니까?

라이언 프리드먼 : 저는 프롭테크라는 명칭이 생기기 전부터 우리가 가진 부동산 포트폴리오를 혁신했으며 마이크로유닛microunit(침실, 거실, 주방이 한 군데 설치된 원룸-옮긴이)이라는 말이 나오기 훨씬 전부터 마이크로유닛을 구축했습니다. 우리 회사의 기업 문화는 혁신을 통해 기존 방법들을 끊임없이 개선하는 것입니다. 우리는 처음부터 부동산 포트폴리오와 관리의 문제점을 해결하기 위해 노력해 왔으며 급성장하는 프롭테크 생태계 덕분에 벤처 캐피털 회사를 통해 우리의 이론과 투자를 공식화할 수 있었습니다. 부동산에 대한 우리의 깊은 전문 지식과 네트워크를 우리가 투자한 회사들에 적용하는 것이 절묘하게 맞아떨어졌습니다.

메타프롭 : 프롭테크에 투자하는 데 있어서 특이한 점은 무엇입니까?

라이언 프리드먼 : 가장 확실한 것은 부동산 시장 규모가 대단히 크다는 것입니다. 하지만 그 시장에 침투할 수 있는 자격을 구식의 소유주들과 운영자들이 쥐고 있습니다. 이런 현상은 지난 몇 년 사이에 극적으로 변화하기 시작했고, 혁신을 주도하는 지도자들이 있지만, 그렇지 않은 지도자들은 시장에서 경쟁하려면 기존의 자산 관리 방식을 혁신적인 기업들과 동일한 수준의 서비스 및 효율성을 제공할 수 있도록 끌어올려야 한다는 사실을 빠르게 인식할 것입니다. 부동산 자산과 그 부속물들은 사용 가능 햇수가 있으므로 앞으로 등장하는 모든 프롭테크를 대량으로 채택하려면 수십 년이 걸릴 것입니다. 따라서 우리가 이것을 시장 규모와 함께 고려하면 우리에게 한동안 기회가 있을 겁니다.

메타프롭 : 스타트업에서 한 두가지에 초점을 맞춘다면 가장 중요하게 생각하는 것은 무엇입니까?

라이언 프리드먼 : 우리는 초기 단계 투자에 집중하기 때문에 창업자가 가장 중요합니다. 데이터와 제품은 그다음입니다. 우리는 창업자들이 공략하려는 시장과 독특한 관계를 맺고 있는지를 알려 주는 창업자와 시장의 적합도를 중시합니다. 그 후, 우리는 그들의 사업이 실제로 경제적 효과가 있는지 확인합니다. 우리는 제품이 확실한 경제성을 갖추지 못하고 평균 사용자 수 증가나 최고급 제품만을 고집하는 회사에는 관심이 없습니다.

메타프롭 : 실적이 거의 없거나 전혀 없는 회사를 평가할 때 어떤 전략을 사용하십니까?

라이언 프리드먼 : 우리는 사람들에게 투자하고 있습니다. 우리는 직원들의 EQ(감성지수)를 핵심 역량 중 하나로 보고 있으며, 창업자에게도 같은 것을 요구합니다. 우리는 최고의 기업가들과 투자자들을 차별화하는 것은 모든 이해 관계자들과 의미 있는 진정한 관계를 구축할 수 있는 능력과 헌신이라고 믿습니다.

메타프롭 : 프롭테크에 투자하려는 사람들에게 어떤 조언을 하시겠습니까?

라이언 프리드먼 : 창업 시장에 맞고 고충을 잘 해결해 나가는 열정적인 기업가들이 있는 좋은 팀을 선택하세요. 당신이 검토하는 거래나 아이디어는 같거나 비슷한 주제를 가지고 노력하는 팀들이 여럿 있으며 만약 오늘 적당한 팀을 찾지 못한다고 해도 내일 그 주제를 추구하는 새로운 팀이 등장할 것입니다.

제 8 장

부동산의 미래

"믿을 수 없을 만큼 다양한 기회가 존재한다. 우리는 유동성 증가, 지배 구조 개선 및 의사 결정 개선으로 이어진 글로벌 데이터와 벤치마킹에 집중한다. 이는 매우 흥미로운 일이다. 마찬가지로 우리는 사물 인터넷 솔루션 트렌드와 경험을 반영한 빌딩 설계, 자동화, 건물 용도 등 놀라운 혁신을 경험한다. …… 부동산 자산의 소비에 있어서 사물 인터넷은 실시간 모형화에 가장 큰 영향을 미칠 것이다."

- 로버트 코티유Robert Courteau,

아거스 소프트웨어ARGUS Softwear의 모기업인 알터스 그룹Altus Group CEO

부동산에서 진행되고 있는 급속한 기술 기반 변화는 흥미롭고도 두렵다. 전문가들은 가까운 시일 내에 더 많은 플랫폼이 통합되고, 건물들이 자동화될 것이며, 자율 주행 차량은 도시 지형을 변화시키고 대부분의 전통적인 부동산 중개업자들이 사라질 것으로 예측한다.

우리는 이 책을 시작할 때 프롭테크가 부동산 시장을 재창조할 것이라고 선언했다. 시간과 지면의 한계 때문에, 우리는 오늘날 일어나고 있는 무수한 변화의 겉모습조차도 제대로 설명하지 못했으며 미래에 기술이 부동산 시장을 변혁시킬 모습에 대해서는 더더욱 다루지 못했다. 그러나 우리는 프롭테크가 고객 경험에 초점을 맞추고 비용을 절감하며 이 두 가지가 어우러져 어떻게 기존 수익 모델을 위협하고 새로운 수익 모델을 창조하는지 독자들이 이해했으리라 생각한다.

세계 경제 포럼World Economic Forum의 창시자이자 회장인 클라우스 슈밥Klaus Schwab이 말했듯이 제4차 산업 혁명은 역사적 선례가 없고 '선형이 아니라 기하급수적인 속도'로 움직이고 있다.[89] 유니온스퀘어벤처스Union Square Ventures의 벤처 투자자 앨버트 벵거Albert Wenger도 비슷한 견해를 갖고 있다. 그는 우리와의 인터뷰에서 오픈 소스 소프트웨어, 도구, 언어의 확산뿐만 아니라 시장에 서비스를 제공하는 소프트웨어 엔지니어와 학술 프로그램의 증가를 근거로 제시하며, 우리의 시대를 '기술 기업가 정신의 황금 시대'라고 불렀다.

자본의 유입과 스타트업을 육성하는 생태계의 부상은 우리가 살펴본 것처럼 프롭테크 발전의 핵심 요소이지만, 근본적인 기술 혁명이 없었다면 존재하지 않았을 것이다. 보나도 리얼티 트러스트Vornado Realty Trust의 부사장 겸 CIO인 로버트 엔틴Robert Entin을 인터뷰했을 때, 그는 기술 혁명에 감명을 받은 많은 기술 전문가들과 마찬가지로, 일종의 부러움을 느낀다고 했는데 부분적인 이유를 들자면 그들은 빌딩들이 지금보다 훨씬 덜 들어섰던 시기에 공부했기 때문이다. 1977년에 펜실베이니아대학교를 졸업하고 매년 졸업반 프로젝트의 동문 심사위원으로 활동하고 있는 엔틴은 이렇게 말했다:

> 저는 매우 부럽습니다. 왜냐하면 오늘날 대부분 학생은 칩 구축, 프로그래밍 가능한 ROM, 크라우드 컴퓨팅, 웹 서버 등의 가격이 저렴한 덕분에 자신들이 만들고 싶은 것을 얼마든지 만들 수 있기 때문입니다. 제가 학교에 다니던 시절은 그렇지 못했죠. 제가 2학년 땐지 3학년 땐지 교수님이 들어오시더니 '여러분, 이건 인텔 4004 칩으로, 4비트 프로세서입니다. 여기 설명서가 있어요.'라고 하셨는데, 가격이 20달러라고 해서 우리는 모두 깜짝 놀랐어요.

엔틴은 다른 산업과 마찬가지로 부동산 기술에서도 강력한 변혁이 일어나리라는 것을 알고 있었다. 오늘날 우리도 같은 생각이다. 이 장의 후반부에서 엔틴이 기술하는 인공 지능은 이미 부동산 관리와 기타 부동산 산업 기능을 변화시키고 있다. 우리는 과거의 노동 집약적 기능을 대체하기 위해 머신러닝을 사용하는 AI 부동산 관리·중개인이라는 최첨단 기술을 사용하고 있다. 이러한 AI 솔루션을 개척한 스타트업들은 앞으로 5년, 아니 3년 안에 무엇을 개발할 것인가?

많은 전문가는 10년 안에 자율 주행 차량이 널리 보급될 것으로 바라본다. 과거 자동차의 확산이 미국의 문화와 사업을 변화시켰다는 사실은 과장된 말이 아니다. 이것은 특히 부동산에 적용되는 말이다. 부동산 부문을 보면 자동차의 출현으로 주와 주 사이의 고속 도로가 새롭게 등장하고 교외 생활이 발달했다. 그렇다면 앞으로 자율 주행 차의 보급은 부동산업계에 어떤 영향을 미칠까? 가상 현실과 증강 현실은 공간을 상상하며 생각하는 것이 결정적으로 중요한 부동산업계에서 엄청난 잠재력을 발휘할 것이다. 이 분야 역시 우리는 아직 가능성을 탐구하지 않았다.

비트코인 등 암호 화폐를 통해 많은 사람이 잘 알고 있는 블록체인 기술은 사실상 해킹이 불가능한 시스템으로 사기를 방지하고 모든 거래의 완전한 이력을 제공할 수 있도록 설계된 정교한 장치이다. 블록체인 기술을 이용해 소유권 권리 문서, '스마트 계약', 공공 기록, 그리고 번거롭고 비효율적이며 비용이 많이 드는 부동산 문제 등에 사용할 수 있는 광범위한 응용 프로그램을 개발할 수 있다.

자크는 이미 2017년에 블록체인을 통해 소유권 권리 양도가 이뤄질 것으로 예측했고, 실제 버몬트주 사우스 벌링턴에서 그런 양도가 이뤄졌다. 그는 또한 그 해에 건물 전체를 자율 기계로 건설하는 일이 벌어질 것으로 예측했다. 그러나 그해에 그런 일은 생기지 않았다. 비록 캘리포니아 주가 건설 전 굴착, 정지(整地), 고름질 작업을 자율 기계가 수행하는 최초의 빌딩 프로젝트를 발주하긴 했지만 말이다.

부동산 산업에 정확하게 어떤 일이 다가오는지는 아무도 모르지만, 합리적인 추측을 하고 현명하게 투자하고 싶다면 이 책으로 무장하고 프롭테크에 대해 자세히 캐 보는 것이 좋다. 이 장을 준비하면서 우리는 다양한 전문가들에게 미래 부동산 산업에 가장 큰 영향을 끼칠 재미있는 기술들과 혁신들에 대해 기탄없이 이야기해 달라고 요청했다. 코리진의 라이언 프리드먼은 투자자들 사이에서는 프롭테크에 대한 투자가 아직도 야구 경기로 치면 경기 초반수준에 있다는 데 의견이 일치한다고 말해 주었다.

자동화, IoT 기술, 데이터 분석, 인공 지능, 가상 현실, 로봇 공학, 3D 프린팅, 블록체인 등에서 지난 몇 년 동안 이루어진 발전은 숨이 막힐 정도다. 클라우스 슈왑의 표현대로 프롭테크의 혁신 속도는 진정으로 선형이 아니라 기하급수적으로 움직이고 있다.[90] 자크가 다음의 첫 번째 대화에서 지적했듯이 단순히 솔루션을 추적하는 것만도 온종일이 걸린다. 프롭테크의 다음 큰 물결 중 하나는 다양한 다른 플랫폼과 한 가지 문제만을 해결하는 솔루션을 통합해 하나로 연결해 주는 플랫폼의 출현일 것이다.

독자들은 그들이 꿈꾸는 부동산 해결책이 무엇이든 그것이 이미 존재하거나 곧 출시될 확률이 계속 높아진다는 사실에 마음을 놓을 수 있다. 프롭테크는 만병통치약은 아니지만, 우리처럼 몇 주씩 빌딩과 도시의 지속 가능성을 높이고, 작업 공간을 보다 인간적으로 만들고, 업무 처리 절차를 간소화하고, 투명성을 높이고, 다양한 방법으로 부동산 자산을 개선하는 스타트업의 끝없는 흐름을 평가해 보면 희망을 품지 않을 수 없다. 아무도 부동산 산업의 미래가 어떻게 될지 정확히는 알 수 없다. 하지만 우리는 이 장의 나머지 부분에 기술된, 친구들과 동료들의 예측을 통해 용기를 얻는다.

> ***독자들은 그들이 꿈꾸는 부동산 해결책이 무엇이든 그것이 이미 존재하거나 곧 출시될 확률이 계속 높아진다는 사실에 마음을 놓을 수 있다.***

로봇의 부상: 인공 지능, 음성 인식, 생활 환경 컴퓨팅의 효용성

자크 아론스, **메타프롭의 공동 설립자**

인공 지능, 생활 환경 컴퓨팅 및 음성 인식을 포함한 몇 가지 새로운 트렌드는 프롭테크에서 확산되고 있는 플랫폼을 한층 더 발전시킬 것이다. 데이터 통합과 투명성 덕분에 특히 한 개의 플랫폼을 집중적으로 사용하기를 갈망하는 상업용 부동산 기술을 포함해 여러 부동산 시장은 흥미로운 방식으로 발전할 것이다.

지금까지는 임대 관리, 부동산 관리, 업무 지시, 기본 회계 기능, 가치 평가 분석 등 다양한 플랫폼이 고객을 위해 다양한 업무를 수행했다. 이러한 업무는 대부분 크라우드 기반 솔루션이든 사내 솔루션이든 모두 사일로처럼 고립된 독자적 플랫폼에서 처리된다. 이제 우리는 이러한 플랫폼 간의 통합이 훨씬 빈번하게 일어나는 것을 목격하게 될 것이다.

대형 부동산의 소유주들은 모든 업무를 한군데서 처리할 수 있는 하나의 플랫폼을 운영하는 것을 목표로 한다. 어떤 플랫폼이 될지 꼭 집어 말할 수는 없지만, 고객들은 한 가지 플랫폼이나 한 가지 대시보드에 접속해 그곳에서 모든 정보를 얻고 모든 기능을 수행할 수 있기를 원한다.

구글은 처음에 검색 엔진으로 시작했지만 지금은 이메일, 문서 저장과 공유, 통신 통합 서비스를 제공하는 플랫폼으로 진화했다. 어떤 프롭테크 플랫폼이 승리할지 모르지만 차세대 모델이 어떻게 진화할지 상상해 보라. 다양한 기능을 모두 통합하는 플랫폼이 기존 대형 디지털 회사일지, 수십 년 동안 활동한 주변의 전통적인 회계 법인일지, 메타프롭이 지원하는 프롭테크 스타트업일지, 나는 알 수 없다. 하지만 분명히 그것은 다가오고 있다. 통합 플랫폼이 야르디Yardi, 리얼페이지Realpage, MRI에서 나올 것인가, 아니면 전 세계의 VTS에서 나올 것인가? 모두가 주도권을 잡으려고 경쟁하고 있다.

새로운 플랫폼은 새롭고 확장성이 뛰어난 기술 기반으로 구축되므로 API(응용 프로그램 인터페이스) 통합을 처리하기가 더 쉽지만, 기존 대기업들은 자금과 자원이 풍부하여, 자금난에 허덕이는 스타트업이 할 수 없는 방식으로 그 문제에 엔지니어들을 투입할 수 있다. 어찌 되었든 부동산 관리자, 시스템 담당자, 혹은 더 최신의 데이터·크라우드 기반 스타트업 중 하나 이상의 기업이 단일 플랫폼을 만들 것이다.

가까운 장래에 우리가 예상할 수 있는 또 다른 프롭테크 트렌드는 생활 환경 컴퓨팅과 음성 인식이다. 현재 모든 소프트웨어 작업(작업 지시, 매표, 중개인과 건물주의 커뮤니케이션, 입주자 만족도 조사, 체험 플랫폼)은 데스크톱 또는 모바일 애플리케이션에서 수행된다. 앞으로 몇 년 안에 사람들은 손끝이 아닌 음성으로 이러한 플랫폼을 제어할 것이다.

생활 환경 컴퓨팅과 음성 인식의 확산이 왜 중요한가? 그것은 프롭테크 사용에 전례 없는 수준의 효율성을 창출할 것이기 때문이다. 그것은 계속해서 전문가와 고객의 효율성을 높일 것이다. 음성 인식은 고객이 소프트웨어와 상호 작용하는 주된 수단이 될 것이다. 또한 음성 인식 기술이 향상되고, 데이터 품질이 향상되며, 데이터를 분석하는 알고리즘이 개선됨에 따라 로봇의 작업 품질도 향상될 것이다. 인간의 뇌와는 달리 인공 지능의 뇌는 컴퓨팅 하는 데 물리적으로 신경망의 한계가 없다. 로봇의 학습 능력은 기하급수적으로 늘어난다. 로봇이 인간을 바짝 따라오고 있다.

새로운 인공 지능이 프롭테크의 거의 모든 측면에 한층 더 속속들이 침투할 것이다. 그것은 펜과 종이, 팩스를 대체했던 소프트웨어 플랫폼에서 현재 인간이 수행하는 많은 작업을 또다시 대체할 것이다. 예를 들어 과거에는 작업 지시를 수작업으로 적어서 제출했다. 과거와 달라진 점이 있다면, 지금도 수작업으로 작성하는 것은 동일하나 디지털 방식으로 데이터베이스에 투입하고 영원히 저장한다는 것이다. 그러한 데이터 덕분에 매체가 펜과 종이였을 때 사용할 수 없었던 여러 가지 새로운 방법이 점점 더 많이 등장하고 있다.

그러나 인공 지능의 등장 덕분에 현재의 병목 현상이 일어나는 데이터 투입 과정을 고객이 직접 '손으로' 입력해야 할 필요가 없어질 것이다. 당분간은 인공 지능이 우리의 친구가 되겠지만, 〈터미네이터〉 같은 영화를 통해 알 수 있듯이 AI는 영원한 친구가 될 수는 없다. 그것은 부동산 산업에서 데이터 입력과 임대료 징수와 같이 낮은 수준의 일자리를 대체하기 시작할 것이다. 나는 미래에는 그런 일자리들뿐만 아니라 다른 일자리들도 인공 지능으로 대체될 것이라고 믿는다.

생활 환경 컴퓨팅, 인공 지능 및 음성 인식을 결합하면 소프트웨어 플랫폼의 판도를 완전히 바꾸는 플랫폼이 등장할 것이다.

10년 안에 전통적인 부동산 중개인들은 사라질 것이다.

피트 플린트, 트루리아 창업자, NFX 운영자

주택 부동산 산업에 기술 쓰나미가 밀려오고 있다. 그것은 이미 정보, 통신, 검색과 같은 단순한 기능을 대체해 버렸다. 그리고 이제 운영, 중개업, 부동산 관리, 건설 등 점점 더 높은 수준의 기능까지 대체하려 넘보고 있다. 부동산 중개인의 역할은 바뀔 것이고, 대부분의 전통적인 중개인들은 10년 안에 사라질 것이다. 투자자로서 우리는 이런 현상을 지켜보면서 부동산 거래, 대체 주거 시설(오피스텔, 생활형 숙박 시설, 섹션 형 오피스 등 소위 틈새 부동산-옮긴이), 벽돌과 볼트 등의 건축 자재 등 세 가지 핵심 분야에 초점을 맞추고 있다.

2005년부터 2015년까지 10년 동안 기술 발전은 소비자들에게 엄청난 양의 정보를 제공했지만 거래 형태는 여전히 충격적일 정도로 구식이다. 집을 사거나 팔려면 몇 달이 걸리고 수만 달러가 필요하다. 하지만 휴대폰으로는 3분 만에 우버를 현관에 대기시킬 수 있으며 보츠와나에 있는 호텔을 예약할 수 있다. 2015년부터 2025년까지 다음 10년 동안 소비자들은 더욱 빠르고, 더욱 쉽게, 더욱 저렴한 플랫폼을 찾아 거래할 것이다.

기술이 부동산 거래에서 힘을 발휘하는 이유는 소비자 불만, 비용 절감 및 효율성의 문제만이 아니다. 소비자들은 이제 훨씬 더 많은 정보에 접근할 수 있게 되어 새로운 거래 서비스 이용에 자신감을 느끼게 되었다. 소비자들이 가장 먼저 떠올릴 부동산 브랜드는 질로우, 레드핀, 오픈도어 등 디지털 태생 브랜드들이 될 것으로 보인다. 일부 기존 브랜드는 디지털이 가능한 플랫폼으로 전환하겠지만, 나머지는 디지털 브랜드와 팀을 짜거나 이름 없이 표류할 것이다. 그런 맥락에서 우리는 아이바이어처럼 거래 합리화에 초점을 맞춘 프롭테크 기업들의 움직임을 예의 주시하고 있으며, 편리한 현금 거래를 위해 기존 대리점과 협력하고 있는 리본Ribbon에 이미 투자했다.

10년 안에 대부분의 전통적인 부동산 중개업자들이 사라질 것이라는 나의 예측은 대부분의 부동산 거래가 대체 플랫폼을 통해 이루어질 것을 다르게 표현한 것이다. 이러한 변화가 일어나면 중개 및 부동산 회사의 중간 단계가 훨씬 줄어들 것이다.

우리가 관심 있게 관찰하는 또 다른 추세는 수요 측면의 극적인 변화를 나타내는 대체 주거 시설의 증가다. 사람들은 결혼을 늦게 하고, 아이를 늦게 낳고, 집을 늦게 사고, 더 오래 임대한다. 그러나 시장의 공급은 상당히 정적인 상태이다. 구시대적 사고방식에 따르면 이것은 의미가 있다. 집은 물리적 실체이므로 변경하기 힘들다. 그러나 우리는 물리적 공간을 변형하고 용도를 바꾸는 기술 기반 스타트업들을 보고 있다. 이런 기업들은 공동 거주 공간과 디지털 유목민의 부상 등에 대응하기 위해 디지털 기반 생활 솔루션을 만들고 있다. 소비자들은 이 같은 해결책을 애타게 기다리고 있는데 이는 부동산 임대에 익숙한 전통적인 방식에서 크게 벗어나는 것이다.

기술이 봇물 터지듯 터져 나오는 세 번째 영역은 벽돌과 볼트 등 건축 자재 시장이다. 건설, 건물 유지, 부동산 관리는 경제의 거대한 부분을 차지한다. 이 부문에 대한 홈디포Home Depos와 로우Lowe의 연간 매출액은 약 1,700억 달러에 달한다. 미국에서 건설 부분에 사용되는 금액이 매년 1조 달러 이상인 것을 보면 이 부문에 대한 투자는 엄청나다. 부동산 시장에 기술의 적용이 급증하고 있으며 로봇 공학과 컴퓨터 시각이 더욱 발전함에 따라, 나는 앞으로 소프트웨어에 중점을 둔 많은 플레이어들이 부동산 분야에서 성공할 것이라고 믿는다.

프롭테크는 더 빠른 공간, 더 유연한 조건, 더 많은 에너지를 가능케한다.

리사 피카르드, EQ 오피스 사장 겸 CEO

상업용 부동산 내에서 근본적인 변화가 일어나고 있다. 우리 고객의 비즈니스는 변화했고 지금도 변화하고 있으며, 그 결과 그들에게 필요한 CRE 상품도 변화해야 한다. 부동산 소유주들은 대부분 자본 시장에 있는 기업들을 그들의 고객으로 생각했는데, 이는 핵심 고객들이 우리의 자산을 차용 혹은 임대하고자 하는 니즈와는 다르다. 이런 고객들은 자신들의 비즈니스를 운영하고, 당면한 변화를 해결하며, 성공을 거두는 데 도움이 될 수 있는 훨씬 더 유동적인 부동산 상품을 원한다.

기술은 지금까지 대체로 실패했던 상업용 부동산 시장의 세 가지 부문에서 변화를 가져올 것이다: 그것은 더 빠른 공간을 제공하고, 더 유연한 임대 서비스를 제공하며, 더 경험에 의한 일터를 제공할 것이다. 기술은 또한 고객의 구매 채널을 변화시키고 있다. 기술 덕분에 부동산 거래의 투명성을 높이고 부동산 소유주가 완벽한 정보를 실시간으로 얻을 수 있게 되면서 중개인들의 중요성은 작아지고, 부동산 회사들은 소비자에게 직접 마케팅을 하는 경우가 많아질 것이다.

고객이 공간을 결정하고 확보해야 하는 기간이 예전보다 훨씬 빡빡하다. 그들은 이제 이렇게 말할 필요가 없다. "아, 1년 후에 임대차 계약을 해야 하니 미리 매물을 찾아봅시다." 만약 그들이 그렇게 일찍 찾아본다면, 그들은 얼마나 많은 공간이 필요한지 제대로 알 수 없다. 공간이 얼마나 필요한지를 알게 되었을 때는 예전보다 훨씬 더 빨리 공간을 확보하려고 할 것이다. 그들은 또한 공간을 얼마나 오래 사용해야 되는지 모른다. 예전에는 비즈니스 주기가 더 길었다. 당신은 5년 또는 7년 계획을 세울 수 있었다. 하지만 오늘날 기업은 변화가 생기기까지 겨우 6개월 정도의 계획을 세울 수 있는데, 그렇다면 누가 10년 임대 계약을 맺으려 할까? 많은 사람들이 여전히 세입자 개선 수당, 더 많은 보상, 무료 임대료, 그들이 원하지 않는 자산에 대한 다양한 특혜에 '매수'되어 10년 임대 계약을 맺어야 한다. 당신이 한 발 뒤로 물러나 생각해 보면 그 시스템은 실제로 모든 사람에게 비용을 전가한다는 것을 알 수 있다.

또한 이제는 인재를 유치하고 유지할 수 있는 작업 공간이 모든 것을 결정하므로 활력이 넘치고 경험을 제공할 수 있는 환경을 갖춘 작업 공간을 만드는 것이 가장 중요한 일이다. 위워크는 이 세 가지를 모두 해결함으로써 심금을 울렸다. 제이피 모건JP Morgan은 위워크에 가서 이렇게 말할 수 있다. "우리는 은행입니다. 우리는 젊은이들을 끌어들이는 공간을 어떻게 만들어야 할지 모릅니다." 아마존이나 페이스북은 6개월이나 8개월이 아니라 한 달 안에 공간을 확보할 수 있다. 스타트업은 3개월 또는 3년 기간으로 계약할 수 있다.

위워크가 극복해야 할 과제는 시장에서 영향력을 유지하는 것이다. 그들은 계속해서 그들의 제품을 혁신해야 한다. 프롭테크는 부동산 산업 전반에 걸쳐 생산성을 촉진할 것이다. 한 가지 계약 기간을 가진 한 가지 상품 대신, 우리는 그것을 분할하여 다양한 계약 기간의 다양한 상품들을 시장에 제공할 것이다. 어떤 사용자들은 10년 임대를 원할 것이고, 그들은 맞춤형 기능을 가장 많이 갖출 수 있을 것이다. 6개월 또는 1년이라는 기간을 선호하는 사용자들을 위한 상품은 고전적인 사무실 공간이나 아파트처럼 될 것이다. 기성 공간이 잘못되면 그것을 재임대(再賃貸)하는 데 어려움을 겪을 수 있기 때문에 임대인들 역시 고객 선호도를 이해하기 위해 기술을 사용하는 것이 매우 중요할 것이다.

고객에 관한 기술 기반 초점은 B2B 모델에서 B2C 모델로 이동하고 있다. 신뢰와 투명성 부족 때문에 중개인이 필요하지만, 기술이 거래에 대한 좋은 정보를 실시간으로 제공한다면 우리는 고객과 더 직접 연결되고 제품에 대한 고객의 인지도를 스스로 쌓을 수 있다. 부동산 회사의 CEO가 다른 회사를 통해 마케팅하는 대신, 오히려 인재를 격려시키는 것에 초점을 맞추는 자체 HR 부서가 결정을 주도하는 우리의 고객에게 직접 마케팅할 것이다.

인공 지능과 자가 운영 빌딩의 부상

로버트 엔틴ROBERT ENTIN**, CIO, 보르나도 부동산신탁**VORNADO REALTY TRUST **부사장**

나는 블록체인이 언젠가는 부동산에 심오한 영향을 미칠 것이라고 굳게 믿지만, 부동산에 가장 큰 영향을 미칠 다음 기술의 물결은 인공 지능이 될 것이다. 우리는 이미 인공 지능이 우리가 하는 모든 일과 거의 부동산업계에 서비스를 제공하는 소프트웨어 제품에 파고드는 것을 봐 왔다. 인공 지능은 조금씩 각 분야에 스며들고 있으며, 그중 가장 큰 영향은 스스로 운영될 수 있는 건물을 만드는 것이다.

사람들은 오랫동안 건물 데이터를 수집해 왔다. 첫 번째 단계에서는 그들은 데이터를 수집했지만 냉각기나 온도 조절기가 고장 났을 가능성을 읽고 손수 해결하는 것 외에는 별다른 조치를 할 수 없었다. 두 번째 단계에서는 어딘가에서 사전에 설정한 수치를 넘어서면 시스템이 건물 관리자에게 경고 신호를 보냈다. 세 번째 단계에서는 머신 러닝이 시스템을 연결하여 시간이 지남에 따라 건물을 학습하고, 이상 징후를 찾아내고, 스스로 조정할 수 있을 뿐만 아니라, 무언가 잘못되었을 때 당신에게 경고 메시지를 보낼 수 있다.

인공 지능의 패러다임 전환은 더 이상 규칙을 정해 알고리즘을 프로그래밍하지 않는다는 것이다. 우리는 어떤 게임이든 컴퓨터에 게임의 규칙을 가르치고 컴퓨터가 게임을 수백만 번 반복함으로써 승자와 패자를 결정할 수 있도록 만든다. 그리고 컴퓨터는 이것을 단순하게 이해한다. 그런 뒤 컴퓨터는 승소 사례와 패소 사례를 각각 다른 양동이에 넣고, "좋아, 승소 사례처럼 보이는 것들을 원해."라고 결정한다. 이것은 빅 데이터와 패턴 인식에 있어서 엄청난 훈련이며 우리가 통상 컴퓨터를 프로그래밍하던 방식과는 매우 다르다.

인공 지능이 효과적으로 운영되려면 당신은 엄청난 양의 데이터(수백만 번 반복)가 필요하며, 부동산 시장에는 그런 데이터가 없는 곳이 많다. 예를 들어, 특정 시장에서 상업용 임대 거래는 그리 많지 않다. 반면에 주택 분양 시장은 이상적이다. 질로우와 다른 프롭테크들은 우편번호, 인종, 소득, 가격, 지역 구획, 동향 등 많은 양의 복잡한 데이터를 갖고 있다.

이런 종류의 생태계와 많은 데이터를 가진 부동산 중 하나가 사무용 건물이다. IoT와 모바일 기술 덕분에 머신 러닝을 채택한 에너지 관리 플랫폼이 곳곳에서 생겨나고 있다. 그것들은 이제 정말로 시작 단계에 있으며, 어떤 것이 잘못되었을 때 스스로 알아내거나, 설정값을 변경하거나, 또는 다른 조처를 할 수 있다.

자율 운영 건물을 언제 볼 수 있을까? 나는 일단 혁신이 뿌리를 내리면, 혁신은 무어의 법칙을 따라 빠르게 증식한다고 믿는다. 예상하건대 5년 후에는 BMS(건물 관리) 시스템이 매우 달라질 것이다. 한 가지 걸림돌은 대형 BMS 공급업체가 제작한 기본 소프트웨어 시스템이 구식임에도 건물 소유자들은 아직 더 좋은 소프트웨어를 요구하지 않는다는 것이다. 이런 시스템을 기반으로 만든 새로운 플랫폼은 그 기반 때문에 제약을 받는다.

흥미롭게도, 수천만 제곱피트의 공간을 사용하는 구글은 이 부문에 관한 관심이 매우 높다. 다른 모든 것과 마찬가지로, 구글은 BMS 제조사에 가서 개선을 요청할 것이고, 만약 개선되지 않거나 개선 속도가 너무 느릴 경우 자체 시스템을 구축할 것이다. 나는 그것이 건물 관리 시스템 산업을 뒤흔드는 힘 중 하나가 될 것으로 본다. 언젠가 부동산업계에서 구글을 만나는 것은 놀라운 일이 아닐 것이다.

기술은 더 좋은 입주자 환경과 공간 활용도를 만들 것이다.

제프 베르맨JEFF BERMAN, 케임버 크릭CAMBER CREEK의 GP(운영파트너)

부동산 산업은 기회가 무궁무진한 기술 분야의 신세계다. 흥미진진한 것이 너무 많아서 하나에 집중하기 어렵다. 그러나 일반적으로 나는 자율 주행 차량이나 도시 교통 솔루션과 같이 긍정적인 행동 변화의 기회를 창출하는 기술의 팬이다. 나는 뉴욕에 여러 해 동안 살았지만, 여전히 뉴욕시가 해결해야 하는 보행자, 차량, 대중교통 문제가 산재해 있다는 사실에 놀라지 않을 수 없었다. 자율 주행 차량은 모든 규모에서 우리가 도시와 상호 작용하고 계획하는 방식을 근본적으로 바꿀 수 있는 잠재력을 가지고 있다.

부동산 산업에서 나는 세입자, 주거, 최종 사용자 경험을 강화하는 기업과 활용도가 낮은 공간을 최대한 활용하는 데 집중하는 기업을 평가하는 일을 하고 있다. 후자는 사람들이 사는 공간, 즉 그들이 일하고, 생활하고, 쇼핑하고, 즐기는 공간을 구입하고 활용하는 방식이 변화함에 따라 최근 시장의 관심을 끌고 있다. 상업용 부동산의 세계에서, 공유오피스라는 개념이 기업과 사람들이 그들의 부동산 요구에 어떻게 접근하는지를 다시 생각하게 하는 원동력이다.

세입자 측면에서 보면 대기업이라도 이제는 장기 계약을 할 필요가 없다. 집주인의 관점에서 보면, 그들의 부동산을 경쟁사와 차별화할 기회는 더욱 진취적인 공유오피스 기업들에서 찾을 수 있다. 혁신가들은 이렇게 말한다. "우리가 당신 사무실 빌딩의 X층을 관리하겠습니다. 건물 바닥을 사람들이 실제로 일하고 있는 방식에 적합하도록 다시 나누고, 총수입의 일정 비율을 가져가겠습니다."

그러한 경우, 공유오피스 회사는 본질적으로 자산 경량화 전략(기업이 고비용이 소요되는 장비나 건물 등을 소유하지 않고 임차하는 방법으로 자산의 효용을 극대화하는 사업 전략-옮긴이)을 채택한 호텔 운영자의 모델을 따르고 있다. 다세대 주택 분야에서는 말 그대로 아파트 건물을 호텔로 바꾸는 기업들이 속출하고 있다. 우리가 투자한 회사 중 와이호텔Why Hotel은 거의 모든 다세대 임대 부동산 개발업자가 직면한 문제에 대해 새롭고 기술적인 접근 방식을 취하고 있다. 와이 호텔은 임대 과정에 있는 새로운 개발 단지에서 팝업 호텔을 운영하며, 공실에 따른 손실 대신 수익을 창출하는 동시에 아파트 환경에 1등급 호텔 수준의 경험을 제공한다.

와이 호텔이 현장에 있으므로 새 세입자들은 거의 비어 있는 건물에서 몇 달 동안 살 필요가 없으며, 소유주들은 그들이 중요한 시기에 새로운 수익원을 얻고 있다는 사실을 좋아한다. 와이 호텔은 프롭테크와 미래의 부동산 산업의 양대 축인 세입자 경험과 활용도가 낮은 자산의 수익화를 모두 지원하는 많은 기술 사례 중 하나이다.

전문가의 예측

"프롭테크는 부동산업계 리더들 사이에서 가장 큰 관심을 끌고 있습니다. 아시아에서, 제가 말한 업계 지도자들은 프롭테크의 영향과 잠재적인 기회를 인식하여 혁신, 채택, 투자로 이어지는 선순환 구조를 주도합니다. 장기적으로 보면 이 구조는 더 빠르게 성장할 것입니다. 단기적으로, 많은 부동산 리더들은 프롭테크 플랫폼을 독점화하기보다는 이해 관계자들 간의 협업이라는 더 큰 아이디어를 수용해야만 할 것입니다."

- 림밍옌Lim Ming Yan, 캐피털랜드CapitalLand 전 사장 겸 그룹 CEO

"우리는 어떻게 가족 그리고 호텔 자산 운영자들이 서로의 전통적인 경계를 넘볼 수 있는지에 대해 흥미롭게 보고 있습니다. 기술은 이런 격차를 좁히고 소비자들의 경험을 변화시키기 시작했으며 이런 현상으로 말미암아 두 자산 계층의 기본 규칙이 뿌리째 흔들리고 있습니다. 우리는 또한 기술이 이러한 자산에 접근하는 방법을 변화시키고 있다는 사실에도 흥분하고 있습니다. 또한 부동산 토큰화(모바일 결제 시스템에서, 신용카드와 같은 개인 정보를 보호하기 위해 관련 정보를 토큰으로 변환하여 사용하는 방식-옮긴이)의 미래를 조심스럽게 낙관하고 있으며 이 시장이 형성되기 시작하면서 근본 원리부터 배우기 위해 매우 초기의 토큰화 사업에 조용히 참여하고 있습니다."

– 라이언 프리드먼Ryan Freedman, 코리진 벤처스Corigin Ventures 회장 겸 CEO

"저는 몇 가지 이유로 그 어느 때보다도 더 많은 스타트업을 보고 있습니다. 스타트업의 자본 비용이 사상 최저 수준이고, 지난 20년간 컴퓨터 기술 혁신으로 인해 무언가를 시작하는 것이 그 어느 때보다도 쉬워졌으며, 뉴욕의 스타트업 생태계는 그 어느 때보다도 강력해졌습니다. 자금 조달 규모 역시 증가했습니다. 2017년 벤처 캐피털사들은 프롭테크에 50억 달러 이상을 투자했습니다. 이들 스타트업이 더 빠른 속도로 실패하고 있는지를 판단하기는 아직 이릅니다. 지난해 자금 조달이 대규모로 증가했으며 프롭테크가 잘 확장되고 있는 것처럼 보이지만, 거시 시장 환경이 영향을 미칠 것으로 보입니다. 벤처는 경기 순환적인 사업이며 우리는 오랫동안 순환의 한쪽에 있었습니다."

– 스튜어트 엘먼Stuart Ellman, RRE 벤처스RRE Ventures 공동 설립자 겸 무한 책임 사원

"내 생각에 프롭테크는 앞으로 몇 년 안에 대단한 영향을 미칠 것입니다. 우리는 금융 산업에서 배웠습니다. 5년 전만 하더라도 그들은 핀테크 스타트업과 함께 일하지 않았습니다. 2017년 아마존이 금융업계에 진출한 것이 전환점이 되었습니다. 오늘날 아마존, 구글, 마이크로소프트, 그리고 이케아는 부동산을 위한 새로운 솔루션에 투자하고 있습니다. 그들은 네덜란드 부동산업계를 뒤흔들어 놓을 수도 있습니다."

– 바우터 트루피노Wouter Truffino,
홀랜드 콘테크 앤드 프롭테크Holland ConTech & PropTech CEO 겸 설립자

"우리는 부동산을 연결하는 방법, 가격 모델, 그리고 유통 모델을 예전과 다른 방식으로 점점 더 많이 만들어 낼 것입니다. 주택 담보 대출자가 대출을 승인하고 시작하는 방법을 새로이 개척하고, 다양한 금융 상품들이 등장할 것이며, 주택 소유를 더 쉽게 처리할 수 있는 새로운 방법들이 나타날 것입니다. 모든 것이 이러한 추세를 따라야만 할 것입니다. 부동산 산업은 수많은 다양한 참여자들이 참여하는 생태계이며, 여러분이 이러한 새로운 변화를 따라가지 못한다면 사람들은 여러분과 사업을 함께하지 않을 것입니다."

- 패트릭 번스Patrick Burns, 스프루스Spruce CEO

"저는 프롭테크라는 말을 들으면 매우 흥분됩니다. 프롭테크는 정확히 8년 또는 10년 전의 금융 서비스 분야처럼 성장과 확장 기회가 무르익어 가는 산업입니다. 하지만 프롭테크의 적용 가능성은 핀테크보다 훨씬 더 국제적이고 다수가 참여할 수 있는 구조입니다. 저는 이것을 정말로 국제적 비즈니스 차원에서 검토해 볼 가치가 있다고 생각합니다. 만일 당신이 자신의 자본, 그 자본의 분배, 좋은 펀드에 LP참여 등을 잘 준비하면 금융 서비스의 시작 단계에서 가능했던 것보다 국제적 비즈니스를 훨씬 더 많이 할 수 있는 진정한 기술을 보유할 수 있습니다."

- 나딤 샤이크Nadeem Shaikh, 안테미스Anthemis그룹 설립자 겸 전 CEO

혁신 대화

브래드 인만Brad Inman, 인만Inman 이사회 의장

메타프롭 : 당신과 인만은 부동산 기술 미디어의 선구자였습니다. 사업 분야를 부동산에 집중하고 점점 더 프롭테크로 확장하는 이유가 무엇입니까?

브래드 인만 : 저는 캘리포니아 신문사에서 수년간 소비자 기자로 일했습니다. 그리고 상업적인 인터넷이 등장했을 때, 저는 부동산업계에 관심이 있는 독자들을 발견했고, 인만 투데이Inman Today를 만들었습니다. 저는 1996년 처음부터 기술이 어떻게 산업을 재편하여 더 나은 소비자 경험을 창출할 수 있는지에 초점을 맞췄습니다.

메타프롭 : 부동산 미디어 거물로서 프롭테크의 중요성과 발전에 대해 어떻게 생각하십니까?

브래드 인만 : 거물이라는 단어는 제가 바라던 말은 아닙니다. 새로운 기술이 소비자들이 부동산 거래에서 힘들어하는 부분을 없애고, 단순하고 비용이 적게 들며 투명한 거래를 만들 수 있다는 것은 분명합니다. 그것은 매우 간단한 문제입니다.

메타프롭 : 당신의 경험으로 볼 때, 지난 몇 년 동안 부동산 회사 임원들의 프롭테크에 대한 태도는 어떻게 바뀌었습니까?

브래드 인만 : 그들은 한때 프롭테크와 싸웠습니다. 때로는 불법적인 방법을 동원하기도 함으로써 미국 법무부의 노여움을 사기도 했죠. 이제 그들은 프롭테크를 받아들이지 않으면 소멸할 것입니다. 부동산 산업이 두려움과 오만함에 사로잡혀 있는 바람에 새로운 기술 회사들은 너무나 많은 것을 포기했습니다. 새로운 혁신이 업계에 가져올 위험에 대한 글을 통해 사람들이 프롭테크의 중요성을 인식하면서부터 그런 태도는 사라졌습니다.

메타프롭 : 지난 2년간 프롭테크에 대한 벤처 캐피털의 자금 조달 규모가 2015년 42억 달러에서 2017년 126억 달러로 비약적으로 증가한 사실을 어떻게 생각하십니까?

브래드 인만 : 크게 보면 그것은 발전에 게을렀던 기존 업계 종사자들에게 불가피하게 발생할 수밖에 없었던 현상이었습니다.

메타프롭 : 프롭테크 스타트업을 이해하고 독자들에게 전달할 때 가장 어려운 점은 무엇입니까?

브래드 인만 : 대부분의 스타트업들은 문제를 해결하려고 사업에 뛰어들지만, 해결책이 얼마나 복잡한지는 잘 모릅니다. 사람들이 그다지 자주 이사하지 않기 때문에, 어쩌다 해야 하는 복잡한 부동산 제반 절차를 빠르고 쉬운 기술 경로로 바꾸는 것은 어려운 문제입니다. 기존 부동산업계 종사자들은 부동산 관계망과 데이터를 장악하고 있습니다. 게다가, 그들은 소비자들이 인정하는 가치 있는 서비스를 제공합니다. 대부분의 스타트업은 기존 부동산업계와 제휴하면 성공합니다. 그러나 아이바이어스와 같이 업무에 차질을 주는 모델들이 등장했으며 그들은 다른 길을 가고 있습니다.

메타프롭 : 가장 인상 깊었던 프롭테크 스타트업은 무엇입니까?

브래드 인만 : 포털, 서비스형 소프트웨어Saas 솔루션, 예측 분석, 결제, 그리고 아이바이어스입니다.

메타프롭 : 어떤 전통적인 부동산 회사들이 프롭테크를 가장 잘 활용하고 있습니까?

브래드 인만 : 불경기 이후에 기술을 수용하고 차별화된 철학으로 소비자와 거래하는 독립적인 중개 회사들이라고 생각합니다. 그들은 변화를 수용합니다.

메타프롭 : 프롭테크가 가까운 미래에 어떻게 변화할 것으로 생각하십니까?

브래드 인만 : 실수도 하고 비틀거리며 발전하여 부동산 거래 양상을 완전히 개편할 것입니다.

결 론

미래의 부동산 산업을 품다

기술에 정통한 사람들은 프롭테크의 폭과 범위에 위협을 느낄 수 있다. 메타프롭에서 우리는 부동산 기술과 함께 먹고, 숨 쉬고, 잠을 잔다. 그것은 바로 우리의 열정 때문이다. 그럼에도 불구하고, 트렌드, 새로운 스타트업과 플레이어들, 그리고 프롭테크 초기 단계의 주요 투자들을 파악하려면 고도로 전문화된 우리 팀이 쉴 새 없이 노력해야 한다.

우리는 이 책이 좋은 출발점이 되기를 바라며, 만약 여러분이 이 산업에 처음으로 발을 들여놓았다면 프롭테크로 더 깊이 들어가는 데 도움이 되는 몇 가지 중요한 역학 관계 그리고 기본 전략을 이해하길 바란다. 이 책은 서로 간의 연결을 더 쉽게 해 주는 것은 물론 프롭테크 트렌드와 해결책을 찾아볼 수 있는 체계를 보여 준다.

뒷부분에 수록된 참고 자료에서 부동산 실무자들이 이러한 복잡한 상황을 헤쳐 나가는 데 도움이 될 수 있는 몇 가지 경로를 실었다. 우리는 지면의 제약과 급격한 변화의 속도를 고려해 행사, 액셀러레이터, 벤처 캐피털, 인플

루언서, 언론 매체 등 각 범주에 속하는 소수의 조직 또는 개인만 소개한다. 그러나 독자들은 참고 자료 부분에 소개한 우리의 온라인 주소를 통해 최신 목록과 점검 항목 등 기타 참고 자료를 더 광범위하게 조회할 수 있다. 여러분은 또한 온라인으로 수십 개의 '메타프롭' 혁신 대화를 더 찾아볼 수도 있다.(사실 여기에서는 프롭테크의 선구자 격인 지도자들과 진행한 대화 가운데 일부만 소개했다.)

당장 이 분야를 완전히 파악하고 해당 분야에 영향을 미칠 수 있는 유망한 스타트업을 모두 찾아볼 필요는 없다. 그것은 엄청난 부담을 줄 뿐이다. 우리는 여러분이 단지 프롭테크의 맛을 보기만 바란다. 여러분이 공감하는 부동산 기술에 관한 뉴스와 블로그를 추적해 보라. 프롭테크 행사를 몇 군데 참가하고 네트워킹을 시작하라.

또한 프롭테크와 협력하기 위해 동료와 직원을 초대하고 지원하라. 모든 회사가 기술적인 회사가 되어야 한다는 사실을 인정하기를 바란다. 그것은 기술이 모든 이들의 업무의 일부분이 되었다는 것을 의미한다. 다행히 기술 문제를 'IT 전문가'에게 맡기던 시대는 지나갔다. 프롭테크는 더 이상 한 사람이나 한 부서 내의 일이 아니다. 여러분이 부동산의 어떤 분야에서 일하든 프롭테크는 여러분 조직 전체에 영향을 미치면서 수많은 위협과 기회를 창조할 것이다. 전사적인 디지털 전략으로 무장한 기업은 경쟁력이 강화될 것이다.

변화는 지속된다는 진부한 말은 프롭테크에도 완벽하게 적용된다. 기술이 발전함에 따라 수많은 해결책이 등장했다가 사라지는 현상이 점점 더 심해진다. 평가, 목록 작성 및 수정은 절대 끝나지 않은 과정이지만, 기술은 단순히 도구이며 전략을 효과적으로 수행하는 방법이다. 프롭테크의 핵심은 혁신을 받아들임으로써, 잔뜩 겁을 먹고 과거로 후퇴하는 것이 아니라 혁신을 조직 내 모든 부문의 일부로 만들어 기회가 넘쳐나는 미래를 맞이하는 것이다.

혁신 대화 - 2022

맷 샴파인Matther Shampine, 동네DongNae 공동 창업자 및 CEO

메타프롭: 수년 동안 멋진 회사들을 창업하는 데 참여했고, 국제 스타트업 시장에서 일할 기회가 많으셨습니다. 한국 시장에서 '동네'라는 사업체를 시작한 계기가 있으시나요?

맷 샴파인: 한국 시장에서 창업을 하고 자리 잡을 기회를 준 위워크에 크나큰 감사를 드립니다. 위워크 덕분에 상업용 부동산업계에 발을 들일 수 있었고, 위워크 이벤트에서 아내 수현도 만났습니다. 위워크와의 협업이 끝나자 그다음엔 무엇을 할까 고민했고, 많은 사람들에게 긍정적인 영향을 줄 수 있는 일이면 좋겠다는 생각이 들었습니다. 주거용 부동산 이상으로 기회가 큰 시장을 생각할 수 없었고, 나의 동업자인 인송과 나는 2020년에 동네를 시작했습니다.

메타프롭: 당신은 동네를 한국에서 가장 성공적인 스타트업 중의 하나로 만드셨지요. 따라서 부동산과 기술의 지역적 교차점을 누구보다 잘 알고 계십니다. 현 시점의 한국 프롭테크는 어떤 상황이고, 수년간 한국 프롭테크 생태계는 어떻게 진화할까요?

맷 샴파인: 한국 프롭테크 생태계는 최근 번성하였습니다. 직방, 버킷플레이스Bucketplace, 당근마켓, 그리고 야놀자는 국내에서 잘 알려져 있고 해외로 성장하는 단계입니다. 아파트멘터리, 인테리어티처, 엘페크스, 패스트파이브, 알스퀘어, 어반베이스 모두 빠르게 성장하고 있습니다. 앞으로 몇 년간, 한국의 프롭테크 생태계는 국내외에서 급성장을 계속할 것입니다. 한국의 문화적 그리고 기술적 강점을 생각하면, 프롭테크 스타트업은 디자인, 메타버스, 블록체인 그리고 AI 부분에서 자원적인 큰 혜택을 받을 수 있습니다.

메타프롭: 오늘날 한국의 전통적 부동산업의 가장 큰 기술적·혁신적 기회는 어떤 것이 있을까요?

맷 샴파인: 메타버스, 블록체인, 그리고 AI의 창의적인 적용이 국내에서나 해외에서나 큰 기회가 되리라고 봅니다. 직방 같은 스타트업은 소마와 같은 메타버스 제품을, 카사는 블록체인을 활용한 건물의 단편적인 소유권을, 인

테리어티처는 AI를 사용한 인테리어를 공급하지요. 이처럼 한국 스타트업은 굉장한 단계를 이미 열어 가고 있습니다. 비록 초기 단계라고는 하나 분명 전통적인 부동산 회사들은 그 파급력을 실감하고 있을 겁니다.

메타프롭: 새롭게 부상하는 부동산 혁신 리더들에겐 해외 진출이 굉장히 중요한 토픽입니다. 프롭테크 스타트업들은 어떤 도전을 받게 될까요?

맷 샴파인: 프롭테크 스타트업에게 크로스보더(국경을 넘는) 성장은 부동산이라는 물리적 요소와 맞물려 더욱 복잡할 겁니다. 나의 개인적 경험에 미루어 보면, 새로운 시장에 도전하는 접근 방법은 1)제품의 지역화 강도를 정하고, 2)모든 지역적 관습, 법령, 규제를 확인하며, 3)자신의 기업 문화가 그 지역 국가에 잘 뿌리내릴 수 있는지 확인하는 겁니다. 그런 사항들을 생각하며, 새로운 시장에서 좋은 팀원들이 좋은 기술력으로 당당하게 해 나갈 수 있게 지원하는 겁니다.

혁신 대화 - 2022 SEOUL

이수진, 야놀자 총괄대표이사

메타프롭: 대표님은 야놀자를 한국시장에서 선두주자로 만들었습니다. 조직이 커감에 따라 일상의 역할이 어떻게 바뀌었나요?

이수진: 초기 스타트업의 창업자는 대부분 모든 영역에서 자신의 아이디어와 가설 등의 실행을 통해 실패와 성공을 반복하며 조직과 사업에 대한 학습과 이해를 합니다. 저 또한 기업의 생존여부가 달렸던 초창기 야놀자 시절에는 사내 모든 조직의 의사결정과 실행을 하는 실무자이자 실무형 리더였습니다. 회사가 어느 정도 성장한 단계에 이르러서도 실무형 리더로서의 역할은 변하지 않았고, 각 조직과의 협력과 의사결정에 적극 관여했습니다. 회사의 비전과 비례해 사업 영역이 계속 확장되면서 저는 조직의 각 영역에서 전문가가 필요함을 인지했고, 그 전문가를 통해 최상의 퍼포먼스가 나야 한다는 것을 깨달았습니다. 현재 야놀자는 각 부문별로 전문가들인 조직장이 권한과 책임감을 갖고 업무를 추진하고 있습니다. 창업주이자 총괄대표로서, 각 조직마다 전문성을 갖고 지속가능한 성장을 위한 환경을 구축하는지에 대해 논의하고 그에 따른 결정을 지지하고 조력하는 역할을 합니다. 특히, 기업의 비전을 지속적으로 챙기며 조직과 구성원들이 우리가 설정한 비전에 한 걸음 더 가까이 가기 위한 조직력을 만드는 데 중점을 두고 업무에 임하고 있습니다.

메타프롭: 지난 몇 년간 한국스타트업 마당은 어떻게 진화되었나요? 프롭테크가 스타트업 생태계의 다음 단계를 위해 어떤 요인이 될 것 같습니까?

이수진: 한국 대부분의 스타트업은 저자본으로 쉽게 창업할 수 있는 인터넷 서비스 기반의 영역에서 인적 리소스를 활용하며 시작했습니다. 이후, 대규모 마케팅을 통한 브랜딩과 투자 유치를 통한 서비스 고도화 등을 통해 이용자를 확보하는 게 일반적인 성장 방식이었습니다. 이용자가 확보되고 성장하면서, 투자도 적극적으로 이뤄졌습니다. 그 과정에서 성공가도를 달리던 스타트업 창업자들은 시장 지배력 강화를 위해 기존 산업 영역까지도 아우르기 위해 노력했고, 궁극적으로 모든 산업영역에 있어 디지털 전환이 가능하다는 생각을 갖게 했습니다.이러한 과정은 이미 실리콘밸리에서 성공한 유수한 빅테크 기업들을 직간접적으로 벤치마킹하며 충분히 체득할 수 있었고, 이들의 일하는 방식 또한 각 조직의 특성에 맞춰 적용하며 내재화하며 성장했습니다.

지금은 거의 모든 분야에서 창업이 이뤄지는 시대다 보니, 그나마 덜 활성화된 영역 혹은 전통 기술 영역까지도 혁신할 수 있다는 자신감이 그간의 경험을 통해 축적된 것 같습니다. 즉, 인터넷 기반의 작은 서비스나 콘텐츠 영역에서의 창업기반이 결국 인간이 삶을 영위하는 공간의 영역으로 확장해 실질적인 편리함을 만들고, 이를 데이터로 축적한 후 데이터를 활용해 더 고도화된 효율을 나타나게 하는 형식으로 진화하고 있습니다. 프롭테크 영역 또한 정해져 있는 하나의 카테고리가 아닌 인간이 영위하는 모든 공간과 콘텐츠, 서비스, 기술을 아우르는 융합 생태계가 될 것으로 생각합니다.

메타프롭: 대표님께서 공간을 디지털화하고 자동화 할 필요성을 얘기하셨는데, 한국여행업과 부동산업 그리고 기술세계와의 관계는 어떻게 될까요?

이수진: 공간을 디지털화 한다는 것은 정보의 비대칭을 대칭화 시키는 매우 유의미한 전환입니다. 정보의 비대칭은 접근이 어렵고, 그 어려움은 이용자에게 불편함을 주면서, 결국 돈의 흐름이 차단되는 악순환을 불러일으키지요. 즉, 정보의 비대칭은 유무형 가치의 성장을 저해하는 요소라고 볼 수 있습니다. 전 세계적으로 여행이나 관광으로 소비되고 경제성장을 주도하는 선진국들의 사례는 단편적인 이야기가 아닌, 지질학적, 경제학적으로도 반드시 연구해야 하는 아젠다가 됐습니다. 결국 전세계 모든 사람들이 쉽게 정보를 얻고 사용할 수 있을 때, 비로소 부동산 활용 또한 극대화되면서 부동산의 본질적인 가치인 '사용성'이 활발하게 일어난다고 봅니다. 그렇기 때문에, 쉽게 정보를 얻고, 데이터를 이용하고 활용하는 부분에 대해 초점을 맞출 필요가 있습니다. 그것이 공간과 공간의 이동을 수월하게 하는 장치이자 프로세스와 시스템을 갖추는 중요한 이유가 되기 때문입니다.

메타프롭: 국제적인 M&A는 야놀자의 성장분야로 보여집니다. 해외의 새로운 시장에 대한 대표님의 접근법은 어떤걸까요?

이수진: 야놀자의 글로벌 사업영역은 크게 두가지로 구분할 수 있습니다. 글로벌 수준의 상위 밴드에 부합하는 사업과 철저한 현지화를 통해 각 지역의 문화, 생활여건을 수반하는 부분을 고려한 사업이 그것입니다. 때문에, 글로벌 수준에 맞출지 혹은 타깃 지역을 정한 후 현지화를 통해 확장을 할 것인지에 따라 사업의 방향성과 전략은 달라지고, 철저히 그 기준에 따라 사업을 추진합니다. M&A 또한, 위 두 가지 기준에 맞춰 진행되며, 향후에도 새로운 시장으로의 접근 방식은 이와 유사할 것입니다.

후 기

Afterword-2022

저는 호텔·서비스업에서 일하는 관계로 자주 출장을 다니곤 했습니다. 그러던 중 부동산과 여행에는 어떤 상호보완적 상관관계가 있다고 느끼게 되었습니다. 부동산은 늘 움직이지 않고 한자리에 있어 우리에게 편안함을 주지만, 'Travel', 말 그대로 '움직임'은 평소에 내가 편안해하는 영역을 넘어 새로운 사람을 만나고, 배우고, 기회를 찾아다니게 하곤 합니다. 호텔이라는 고정된 위치에 기반한 정적인 유형 자산을 다루는 저는, 그렇게 만난 사람들을 통해 새로운 확장 기회를 찾으며 사업의 비전도 재점검할 수 있었습니다. 또한 그런 '움직임' 속에서 부동산 산업의 진화 과정을 이해하게 되었습니다.

이러한 진화 과정을 관찰하는 동안 저는 부동산 산업이 진화하는 이유와 방향을 다음과 같은 질문 속에서 찾았습니다. "사람들은 왜 그렇게 부동산을 소유하거나 투자하려고 할까?" 그에 대한 답은 사실 단순합니다. 부동산은 우리가 만질 수 있는 유형의 자산이기 때문입니다. 아주 옛날부터 사람들은 끊임없는 세상의 변화에 맞서야 했습니다. 태초에는 자연이 가장 큰 변화 요소였습니다. 생명을 위협하는 자연의 변화무쌍함을 이해하고 이를 피해 안전한 쉼터를 만드는 것이 인간의 본능이었습니다.

오늘날 문명의 발달과 함께 사람들은 일상의 위협들로부터 어느 정도 벗어났다 생각하지만, 이제는 자연을 넘어 우리 스스로가 만든 요소에서 위협을 느끼곤 합니다. 인간 스스로 반복하며 만드는 전쟁, 우리가 파괴한 자연으로부터 되돌아오는 건강에 대한 위협, 사람이 만든 경제 시스템에서 발생하는 예상 밖의 위기 등, 시대가 지났어도 미래는 예측 불가능하고 사람들은 여전히, 심지어는 예전보다 더 불안감에 떱니다. 그래서 사람들은 무언가 단단하고(콘크리트처럼!) 손에 잡힐 수 있는 구체적인 것에 의지하고 싶어 합니다. 부동산은 사람들에게 그런 존재입니다.

예술, 법조계, 의학 계통, 테크 기업 등 어떤 분야에서든 성공한 사람들은 대부분 성공적 커리어를 통해 재무 안정성을 얻고 나서 가장 먼저 부동산을 매입합니다. 누구든 어떤 변화가 일어나도 편하게 발 뻗고 누울 수 있는 공간, 소유물을 갈구하기 때문일 것입니다.

그런 맥락에서 결국 부동산과 그 변화의 흐름을 가장 잘 이해하려면 인간의 본성을 알아야 한다 생각이 들었습니다. 한 시대의 부동산의 모습은 당대의 인간의 욕구를 반영하기 때문입니다. 역사를 통해 배울 수 있는 인간 본성의 한 특징은, 사람들의 욕구와 필요성은 시간이 지남에 따라 변한다는 것입니다. 우리는 늘 삶을 더 낫고 편리하게 만들어 줄 수 있는 것들을 찾습니다. 그래서 우리가 원하는 부동산의 모습과 필요로 하는 요소들이 변하고, 그에 따라 부동산의 가치도 함께 변하지요.

이 책의 1장에서 다룬 내용과 같이, 지난 10년간 좀 더 나은 것, 좀 더 편리한 것을 갈망하는 인간의 필요가 기폭제가 되어 부동산업과 프롭테크 분야도 엄청난 성장을 이뤘습니다. 과거의 왕권자, 군림자, 오늘날 거대한 부를 거머쥔 이들은 다양한 방법으로 자신의 힘을 건축물을 통해 나타내고자 했습니다. 과거의 거대한 궁궐과 무덤에서부터 오늘날 하늘에 닿을 듯한 마천루까지 기술의 발전과 함께 인간이 부동산을 통해 표현하고자 하는 바도 계속해서 진화하고 있습니다. 근대 한국의 변화된 취향과 지향하는 거주 형태가 서울을 가득히 메운 고층 아파트들의 가격에 어떤 영향을 미쳤는지 우리는 지난 몇 년간 보아 왔습니다. 불과 100년 전만 해도 나무로 만든 한옥에 살던 우리 선조들에게는 상상할 수 없는 일이었겠지요.

저희 회사는 62년 전 콘크리트 기반 건자재 생산을 모태로 시작되었습니다. 만일 콘크리트 기술이 발전되지 않았다면 오늘날 한국의 모습도, 부동산의 가격도 많이 달랐겠지요. 미래에는 변화하는 우리의 욕구와 필요에 따라 삶을 편리하게 만들어 주는 프롭테크의 발전과 함께 또 어떤 세상이 올까요? 이 책에서 나오는 미국의 프롭테크 회사들의 예처럼 우리나라에서도 한국인의 취향과 필요에 맞게 여행 예약 플랫폼 야놀자, 부동산 정보 검색 플랫폼 직방, 공유 오피스업계의 리더 스파크플러스 등 다양한 프롭테크 기업들이 출현하여 우리의 삶을 바꾸었습니다. 앞으로 변해 갈 프롭테크와 기술 혁신의 방향을 예측해 본다면, 우리는 기술보다 사람, 특히 우리의 욕구와 필요에 따라 변화되는 우리의 생활방식을 바라봐야 한다고 생각합니다. 그래서 계속해서 진화되는 우리의 프롭테크 생태계가 더욱 더 기대됩니다.

저는 서두에 말씀드린 저의 '움직임' 속에서 자크와 아론을 만났습니다. 세상이 변화해 가는 모습에 호기심이 많던 제게 그들은 프롭테크가 바꿔 가고 있는 부동산업의 오늘과 미래를 배우는 과정에 좋은 친구이자 가이드가 되어 주었습니다. 이 책《프롭테크 101》은 그들을 통해 얻게 된 배움의 도구 중 하나로, 2018년에 출간되어 그때까지의 글로벌 부동산 시장에 프롭테크가 끼친 막강한 변화들을 기록하였습니다.

물론 2018년 이후에도 세상에는 많은 변화들이 있었습니다. 특히, 2020년에서 2022년의 팬데믹 기간에 일어난 일들을 빼놓을 수 없겠죠. 이 책에 기록된 회사들 중 팬데믹으로 인하여 더욱 빠르게 성장한 기업들도 있는 반면, 위기를 겪게 된 회사들도 있습니다. 이 책을 감수하기 위해 다시 읽어 나가며 느낀 점은 '블랙 스완' 이벤트인 팬데믹을 겪고 난 오늘날에도 이 책에서 몇 년 전에 정리한 프롭테크의 프레임워크들이 여전히 놀라울 정도로 유효하게 작동하고 있다는 것입니다.

전통 제조업 기반의 회사에서 자라난 경영인로서 저는 프롭테크에 관심을 가지고 배움을 확장해 나감으로써 저와 제가 이끄는 회사가 변화된 미래에 좀 더 빠르게 대응하고 적응해 나갈 수 있기를 바랐습니다. 이 책은 프롭테크에 대한 성서라기보다는 우리가 이 새로운 영역을 좀 더 쉽게 이해하고 관심을 가져 나가는 과정을 위한 가교라고 생각해 주시면 좋을 것 같습니다. 또 그렇기 때문에 저는 처음 이 책을 접했을 때, 독자들과 꼭 나누고 싶었습니다.

이 책이 한국어로 번역되어 나오는 지금, 한국의 기업가로서 저의 희망 사항은 많은 분들이 프롭테크 분야에 관심을 갖는 것입니다. 미래에 대한 불안감이 커져 가는 오늘, 많은 사람이 이미 부동산에 이목을 두고 있습니다. 이 책에서 이야기하듯이 더 많은 분들이 프롭테크 공동체에 참여하고, 본인만의 즐거운 배움의 여정을 통해 우리가 늘 주변에서 접할 수 있는 공간을 여러분 본연의 필요와 욕구에 따라 기술의 도움을 통해 변화시켜 나갈 수 있으면 좋겠습니다.

-아주컨티뉴엄 대표이사

문윤회

용어 사전

액셀러레이터

성장을 가속하기 위해 시드 투자, 연결, 멘토링, 교육 등 초기 창업자들이 필요로 하는 여러 요소를 아울러 일정 기간 진행되는 협업 중심의 스타트업 육성/지원 프로그램. 공개 피칭 이벤트나 데모 데이에서 절정을 이룸.

앰비언트 컴퓨팅

비즈니스 니즈에 실시간으로 지능적으로 반응하는, 인터넷으로 연결된 '사물'의 생태계. 전기를 쓰듯 컴퓨팅 따위를 쓰는 환경이다. 사물들이 센서를 통해 정보등을 실시간으로 서로 공유하는 것을 말한다.

응용 프로그램 인터페이스API

서브루틴 정의, 통신 프로토콜. 소프트웨어 구축을 위한 도구들의 집합. 운영체제와 응용 프로그램 사이의 통신에 사용되는 언어나 메시지 형식.

인공 지능AI

인간의 학습능력과 추론 능력, 지각 능력, 자연 언어의 이해 능력을 컴퓨터 프로그램으로 실현한 기술.

증강 현실AR

사용자가 보는 실제 세계에 컴퓨터 생성 이미지를 덧붙여서 실존하는 것처럼 보여 주는 컴퓨터 그래픽 기술.

자동화

제조 시스템 또는 기타 생산 공정에서 대부분 자동 장비를 사용하는 방식.

빅 데이터

인간의 행동과 상호 작용과 관련된 패턴, 추세 및 연관성을 찾기 위해 컴퓨터로 분석하는 매우 큰 데이터의 집합.

비트코인

암호화 기술을 사용한 디지털 통화로서 온라인상에서 개인과 개인이 직접 돈을 주고 받을 수 있게 암호화된 가상 자산. 중앙은행과 독립적으로 운영됨.

블록체인

디지털 원장으로, 누구나 열람할 수 있는 장부에 거래 내역을 투명하게 기록하고 여러 대의 컴퓨터에 이를 복제해 저장하는 분산형 데이터 저장 기술.

봇

로봇의 줄임말로 정보를 찾기 위해 자주적으로 인터넷을 검색하는 프로그램.

빌딩 관리 시스템Building Management Systems, BMS

건물에 설치된 컴퓨터 기반의 제어 시스템으로, 환기, 조명, 전력 시스템, 소방 시스템, 보안 시스템 등 건물의 기계 및 전기 장비를 제어하고 감시함.

고객 관계 관리CRM

기업이 기존 고객 및 잠재 고객의 자료를 분석, 통합해 고객 중심 자원을 극대화하고 모든 관계와 상호 작용을 관리하여 마케팅 활동을 하는 기술.

크라우드 컴퓨팅

로컬 서버나 개인용 컴퓨터를 사용하지 않고 인터넷으로 연결된 원격 서버 네트워크를 사용해 데이터를 저장, 관리, 처리하는 컴퓨터 작업.

비교 마케팅 분석CMA

최근에 부동산이 매수된 지역의 유사한 부동산 가격을 조사하는 것.

코워킹

자영업을 하거나 다른 고용주를 위해 일하는 사람들이 장비, 아이디어, 지식을 공유하여 사무실이나 작업 환경을 공동으로 사용하는 것.

암호 화폐

교환 매체로 사용되도록 설계된 디지털 또는 가상 화폐.

데이터 분석

유용한 정보를 발견하여 결론을 알리고 의사 결정을 지원하며 데이터를 검사, 정리, 변환, 모형화하는 프로세스.

드론

원격 조종이나 탑재 컴퓨터에 의해 유도되는 무인 항공기.

EDPEnterprise Data Platform

내부 애플리케이션과 외부 소통을 위해 데이터를 정확하게 정의하고 쉽게 통합하며 효과적으로 검색할 수 있는 조직의 역량.

핀테크Finance+Technology

금융 서비스의 제공과 사용을 개선하고 자동화하려는 새로운 기술. 금융과 IT의 융합을 통한 금융 서비스 및 산업의 변화로 핀테크의 핵심은 기업, 기업 소유주, 소비자가 컴퓨터와 스마트폰의 전문 소프트웨어, 알고리즘을 활용하여 재무 운영, 처리, 일상생활을 더 잘 관리할 수 있도록 돕는 데 있음.

HVACHeating, Ventilation, Air-Conditioning

실내와 차량의 난방, 환기, 냉방을 관리함으로써 쾌적한 환경을 조성하는 기술.

글로벌 디스트리뷰션 시스템GDS

여행 산업 서비스 제공업체(주로 항공사, 호텔, 렌터카 회사, 여행사) 간의 거래를 가능하게 하는 컴퓨터화된 네트워크 시스템.

아이바이어iBuyer

등록된 가치 평가 모델을 기반으로 집을 보여 주지 않아도 집을 팔수 있게 해 주는 회사.

사물인터넷IoT

인터넷을 기반으로 모든 사물을 연결하여 정보를 상호 소통하는 지능형 기술 및 서비스.

머신러닝

통계 기술을 사용하는 인공 지능 분야로 특별히 프로그래밍하지 않고도 데이터를 스스로 학습하는 컴퓨터 시스템.

최소 실행 가능 제품Minimum viable product, MVP

제품을 완전히 개발하지 않고도 제품에 대한 고객의 관심을 초기에 포착하며, 향후 제품 개발에 대한 피드백을 제공받을 수 있는 기능만 갖춘 제품.

MLS

미국 부동산 유통 시스템 중 하나로, 부동산 중개업자들이 서로 다른 지역의 부동산 매물 목록을 볼 수 있는 서비스.

개념 증명POC

일반적으로 기본 설계 개념, 영업 제안 등이 실현 가능하다는 것을 입증하는 실험 또는 시범 프로젝트로부터 나온 증명 과정.

읽기 전용 메모리ROM

컴퓨터 및 기타 전자 장치에 사용되는 전원이 끊겨도 데이터가 사라지지 않는 메모리의 일종.

부동산 투자 신탁REIT

소득을 창출하는 부동산을 소유, 운영 또는 자금을 조달하는 회사.

공유 경제

일반적으로 인터넷을 통해 개인 간에 자산이나 서비스를 무료 혹은 유료로 공유하는 경제 체제.

서비스로서의 소프트웨어Software as a service, SaaS

제삼자가 제공하는 애플리케이션을 인터넷을 통해 배포하는 비즈니스 모델. 소프트웨어의 여러 기능 중에서 사용자가 필요로 하는 서비스만 이용 가능하도록 함.

가상 현실VR

컴퓨터가 만든 3차원 이미지나 환경. 내부에 스크린이 달린 헬멧이나 센서가 장착된 장갑과 같은 특별한 전자 장비를 사용해 실제 또는 물리적인 방식으로 상호 작용할 수 있음.

3D 프린팅

디지털 파일로 3차원 입체 물체를 제조하는 과정.

참고 자료 목록

우리는 PwC의 줄리아 알트Julia Arlt와 제휴하여 독자들이 프롭테크에 관해 조사하는 데 기초가 될 수 있는 간단한 참고 자료 역시 목록을 개발했다. 이 목록은 단순히 시작에 불과하다. 이 자료 얼마 지나지 않아 구식 자료가 될 것이다. 그러나 우리는 참고 자료 목록을 정기적으로 업데이트할 예정이다. 최신 참고 자료 목록 및 기타 도구는 우리의 웹사이트인 프롭테크원오원닷컴proptech101.com에서 확인할 수 있다.

분야	회사명	지역
언론 미디어	CRETech	북미
언론 미디어	Propmodo	북미
언론 미디어	PlaceTech	유럽
언론 미디어	RE:Tech	북미
언론 미디어	Founders Grove Capital	북미
언론 미디어	EG	유럽
언론 미디어	Infabode	유럽
언론 미디어	The Property Voice	유럽
언론 미디어	Konii - Digital Real Estate	유럽

분야	회사명	지역
언론 미디어	Nkf Media GmbH	유럽
언론 미디어	Poland Today	유럽
언론 미디어	PropertyNL	유럽
언론 미디어	TechNest.io - The Real Estate and Tech Show	북미
언론 미디어	PropTech News	유럽
언론 미디어	Silicon Luxembourg	유럽
전략적 사고 지도자	Duke Long Agency	북미
전략적 사고 지도자	Geek Estate	북미
전략적 사고 지도자	James Dearsley	유럽
전략적 사고 지도자	Antony Slumbers	유럽
전략적 사고 지도자	Dror Poleg	북미
전략적 사고 지도자	Mike DelPrete	북미
전략적 사고 지도자	Dan Hughes	유럽
협회 및 허브	CoreNet Global	글로벌
협회 및 허브	REALPAC	북미
협회 및 허브	REBNY	북미
협회 및 허브	RICS	글로벌
협회 및 허브	ULI Greenprint	글로벌
협회 및 허브	UKPA	유럽
협회 및 허브	Asia PropTech	아시아
협회 및 허브	Spanish PropTech	유럽
협회 및 허브	Holland ConTech and PropTech	유럽
협회 및 허브	PropTechNL	유럽
협회 및 허브	NAR	북미
협회 및 허브	Real Estech	유럽
협회 및 허브	PropTech SEE	유럽
협회 및 허브	Czech and Slovak PropTech	유럽
협회 및 허브	German PropTech Initiative	유럽
협회 및 허브	PropTech Norway	유럽
협회 및 허브	Nordic PropTech	유럽

분야	회사명	지역
협회 및 허브	KTH Live-in lab	유럽
협회 및 허브	PropTech Ireland	유럽
협회 및 허브	SA PropTech	아프리카
협회 및 허브	Swiss PropTech	유럽
협회 및 허브	Austrian PropTech Initiative	유럽
협회 및 허브	PropTech Poland	유럽
협회 및 허브	PropTech Canada	북미
협회 및 허브	PropTech Russia	유럽
협회 및 허브	PropTech Lab	유럽
협회 및 허브	PropTech Baltic	유럽
협회 및 허브	PropTech Finland	유럽
협회 및 허브	ReTechDach	유럽
협회 및 허브	Immowell Lab	유럽
협회 및 허브	PropTech House	유럽
협회 및 허브	EurAsia PropTech Initiative	유럽
협회 및 허브	PropTech Japan	아시아
협회 및 허브	IBREA	북미
협회 및 허브	FIBREE - Foundation of Blockchain and Real Estate Expertise	유럽
벤처 캐피털	Borealis Ventures	북미
벤처 캐피털	Brick & Mortar	북미
벤처 캐피털	Camber Creek	북미
벤처 캐피털	Concrete Ventures	유럽
벤처 캐피털	Corigin Ventures	북미
벤처 캐피털	Fifth Wall	북미
벤처 캐피털	LeFrak Ventures	북미
벤처 캐피털	JLL Spark	북미
벤처 캐피털	MetaProp	북미
벤처 캐피털	Moderne Ventures	북미
벤처 캐피털	Navitas Capital	북미

분야	회사명	지역
벤처 캐피털	NineFour Ventures	북미
벤처 캐피털	PLD	북미
벤처 캐피털	RETV	북미
벤처 캐피털	Rudin Ventures	북미
벤처 캐피털	RXR Ventures	북미
벤처 캐피털	Simon Ventures	북미
벤처 캐피털	Taronga Ventures	아시아
벤처 캐피털	PropTech1 GmbH & Co. KG	유럽
벤처 캐피털	Loric Ventures	유럽
벤처 캐피털	Pi Labs	유럽
벤처 캐피털	BitStone Capital Management GmbH	유럽
조사	CrunchBase	글로벌
조사	CB Insights	글로벌
조사	PitchBook	글로벌
조사	Unissu	글로벌
조사	PWC	글로벌
조사	KPMG	글로벌
조사	Global PropTech Confidence Index	글로벌
조사	CRETech	북미
조사	RE:Tech	북미
행사	Asia PropTech Innovathon	아시아
행사	Builtworld Summit	북미
행사	CRETech	북미
행사	DisruptCRE	북미
행사	Future:PropTech	유럽
행사	Real Estate Innovation Network	유럽
행사	MIPIM PropTech NYC, Europe, Asia	글로벌
행사	PropTech Summit	노르웨이-유럽
행사	NYC Real Estate Tech Week	북미
행사	PropTeq	유럽

분야	회사명	지역
행사	Digital Disruption	오스트레일리아
행사	INMOTECNIA RENT	유럽
행사	blockchain-REAL	유럽
행사	PropTech Middle East	아시아
행사	PropTech360	이스라엘
행사	SIMA (Madrid International Real Estate Exhibition)	스페인-유럽
액셀러레이터/인큐베이터	ADAPT Accelerator	아시아
액셀러레이터/인큐베이터	Brigade REAP	북미
액셀러레이터/인큐베이터	Charter Hall Accelerator	아시아
액셀러레이터/인큐베이터	Colliers PropTech Accelerator powered by TechStars	북미
액셀러레이터/인큐베이터	MetaProp Accelerator at Columbia University	북미
액셀러레이터/인큐베이터	PiLabs	유럽
액셀러레이터/인큐베이터	Propell Asia	아시아
액셀러레이터/인큐베이터	Impulse Partners	유럽
액셀러레이터/인큐베이터	R-Labs Canada Inc.	북미
액셀러레이터/인큐베이터	Cushman & Wakefield and Plug and Play	글로벌
액셀러레이터/인큐베이터	PropTech Accelerator Israel	아시아

각주

1) "Tokyo, New York and Los Angeles are World's Largest Real Estate Investment Markets, CBRE Research Finds," CBRE, October 19, 2017, https://www.cbre.us/about/media-center/global-stock-of-investable-real-estate; "NYC & Company Annual Summary 2016-2017," NYC & Company, accessed December 2018, https://www.nycgo.com/assets/files/2016annualsummary.pdf; "Multifamily Metro Outlook: New York Spring 2018," Fannie Mae, accessed December 2018, https://www.fanniemae.com/content/fact_sheet/ multifamily-metro-outlook-quarterly-new-york.pdf.

2) Greg David and Cara Eisenpress, "Tech Takes Over," Cain's New York Business, February 25, 2018, https://www.crainsnewyork.com/article/20180226/FEATURES/180229939/ new-york-is-the-tech-sector-s-official-second-city-and-the-boom-is-just-beginning.

3) 저자가 개인들을 인터뷰한 내용에서 인용한 것입니다.

4) Colin Marshall, "The World's First Skyscraper: A History of Cities in 50 Buildings, Day 9," The Guardian, April 2, 2014, https://www.theguardian.com/cities/2015/apr/02/worlds-first-skyscraper-chicago-home-insurance-building-history.
5) Olivia B. Waxman, "This Is the Patent for the Device That Made Elevators

a Lot less Dangerous," Time magazine, March 23, 2017, http://time.com/4700084/ elevator-patent-history-otis-safety/.

6) Colin Marshall, "The World's First Skyscraper: A History of Cities in 50 Buildings, Day 9," The Guardian, April 2, 2014, https://www.theguardian.com/cities/2015/apr/02/worlds-first-skyscraper-chicago-home-insurance-building-history.

7) Daniel Bluestone, Constructing Chicago, (New Haven, Connecticut: Yale University Press, 1993): 150.

8) Carol Willis, Form Follows Finance: Skyscrapers and Skylines in New York and Chicago (Princeton Architectural Press, 1995), 50.

9) International Directory of Company Histories vol. 30, (Los Angeles, California: St. James Press, 2000).

10) Encyclopedia of Chicago, s.v. "Fuller (George A.) Co.," accessed August 15, 2018, http:// www.encyclopedia.chicagohistory.org/pages/2678.html.

11) Encyclopedia of Chicago, s.v. "Department Stores," accessed August 15, 2018, http://www. encyclopedia.chicagohistory.org/pages/373.html.

12) Jonathan Rees, "Industrialization and Urbanization in the United States, 1880–1929," Oxford Research Encyclopedias, American History, accessed August 15, 2018, http:// oxfordre.com/americanhistory/view/10.1093/acrefore/9780199329175.001.0001/ acrefore-9780199329175-e-327.

13) "U.S. Patent Activity Calendar Years 1790 to the Present," US Patent and Trademark Office, accessed August 15, 2018, https://www.uspto.gov/web/offices/ac/ido/oeip/taf/h_counts. htm.

14) Klaus Schwab, "The Fourth Industrial Revolution: What It Means, How to Respond," World Economic Forum, January 14,2016,https://www.weforum.org/agenda/2016/01/the-fourth-industrial-revolution-what-it-means-and-how-to-respond/.

15) "Real Estate Tech Annual Report 2017," RE:Tech, accessed August 15, 2018, http://www. retech.net/trends/real-estate-tech-annual-report-2017.

16) AGC Partners, "Big Data: Disrupting Traditional Commercial Real Estate Management," accessed January 2019, http://agcpartners.com/insights/manufacturing-analytics/.

17) Danielle Furfaro, "Taxi Medallions Reach Lowest Value of 21st Century," New York Post, April 5, 2017, https://nypost.com/2017/04/05/taxi-medallions-reach-lowest-value-of- 21st-century/.

18) Kate Taylor, "Blockbuster Is Closing Its Final Remaining Stores in Alaska: Here's What It was Like to Visit the Video Rental Chain before It Went Extinct," Business Insider, July 12, 2018, https://www.businessinsider.com/blockbuster-still-exists-in-a-couple-of-places-2017-4.

19) David Bloom, "Is Netflix Really Worth More Than Disney or Comcast?" Forbes, May 26, 2018, https://www.forbes.com/sites/dbloom/2018/05/26/netflix-disney-comcast-market-capitalization-valuation/#c44e43015618.

20) David Carr, "At Flagging Tribune, Tales of a Bankrupt Culture," The New York Times, October 5, 2010, https://www.nytimes.com/2010/10/06/business/media/06tribune.html.

21) Elizabeth Grieco, "Newsroom Employment Dropped Nearly a Quarter in Less Than 10 Years, with Greatest Decline at Newspapers," Fact Tank, July 30, 2018, http://www.pewresearch. org/fact-tank/2018/07/30/newsroom-employment-dropped-nearly-a-quarter-in-less-than- 10-years-with-greatest-decline-at-newspapers/.

22) Derek Thompson, "The Print Apocalypse and How to Survive It," The Atlantic, November 3, 2016, https://www.theatlantic.com/business/archive/2016/11/ the-print-apocalypse-and-how-to-survive-it/506429/.
23) David Streitfeld, "Bookstore Chains, Long in Decline, Are Undergoing a Final Shakeout," The New York Times, December 28, 2017, https://www.nytimes.com/2017/12/28/technology/ bookstores-final-shakeout.html.

24) Gene Munster, "Here's When Having a Self-Driving Car Will Be a Normal Thing," Fortune, September 13, 2017, http://fortune.com/2017/09/13/gm-cruise-self-driving-driverless-autonomous-cars/.
25) Chris Isidore, "Malls Are Doomed: 25% Will be Gone in 5 Years," CNN

Business, June 2, 2017, https://money.cnn.com/2017/06/02/news/economy/doomed-malls/index.html.

26) Paul Davidson, "Automation Could Kill 73 Million U.S. Jobs by 2030," *USA Today*, November 28, 2017, https://www.usatoday.com/story/money/2017/11/29/automation-could-kill-73-million-u-s-jobs-2030/899878001/.

27) "Company," Dynasty, accessed January 2019, https://www.dynasty.com/company.

28) The Registry, "VTS: Growing by Leaps and Bounds," April 27, 2017, https://news.theregistr\-yps.com/vts-growing-by-leaps-and-bounds/.

29) David Gelles, "The WeWork Manifesto: First, Office Space. Next, the World," *The New York Times*, February 17, 2018, https://www.nytimes.com/2018/02/17/business/the-wework-manifesto-first-office-space-next-the-world.html.

30) Alex Konrad, "WeWork Confirms Massive $4.4 Billion Investment from SoftBank and Its Vision Fund," *Forbes*, August 24, 2017, https://www.forbes.com/sites/alexkonrad/2017/08/ 24/wework-confirms-massive-4-4-billion-investment-from-softbank-and-its-vision-fund/.

31) Steven Bertoni, "WeWork's $20 Billion Office Party: The Crazy Bet That Could Change How the World Does Business," *Forbes*, October 24, 2017, https://www.forbes.com/sites/ stevenbertoni/2017/10/02/the-way-we-work/#283a40621b18

32) Joe Pinsker, "How the Hotel Industry Views Its Future (and Airbnb)," *The Atlantic*, September 21, 2017, https://www.theatlantic.com/business/archive/2017/09/ hotels-magazine-industry-airbnb/540525/.

33) Eran Feinstein, "OTA's vs. Direct Hotel Bookings: Which Is the Leading Trend for 2018?" *Travel Daily News*, February 23, 2018, https://www.traveldailynews.com/post/otas-vs-direct-hotel-bookings-which-is-the-leading-trend-for-2018.

34) "Grow Your Business with HotelTonight," Hotel Tonight, accessed August

19, 2018, https:// www.hoteltonight.com/hotel-partners.

35) Ryan Jeffery, "Store Visits Drop 48% in Three Years," TM Forum, September 2016, https:// inform.tmforum.org/customer-centricity/2016/09/store-visits-drop-48-three-years/.

36) Isidore, op. cit.

37) Mike DelPrete, "Zillow's Strategic Shift," Seeking Alpha, August 7, 2018, https://seekingal\-pha.com/article/4196095-zillows-strategic-shift.

38) Mike DelPrete, "Zillow's Strategic Shift," Adventures in Real Estate Tech, accessed August 20, 2018, https://www.mikedp.com/articles/2018/8/6/zillows-strategic-shift.

39) Andrea Riquier, "This Online Startup Wants to Put the 'Mortgage Guy in a Suit' Out of Business," MarketWatch, August 2, 2017, https://www.marketwatch.com/story/ this-online-startup-wants-to-put-the-mortgage-guy-in-a-suit-out-of-business-2017-05-04.

40) "History of the Online Travel Industry Pioneer," Expedia Group, accessed August 21, 2018, https://www.expediagroup.com/about/history/.

41) Avery Hartmans, "15 Fascinating Facts You Probably Didn't Know about Amazon," Business Insider, August 23, 2018, https://www.businessinsider.com/jeff-bezos-amazon-history-facts- 2017-4.

42) Jeffry Pilcher, "Infographic: The History of Internet Banking (1983–2012)," The Financial Brand, October 2, 2012, https://thefinancialbrand.com/25380/yodlee-history-of-internet-banking/.

43) "Craigslist Corporate History," MarketPlace, accessed August 21, 2018, https://www. marketplace.org/2008/04/21/craigslist-corporate-history.

44) Leena Rao, "Zillow Prices IPO at #20 per Share, Now Valued at Nearly $540 Million," TechCrunch, accessed August 21, 2018, https://techcrunch.com/2011/07/19/zillow-prices-ipo-at-20-per-share-now-valued-at-nearly-540-million/.

45) "Company Timeline," Redfin, accessed August 21, 2018, http://press.

redfin.com/phoenix. zhtml?c=252734&p=irol-corporatetimeline.

46) Olivia Zaleski, "Inside Airbnb's Battle to Stay Private," Bloomberg, February 6, 2018, https:// www.bloomberg.com/news/articles/2018-02-06/ inside-airbnb-s-battle-to-stay-private.

47) Andrew Baum, "PropTech 3.0: The Future of Real Estate," University of Oxford, accessed August 21, 2018, https://www.sbs.ox.ac.uk/sites/default/ files/2018-07/PropTech3.0.pdf.

48) 위와 같은 책에서.

49) 위와 같은 책에서.

50) Champaign Williams, "The Beginner's Guide to CRE Tech: What Does PropTech Really Mean? 7 Industry Experts Explain," Bisnow, November 16, 2017, https://www.bisnow.com/ national/news/technology/ the-beginners-guide-to-cre-tech

51) Avery Hartmans, "Airbnb Now Has More Listings Worldwide than the Top Five Hotel Brands Combined," Business Insider, August 10, 2017, https://www.businessinsider.com/ airbnb-total-worldwide-listings-2017-8.

52) "Bridging the Gap: How the Real Estate Sector Can Engage with PropTech to Bring the Built and Digital Environments Together," KPMG, November 2017, https://assets.kpmg.com/ content/dam/kpmg/uk/ pdf/2017/11/proptech-bridging-the-gap.pdf.

53) 위와 같은 책에서.

54) 위와 같은 책에서.

55) Dan Probst, "The Business Case for Smart Building Technology," Green Tech Media, October 8, 2013, https://www.greentechmedia.com/articles/ read/the-business-case-for-smart-building-technology#gs.PYfBgM8.

56) Baum, op. cit.
57) Ravti's website, https://www.ravti.com/.

58) "Nestio Announces It Has Raised $4.5 Million in Strategic

Growth Capital From Some Of The Biggest Names In Real Estate," Global News Wire, July 12, 2018, https://globenewswire. com/news-release/2018/07/12/1536655/0/en/Nestio-Announces-It-Has-Raised-4-5-Mil\-lion-in-Strategic-Growth-Capital-From-Some-Of-The-Biggest-Names-In-Real-Estate.html.

59) E. B. Solomont, "Inside Compass' Recruiting Machine," The Real Deal, February 13, 2018, https://therealdeal.com/2018/02/13/inside-compass-recruiting-machine/.

60) Katie Roof, "Redfin Soars 45% after IPO; CEO Calls It 'Amazon of Real Estate,'" TechCrunch, accessed August 25, 2018, https://techcrunch.com/2017/07/28/ real-estate-site-redfin-soars-45-after-ipo/.

61) Leena Rao, "Zillow Prices IPO at $20 per Share, Now Valued at Nearly $540 Million," TechCrunch, accessed August 25, 2018, https://techcrunch.com/2011/07/19/zillow-prices-ipo-at-20-per-share-now-valued-at-nearly-540-million/.

62) Andrew Baum, "PropTech 3.0: The Future of Real Estate," University of Oxford, accessed August 21, 2018, https://www.sbs.ox.ac.uk/sites/default/files/2018-07/PropTech3.0.pdf.

63) JLL, "Innovative, Entrepreneurial Company Expands JLL's Facility Management Offerings," news release, December 21, 2015, https://ir.jll.com/news-releases/press-release-details/2015/JLL-Completes-Acquisition-of-Technology-Pioneer-Corrigo/default.aspx.

64) "A Focused Demonstration Project: The 'Cozy' by Radiator Labs," NYSERDA, no. 18-12, May 2018, radiatorlabs.com/wp-content/uploads/2018/10/Radiator-Labs.Cozy_.NYSERDA-Report.2018.pdf.

65) "Case Studies," Enertiv, accessed August 29, 2018, https://www.enertiv.com/resources/ case-studies.

66) Enertiv, https://www.enertiv.com/.
67) Allegra Burnette, Leah Buley, Tony Costa, Andrew Hogan, and Deanna Laufer, et. al, "Digital Customer Experience Trends, 2016," Forrester,

December 14, 2015, forrester.com/report/ Digital+Customer+Experience+Trends+2016/-/E-RES127301#.

68) Ananda Chakravarty et. al, "The Future Of The Digital Store," Forrester, April 13, 2018, forrester.com/report/The+Future+Of+The+Digital+Store/-/E-RES119167.

69) "Quarterly Retail E-Commerce Sales: 3rd Quarter 20180," US Census Bureau News, accessed August 30, 2018, https://www.census.gov/retail/mrts/www/data/pdf/ec_current. pdf.

70) "About Us," Zillow, accessed January 2019, https://www.zillow.com/corp/About.htm.

71) "Venture Investing in Real Estate Technology—Q3 2017," Venture Scanner, accessed September 9, 2018, https://www.venturescanner.com/blog/tags/proptech%20report.

72) "Mid-Year Real Estate Technology Exits Analysis," Venture Scanner, accessed September 9, 2018, https://www.venturescanner.com/blog/tags/proptech.

73) Nick Saint, "If You're Not Embarrassed by the First Version of Your Product, You've Launched Too Late," Business Insider, November 13, 2009, https://www.businessinsider. com/the-iterate-fast-and-release-often-philosophy-of-entrepreneurship-2009-11.

74) "Startup Development Phases," Startup Commons, accessed September 15, 2018, https:// www.startupcommons.org/startup-development-phases.html.

75) 이 섹션의 인용문은 저자가 수행한 인터뷰에서 가져온 것입니다.

76) Jim Stengel, Unleashing the Innovators: How Mature Companies Find New Life with Startups, (New York: Crown Business, 2017).

77) KPMG, op. cit.
78) "Unlocking Innovation through Startup Engagement," 500 Startups, June 2017, https:// www.slideshare.net/amalistclient/

unlocking-innovation-in-global-corporations-june-2017.

79) KPMG, op. cit.

80) Ernst and Young, "How Are Engineering and Construction Companies Adapting Digital to Their Businesses?" accessed December 2, 2018, https://www.ey.com/Publication/vwLUAs\-sets/EY-Digital-survey/$File/EY-Digital-survey.pdf.

81) Ernst and Young, op. cit.

82) Jim Stengel with Tom Post, Unleashing the Innovators: How Mature Companies Find New Life with Startups, (New York, New York: Crown Business 2017).

83) "Real Estate Tech Funding Reaches New Highs In 2016," CB Insights, January 18, 2017, cbinsights.com/research/real-estate-tech-startup-funding.

84) Rey Mashayekhi, "VC Funding in Real Estate Tech Leaped to $12.6B in 2017: Report," Commercial Observer, January 3, 2018, commercialobserver.com/2018/01/vc-funding-in-real-estate-tech-leaped-to-12-6b-in-2017-report.

85) 위와 같은 책에서.

86) Dana Olsen, "The 14 most active VC investors in US real estate tech," Pitchbook, August 28, 2018, pitchbook.com/news/articles/the-top-14-vc-investors-in-real-estate-tech.

87) "Big Data: Disrupting Traditional Commercial Real Estate Management," AGC Partners, accessed January 2019.

88) "Big Data: Disrupting Traditional Commercial Real Estate Management," AGC Partners, accessed January 2019.

89) Schwab, op. cit.

90) Schwab, op. cit.

옮긴이 신현승

서울대학교 경제학과를 졸업하고 한국외환은행에 입행하여 외화자금부, 해외사업 그룹 부행장, 영업 채널 그룹 부행장, 영업 총괄 부행장을 거치면서 국제금융, 기업금융, 개인금융 등 다양한 은행 업무를 담당했다. 하나금융그룹 자문위원, 쌍용 C&E 금융자문위원, 애콜레이드 경영 컨설턴트를 역임했다. 현재 법무법인 대륙아주의 고문으로 근무하고 있으며, 글밥아카데미를 수료하고 바른번역 소속 번역가 및 브릴리언트 에디터로 활동 중이다. 옮긴 책으로 《하버드 스타트업 바이블》, 《당신의 나이는 당신이 아니다》, 《다시 브랜딩을 생각하다》, 《세상을 바꾸는 비밀의 열쇠》, 《리스크 프레임》, 《2020 세계 경제 대전망》(공역), 《2021 세계 경제 대전망》(공역)이 있다.

감수 문윤회

2013년부터 현재까지 아주컨티뉴엄(구 아주호텔앤리조트)의 대표로 재직하고 있다. 호텔서교와 하얏트리젠시제주 두 개의 자산을 보유하고 있던 법인을 이끌며 해당 자산의 재개발을 총괄했으며, 재개발 과정에서 홍대의 랜드마크로 자리매김한 RYSE Hotel을 필두로 호스피탈리티 분야의 브랜딩·운영 기획 플랫폼인 Form & Work Co를 설립했다. 2016년에는 한국의 리딩 공유오피스업체 스파크플러스를 공동 창업하였고, 현재 이사회 일원으로 활동하고 있다.

Cover design by Melanie Cloth.

프롭테크 101

처음 펴낸날 2022년 10월 12일 | **지은이** 아론 블록 · 자크 아론스 | **옮긴이** 신현승 | **감수** 문윤회
펴낸이 김옥희 | **펴낸곳** 애플트리태일즈 | **출판등록** (제16-3393호) | **주소** 서울시 강남구 테헤란로 201(아주빌딩), 501호 (우)06141
전화 (02)557-2031 | **팩스** (02)557-2032 | **홈페이지** www.appletreetales.com | **블로그** http://blog.naver.com/appletales
페이스북 https://www.facebook.com/appletales | **트위터** https://twitter.com/appletales1
인스타그램 @appletreetales @애플트리태일즈
가격 21,000원 | ISBN 979-11-92058-13-9 (13320)